LA MER
DE CORTEZ

COLLECTION « L'ODYSSÉE »

PHILIPPE ET JACQUES-YVES COUSTEAU
Les Requins

JACQUES-YVES COUSTEAU ET PHILIPPE DIOLÉ
La Vie et la mort des coraux
Un trésor englouti
Nos amies les baleines
Pieuvres: la fin d'un malentendu
Trois aventures de la Calypso
Compagnons de plongée
Les Dauphins et la liberté

JACQUES-YVES COUSTEAU ET YVES PACCALET
Saumons, castors et loutres
La Vie au bout du monde
Les Surprises de la mer
A la recherche de l'Atlantide
Le Destin du Nil
Fortunes de mer
Du grand large aux Grands Lacs
La Mer blessée, La Méditerranée
La Mer de Cortez

PHILIPPE DIOLÉ ET ALBERT FALCO
Les Mémoires de Falco, chef plongeur de la Calypso

PHILIPPE DIOLÉ
Les Oubliés du Pacifique

CHRISTIAN ZUBER
L'Arche de Noé
Les Grands Singes

PAUL-ÉMILE VICTOR
Chiens de traîneaux, compagnons du risque

HAROUN TAZIEFF
Niragongo ou le volcan interdit
Sur l'Etna

ROGER FRISON-ROCHE
Les Seigneurs de la faune canadienne

ALBERT DUCROCQ
A la recherche d'une vie sur Mars
Victoire sur l'énergie

MICHEL PÉISSEL
Himalaya, continent secret

JEAN RASPAIL
Les Peaux-Rouges aujourd'hui

GÉRARD ET GUY VIENNE
Akagéra

JACQUES SOUSTELLE
Les Maya

LOUIS LEPRINCE-RINGUET
L'Aventure de l'électricité

RENÉ DESMAISON
Les Andes vertigineuses

PATRICK BAUDRY ET ALAIN SOUCHIER
Ariane

MAURICE ET KATIA KRAFFT
Volcans du monde

Jacques-Yves COUSTEAU
Yves PACCALET

LA MER DE CORTEZ

L'Odyssée
Flammarion

LA MER DE CORTEZ

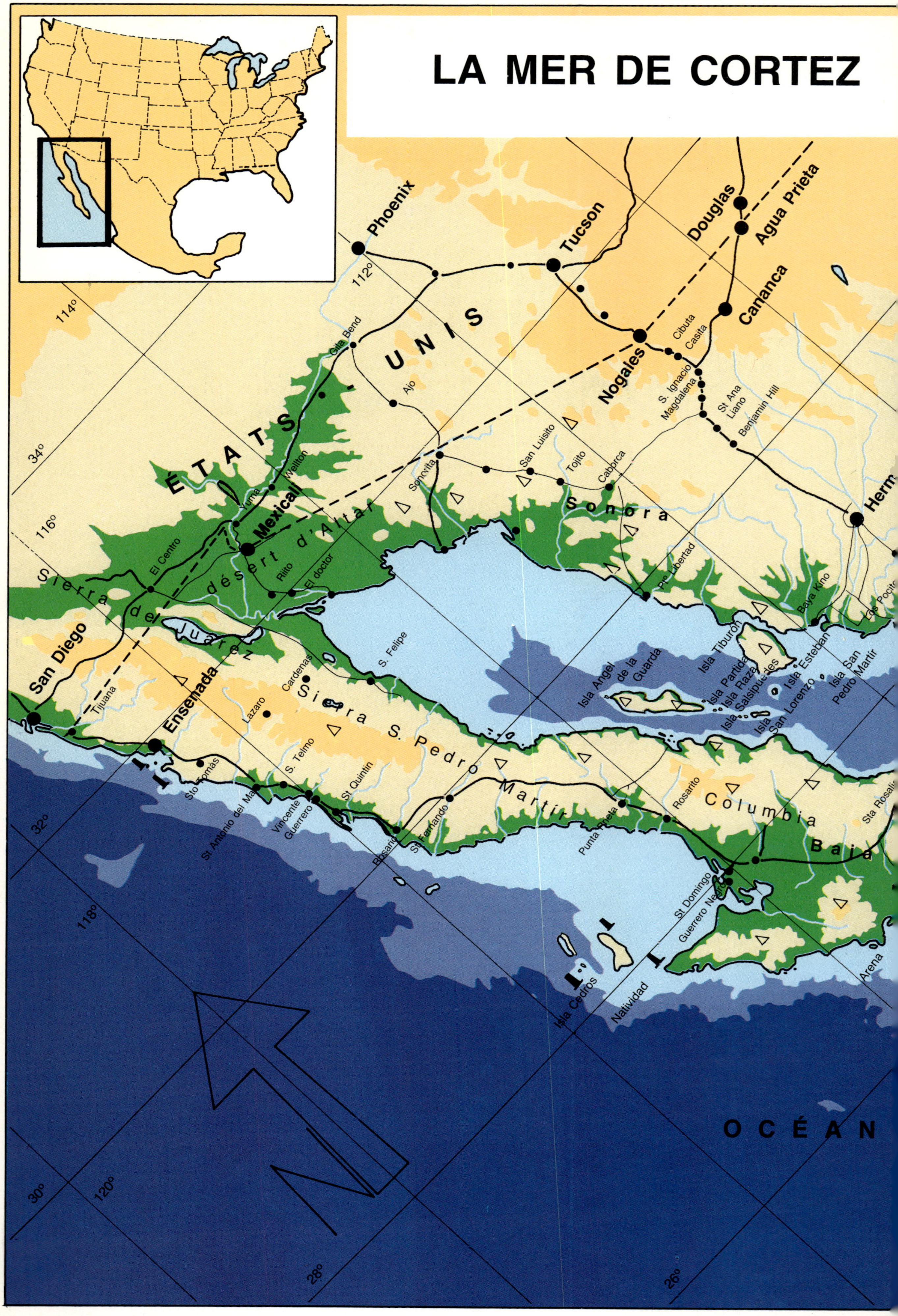

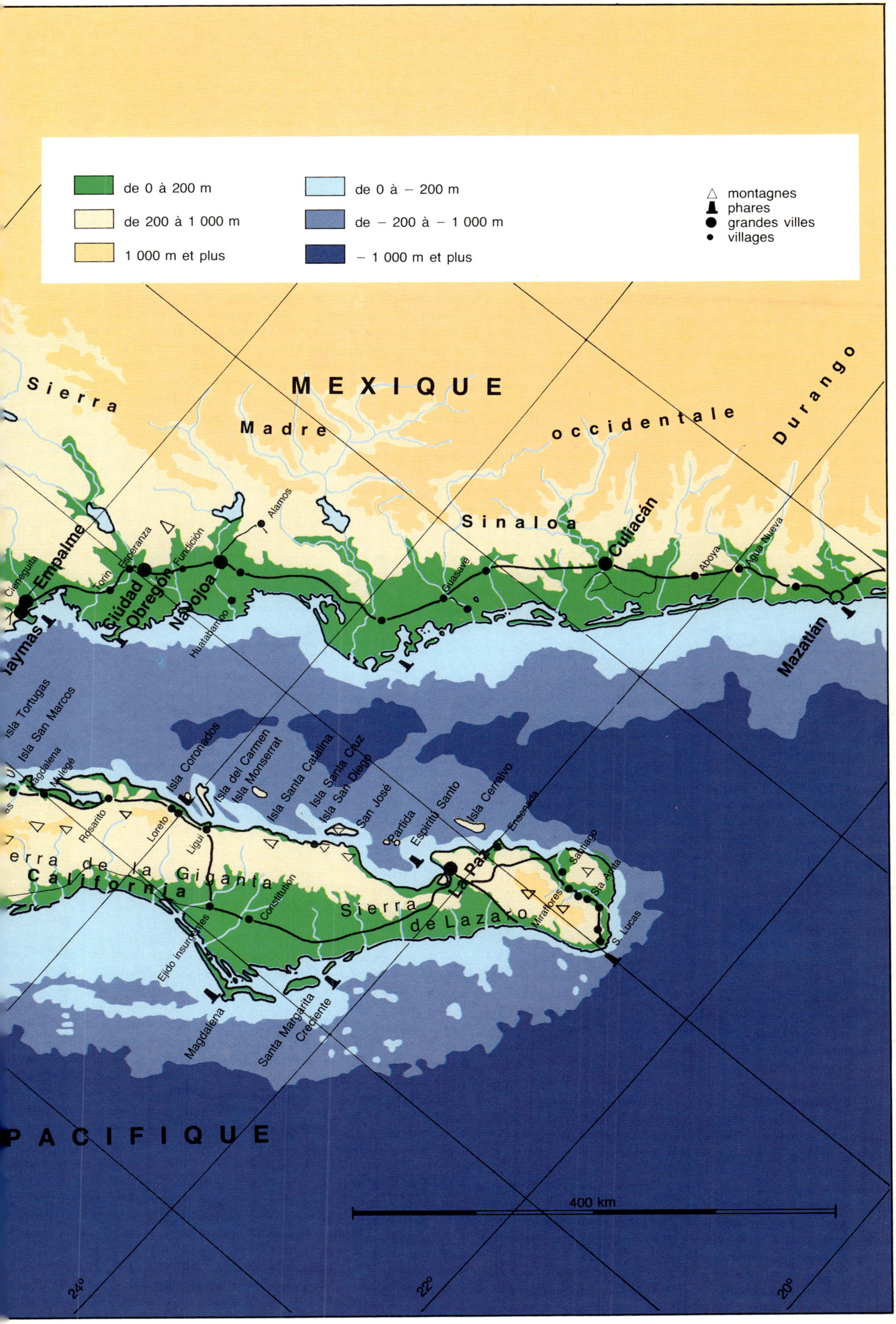
de 0 à 200 m
de 200 à 1 000 m
1 000 m et plus
de 0 à – 200 m
de – 200 à – 1 000 m
– 1 000 m et plus
montagnes
phares
grandes villes
villages
MEXIQUE
Sierra Madre occidentale
Durango
Sinaloa
Culiacán
Empalme
Ciudad Obregón
Navojoa
Alamos
Fundición
Esperanza
Torin
Cieneguita
Huatabampo
Guasave
Aboya
Agua Nueva
Mazatlán
Isla Tortugas
Isla San Marcos
Magdalena
Mulegé
Rosarito
Loreto
Ligui
Isla Coronados
Isla del Carmen
Isla Monserrat
Isla Santa Catalina
Isla Santa Cruz
Isla San Diego
San José
Partida
Espiritu Santo
Isla Cerralvo
Ensenada
La Paz
Santiago
Sta Anita
Miraflores
S. Lucas
Sierra de la Giganta
California
Sierra de Lazaro
Constitución
Ejido insurgentes
Magdalena
Santa Margarita
Creciente
PACIFIQUE
400 km
24°
22°
20°

Photos R. Murphy/Fondation Cousteau

Jacques-Yves Cousteau a consacré sa vie à l'exploration de la mer et à sa défense contre toutes les pollutions humaines. Né en 1910 à Saint-André-de-Cubzac (Gironde), élève de l'École navale (promotion 1930), il a expérimenté dès 1936 plusieurs prototypes d'appareils respiratoires; en 1943, il a conçu et réalisé, avec l'ingénieur Émile Gagnan, le scaphandre autonome à air comprimé.
En 1950, il a transformé en navire de recherches océanographiques un ancien dragueur de mines, la *Calypso*. Il a accompli à son bord de nombreuses croisières. Au cours de ces expéditions, auxquelles ont participé des savants du monde entier, il a tourné des films sous-marins d'un grand retentissement, comme *Le Monde du silence*, et une soixantaine de films diffusés par la télévision.
On doit au commandant Cousteau de nombreux engins d'exploration sous-marine, notamment les soucoupes plongeantes SP 350, SP 1000 — dite *Puce de mer* —, et récemment la mise au point, avec le Pr Lucien Malavard, d'un système révolutionnaire de propulsion éolienne des bateaux, appelé « turbovoile » (expérimentée sur le *Moulin à Vent* et l'*Alcyone*).
Élu en 1957 directeur du Musée océanographique de Monaco, il a écrit notamment: *Le Monde du silence*, en collaboration avec Frédéric Dumas, *The Living Sea* avec James Dugan, *Le Monde sans soleil*, *Les Requins* avec son fils Philippe, *La Vie et la mort des coraux*, *Un trésor englouti*, *Nos amies les baleines*, *Pieuvres, la fin d'un malentendu*, *Trois aventures de la Calypso*, *Compagnons de plongée* et *Les Dauphins et la liberté* avec Philippe Diolé, enfin *Saumons, castors et loutres*, *La Vie au bout du monde*, *Les Surprises de la mer*, *A la recherche de l'Atlantide*, *Le Destin du Nil*, *Fortunes de mer*, *Du grand large aux Grands Lacs* et *La Mer blessée* avec Yves Paccalet.

Yves Paccalet, né en 1945, à Bozel (Savoie), fait partie de cette nouvelle génération d'auteurs qui ne craignent pas d'ajouter un certain romantisme à la rigueur scientifique, et pour lesquels la poésie doit tout naturellement servir la raison.
Après des études de philosophie qui l'ont conduit à l'École normale supérieure, où il a suivi parallèlement les programmes de biologie, de botanique et de zoologie, il a fini par se consacrer largement à ces dernières sciences.
Passionné par tous les problèmes de la nature, botaniste (il a donné les textes d'une série d'*Herbiers des provinces de France*, 1974, et publié une *Flore méditerranéenne*, 1981), il est également photographe de plantes et d'animaux. Il a contribué à développer le mouvement écologiste en France, notamment en composant un *Dossier de l'énergie nucléaire. (Une brève — ? — saison en enfer)* (1975).
Il a rencontré le commandant Cousteau en travaillant pour lui aux vingt volumes de l'*Encyclopédie des océans*. Leur commune passion pour la mer et leur préoccupation devant les dangers de la pollution sous toutes ses formes les ont réunis pour d'autres entreprises. Ils sont en train de terminer ensemble plusieurs ouvrages (à paraître) sur la philosophie, l'art et la poésie de l'environnement, sur les énergies de la mer. Ils ont édité en France un gros *Almanach Cousteau de l'Environnement*, une nouvelle encyclopédie, *La Planète Océan*, ainsi qu'une collection de *Fiches*. Ils viennent de faire paraître *La Planète des baleines*.
Après *Saumons, castors et loutres*, *La Vie au bout du monde*, *Les Surprises de la mer*. *A la recherche de l'Atlantide*, *Le Destin du Nil*, *Fortunes de mer*, *Du grand large aux Grands Lacs* et *La Mer blessée*, le présent livre est le neuvième qui résulte de leur collaboration dans la série « Odyssée ».

ISBN 2-08-200459-7
Printed in France

SOMMAIRE

Chapitre 1

UN FEU D'ARTIFICE DE DAUPHINS

L'*Alcyone* danse sur la vague légère, au sortir du port de Mazatlán. Elle a devant elle l'immensité de l'océan Pacifique. A nous, Balboa!... A nous, Magellan!... Son étrave élégante claque, floque, chuinte et glisse sur le clapot. Elle roule rapidement, comme elle sait le faire pour le désagrément de ceux qui embarquent... Elle avance à plus de dix nœuds, moteurs coupés, en n'employant que la puissance propulsive de ses deux turbovoiles. Le vent, le vent seul la fait aller; et tout est bien, puisqu'elle est conçue pour vivre avec le vent.

L'*Alcyone* et la *Calypso* sont parties à la *Redécouverte du monde*. Le voyage durera cinq ans — ou davantage... Elles voguent pour le moment chacune de leur côté de l'Amérique.

La *Calypso* croise dans les eaux de la mer Caraïbe, entre Haïti et Cuba. L'*Alcyone* est dans le Grand Océan, à l'ouest du Mexique. Elle cingle vers la mer de Cortez, et qui est plus connue sous le nom de golfe de Californie... Jean-Michel Cousteau dirige cette expédition. Le commandant Cousteau fait la navette entre les Antilles et la Basse-Californie.

L'air est doux, le ciel sans nuages. Le printemps tropical répand dans l'atmosphère de subtils parfums de fleurs sauvages. Sur les hauteurs bleutées de la Sierra Madre, où se forme la brise, le désert vit sa brève saison d'humidité annuelle. Les espèces végétales, les iris, les pavots, les cactus et cent autres plantes, stimulées par les ondées bienfaisantes, se hâtent de déployer leurs corolles. Les hommes de l'équipe de Jean-Michel Cousteau lèvent le nez dans la brise. Ils ont le corps et l'âme en fête.

Le capitaine Jean-Paul Charpentier tient son cap. L'*Alcyone* est un fier navire expérimental. Elle a relevé le défi, après le demi-échec du *Moulin à Vent* (dont l'unique turbovoile n'avait pas résisté à trois tempêtes successives au large des Bermudes). Partie de La Rochelle, elle a passé l'archipel des Açores et celui des Bermudes; elle a triomphé de l'océan Atlantique et rallié New York. Elle a été ovationnée au terme de cette aventure. Mais elle ne s'est pas reposée.

Elle est repartie vers le sud. Elle a franchi la mer Caraïbe, passé les bouches de l'Amazone, fait escale à Rio de Janeiro puis à Buenos Aires. Elle a visité les îles Malouines (les Falkland), et surtout l'îlot Beauchêne, qui en fait partie, et dont les usufruitiers sont les vastes albatros, les fulmars, les skuas, les gorfous sauteurs et les pingouins papous. Elle a doublé le célébrissime et redouté cap Horn, où Jean-Michel Cousteau et ses amis ont plongé en compagnie des otaries les plus fines, les plus malignes et les plus élégantes.

Puis elle a battu les lames de l'océan Pacifique. Ses deux turbovoiles l'ont tirée vers le nord. Elle a caboté sur la côte occidentale de l'Amérique du Sud, à travers les canaux de pluie de l'archipel Magellanique. Elle a frôlé

Des dauphins... Des dauphins communs saluent à leur façon l'Alcyone, *tandis qu'elle entreprend son voyage de Redécouverte en mer de Cortez... Les navigateurs de tous les temps ont considéré la rencontre de ces animaux comme un présage favorable. (Ph. F. Gohier.)*

Jean-Michel Cousteau et ses compagnons sont sensibles à la chaleur de l'accueil des cétacés bondissants... Le dauphin commun fréquente la quasi-totalité des mers du monde, et possède un nom dans presque toutes les langues. (Ph. R. Murphy/Fondation Cousteau.)

la langue des énormes glaciers patagons. Elle a failli sombrer, empalée pendant trois jours sur un écueil perfide... Elle a été réparée. Elle a cinglé vers les îles Galapagos, et salué les iguanes marins, les pinsons de Darwin, les cormorans aptères et les tortues géantes. C'est de cet archipel qu'elle est repartie pour Mazatlán, le grand port de la côte Ouest du Mexique.

L'*Alcyone* vogue à présent vers Cabo San Lucas, le havre le plus extrême, le plus méridional, de la péninsule de Basse-Californie. Le but de la mission qui commence est d'explorer, ou plutôt de réexplorer, la mer de Cortez. Le golfe de Californie ressemble à un immense doigt, à une étroiture d'océan Pacifique coincée entre la haute Sierra Madre de l'ouest du Mexique et la péninsule de Basse-Californie. C'est un corridor d'eau salée entre deux déserts, au fond duquel se jette le fleuve Colorado, qui draine, creuse et sculpte le sud-ouest des montagnes Rocheuses.

La mer de Cortez mesure mille deux cent quatre-vingts kilomètres de longueur (un peu plus que l'Italie), et en moyenne cent cinquante kilomètres de largeur (au minimum, soixante-quatre; au maximum, deux cent quarante). Elle occupe une superficie de cent soixante dix-sept mille kilomètres carrés. Sa profondeur moyenne est de huit cent treize mètres, sa profondeur maximale de trois mille six cent soixante mètres. Le volume des eaux qu'elle contient avoisine cent trente-deux mille kilomètres cubes.

Ses rivages ont été colonisés depuis au moins dix mille ans par les Indiens. Les conquistadores espagnols l'ont découverte pour le compte des Européens. C'est un lieutenant d'Hernán Cortés (ou Fernand Cortez), nommé Nuñez de Guzman, qui la vit le premier en 1533. Il y cherchait les fabuleuses Sept Cités de Cibola, où les aventuriers ibériques, après avoir réduit l'empire aztèque (en 1520), pensaient mettre la main sur le trésor de l'empereur Montezuma. Hernán Cortés vint en personne visiter la péninsule de Basse-Californie en 1535, et fonda une petite colonie près de l'actuelle La Paz (mais le comptoir tomba sous les coups des Indiens). En 1539, Francisco de Ulloa, commandant une flottille de trois navires, navigua dans le golfe, qu'il remonta jusqu'aux bouches du rio Colorado — apportant la preuve que la Basse-Californie est bien une péninsule. C'est Ulloa qui nomma l'endroit *Golfo de Cortez* ou *Mar de Cortez*, mais très vite le bassin fut désigné par les cartographes espagnols sous les noms de *Mar Rojo* (« mer Rouge »), *Mar Vermilion* ou *Vermillion* (« mer Vermillon »), ou encore *Mar Vermejo* (« mer Vermeille »). Au début du XVIIIe siècle, les missionnaires jésuites rebaptisèrent le golfe *Mar Laurentano* (« mer Laurentienne »), *Mar California* (« mer Californie ») ou *Golfo de California*. D'autres géographes parlèrent de *Seño California* (« détroit de Californie ») ou de *Mar del Desierto* (« mer du Désert »). La péninsule de Basse-Californie et l'ensemble du golfe qu'elle borde à l'ouest, après avoir été revendiqués par les États-Unis, revinrent au Mexique après le traité de Guadalupe Hidalego, signé le 2 février 1848.

En hommage à Philippe

La mer de Cortez... Nous y sommes déjà venus à plusieurs reprises, raconte Michel Deloire, le chef opérateur de l'équipe. « Nous y avons navigué avec la *Calypso*, durant notre *Grande Croisière*, une première fois en décembre 1968, en arrivant du Pérou et en remontant vers l'Alaska; et une deuxième fois en décembre 1969, sur le chemin inverse, tandis que nous faisions route vers les îles Galapagos. Nous y sommes repassés en novembre 1974, avec l'hydravion *P.B.Y. Catalina-Calypso II* que pilotait Philippe Cousteau. Il y a plus de dix ans de cela... Je m'en souviens comme si c'était hier... C'est une mission que Philippe tenait à refaire et à compléter. Aujourd'hui, tout le monde, à bord de l'*Alcyone*, est heureux que Jean-Michel ait réussi à l'organiser en hommage à son frère.

« J'ai gardé du golfe de Californie des impressions très fortes, ajoute Michel Deloire. Nous y avions aperçu une baleine grise, deux rorquals communs, nombre de dauphins et des otaries. Nous y avions admiré des vols d'oiseaux de mer. Nous y avions rencontré de pauvres pêcheurs mexicains, qui vivaient de ce qu'ils pouvaient prendre comme langoustes, sardines, thons ou requins, et qui dénichaient les œufs d'oiseaux marins à la saison favorable. Excepté dans quelques villages indigènes et dans de rares stations balnéaires, la côte était déserte. Une immensité vierge de plages blondes, grises ou blanches, séparées par des chaos de roches que travaillent les vagues et le vent... Un bout du monde, un accul d'eau plutôt froide, souvent trouble, chargée de particules et de plancton, d'une richesse naturelle sans pareille...

« C'est près de l'entrée du golfe, je me le remémore avec une étonnante acuité, que nous avions côtoyé deux géants des mers — deux baleines bleues (*Balaenoptera musculus*), deux de ces créatures formidables qu'une chasse acharnée, dans la première moitié de notre siècle, a failli anéantir... Nous étions en zodiac. Philippe Cousteau menait la manœuvre... »

Michel Deloire rejoint Jean-Michel Cousteau et le capitaine Jean-Paul Charpentier à la passerelle de l'*Alcyone*. Guy Jouas, dans la salle de radio et d'informatique, a reçu les cartes météorologiques que le satellite envoie: grand beau temps. L'anticyclone engendre juste ce qu'il faut de vent. L'*Alcyone* tient son allure de croisière à dix nœuds. Ses turbovoiles la tractent avec force. Elles ont l'élégance des ailes d'avion, dont elles sont inspirées. Les ordinateurs du bord orientent à chaque instant, de la meilleure façon possible, ces quasi-cylindres d'aluminium dans le lit de la brise. Les volets postérieurs, qui servent à évacuer l'air aspiré par les ventilateurs internes, vont et viennent selon l'angle d'attaque du vent et la zone dans laquelle il faut défléchir les filets d'air pour obtenir un écoulement laminaire du fluide atmosphérique. La force de portance qui s'exerce sur les deux « mâts » fait avancer le bateau. Les tourbillons qui freinent la progression des voiliers classiques sont « tués » par le système d'aspiration. Le rendement de ces super-voiles est cinq ou six fois supérieur à celui des toiles classiques... Voilà ce que donne le mariage de l'ordinateur et du vent, de la technique et de l'écologie, de la puce et d'Eole!

Combien sont-ils ?... « Des centaines ! dit le plongeur Marc Blessington. – Des milliers ! renchérit l'ingénieur du son Guy Jouas. – En vingt ans de campagnes sur la Calypso, *je n'en ai jamais vu autant », conclut le cinéaste Michel Deloire. (Ph. F. Gohier.)*

Le capitaine Jean-Paul Charpentier, quoique habitué depuis plusieurs mois à ces performances, se pince discrètement chaque jour, lorsqu'il se met à la barre. Mais il ne rêve pas... C'est une si étonnante machine que ce « cylindre aspiré » qu'imaginèrent le Pr Lucien Malavard et l'ingénieur Bertrand Charrier, et que le commandant Cousteau décida de réaliser pour prouver que les énergies dites « nouvelles » (ou « douces », ou « renouvelables ») n'ont sûrement pas leur avenir derrière elles...

Les oiseaux de mer jouent depuis toujours avec le vent. On voudrait croire qu'ils tournent autour de l'*Alcyone* par une sorte de complicité aérienne. Les goélands passent et repassent, s'élèvent dans l'azur, se laissent descendre au ras des flots, piquent un bout de mangeaille dans l'écume, remontent se poster dans le lit de la brise, redescendent, et ainsi de suite, inlassablement... Ils ont une existence à couler entre le ciel et la mer. Ils la déroulent avec grâce. Ils font palpiter leurs ailes blanches et grises dans l'atmosphère, et c'est l'image du bonheur.

Le magicien des cétacés

Les heures passent. L'*Alcyone* claque et gicle, soupire et frémit sur les vagues. Son sillage laiteux persiste quelques minutes dans l'eau bleue, puis s'assombrit et s'efface. Traînée de bateau : symbole de l'éphémère...

Soudain, devant l'étrave, la mer s'agite. Elle bouillonne. On dirait qu'elle prend vie. Raymond Amaddio, l'assistant opérateur, qui s'est assis à la proue, accoudé à la balustrade et les jambes pendantes sur la coque,

sursaute et comprend en un instant. Il bondit sur ses pieds comme un ressort. Il court sur le pont. Il appelle ses compagnons: « Des dauphins!... Un troupeau de dauphins!... »

Chacun se précipite. Michel Deloire empoigne la caméra neuf millimètres, qu'il garde pour ainsi dire en permanence à portée de main (certains prétendent qu'il dort avec). Guy Jouas, l'ordonnateur des bruits, vérifie les bobines de son magnétophone et déroule le fil de son microphone sous-marin. Les plongeurs s'équipent. Ils enfilent leurs nouvelles combinaisons, qui sont gris pâle dans l'atmosphère et semblent d'argent liquide sous la surface. Il y a là Dominique Sumian et Bertrand Sion, les chefs plongeurs; Louis Prézelin, un « ancien » de la *Calypso*, et l'un des meilleurs cinéastes sous-marins; Jérôme Julienne, le second assistant-opérateur; Marc Blessington, Don Santee et Clay Wilcox — excellents plongeurs. Le Dr Richard Murphy, le scientifique-photographe de la *Cousteau Society*, revêt lui aussi son habit de travail (la combinaison de néoprène; mais la sienne est bleue) et teste ses flashes. Jo Guillou, le chef mécanicien, aide tout le monde. Jean-Michel Cousteau distribue les rôles. Il s'agit d'abord d'observer les cétacés depuis l'*Alcyone*. Ensuite, l'équipe sous-marine ira en zodiac tenter de les étudier, de les filmer, de jouer avec eux dans leur élément.

Les dauphins qui s'approchent du navire à turbovoiles font admirer leurs flancs tachés de gris et l'unique narine (évent) qui s'ouvre sur leur crâne. Rien n'égale la perfection de leur nage — d'une fluidité et d'une efficacité magiques. (Ph. F. Gohier.)

Les dauphins sont là, en effet. Ils sont apparus comme par enchantement dans les vagues. On cherche le magicien qui les a créés. On a l'impression qu'ils résultent d'un phénomène de génération spontanée. L'instant d'avant, il n'y avait rien — juste une étendue d'eau salée, avec des bancs de plancton et des algues à la dérive.

Soudain... Soudain, les dauphins sont partout. Ils fusent à tribord et à bâbord, à l'avant et à l'arrière. Certains nagent au large et d'autres frôlent la coque. Ils passent par dizaines sous la quille. Ils soufflent brièvement en surface, comme un sportif qui s'apprête à l'effort; sauf qu'ils évoluent visiblement sans le moindre effort... Ils font admirer leur corps musculeux, leur silhouette fuselée, leur dos bleu-noir et la large tache claire, arrondie, gris bleuté, illuminée de fugaces reflets jaunâtres, qui décore chacun de leurs flancs. Leur museau long et mince, gris-noir dessus, gris clair dessous, a quelque chose de spirituel. On distingue quelquefois la commissure ironique de leurs lèvres, et même leur œil vif cerné de noir.

La forme de leur rostre (l'un des plus longs qu'on puisse trouver chez des delphinidés, avec celui du dauphin long-nez *Stenella longirostris*) et les dessins de leurs flancs permettent de les identifier sans peine. Il ne s'agit nullement d'animaux rares.

« Ce sont des dauphins communs, dit Jean-Michel Cousteau: *Delphinus delphis* pour la science... C'est cette espèce, cosmopolite, qu'on rencontre de la Méditerranée à la mer du Japon, et de l'Islande à la Tasmanie... En dehors des eaux polaires, elle a pour royaume la quasi-totalité de la mer, qui occupe elle-même les trois quarts de la surface de la Terre... Regardez-les!... Ce sont les plus parfaites machines à nager que l'évolution ait inventées. »

Les dauphins entourent l'*Alcyone* comme jamais peut-être, de mémoire d'homme, bateau ne fut cerné. Combien sont-ils?... Difficile à dire. Il en jaillit de toutes parts. L'eau semble en produire à chaque minute une nouvelle bande — à droite, à gauche, devant, derrière...

L'homme et le dauphin se sont toujours sentis proches. Nous avons en commun un cerveau complexe, l'amour du jeu, le langage, l'intelligence... Comment certains hommes ont-ils pu (peuvent-ils encore) assassiner ces cousins aquatiques? (Ph. R. Murphy/ Fondation Cousteau.)

Cinq cents?... Mille?... Deux mille?... Personne ne le saura jamais: il est impossible de compter les étoiles d'un feu d'artifice. Et c'est un véritable feu d'artifice que les dauphins offrent en cadeau de bienvenue aux hommes de l'*Alcyone*... Ces animaux comptent parmi les plus sociables, les plus facétieux, les plus joueurs... Ils font honneur à leur réputation de boute-en-train des vagues. Ils tourbillonnent autour du bateau. Ils filent dans une direction, puis incurvent leur trajectoire comme s'ils obéissaient au commandement d'un chef de ballet. Ils se mettent ensuite à bondir hors des lames dans une savante anarchie: ils jaillissent de l'élément liquide, s'élèvent de un ou deux mètres dans l'atmosphère avec autant de puissance que de grâce, et se laissent retomber dans des éclaboussements. Un dauphin qui saute est un spectacle (y compris, hélas ! au sens commercial du terme, dans les marinelands): qu'on en imagine des dizaines en train d'exploser ensemble sur la mer, de pirouetter, de donner un coup de queue à la Lune et de retoucher la surface dans une débauche d'écume blanche...

Le numéro des dauphins semble avoir été préparé avec soin. Il ne comporte pas de répétitions ennuyeuses. Parfois, les cétacés exécutent de longues séries de sauts rasants, extrêmement rapides (on dit qu'ils marsouinent); puis ils plongent durant trois ou quatre minutes et reparaissent loin de l'*Alcyone*, moins excités, comme s'ils avaient achevé une prestation de choix, et attendaient qu'on les applaudisse avant de commencer la scène suivante. A d'autres moments, les artistes se relaient pour surfer sur la lame d'étrave de l'*Alcyone*. Quelques individus ondulent, comme s'ils voulaient imiter (mais tellement plus vite !) la reptation du serpent de mer de la légende. D'autres s'amusent à agiter hors de l'eau le croissant encoché de leur queue. A droite, l'un des participants, probablement le roi de l'acrobatie aérienne, s'élance hors de la vague et monte si haut, avec tellement de force athlétique, qu'il a le temps d'effectuer trois vrilles avant de retomber dans l'élément aquatique...

Les dauphins porte-bonheur

C'est, pour l'*Alcyone*, un accueil délirant — une fête de bienvenue exaltante, une kermesse marine. Les dauphins, dans les civilisations des cinq continents, et dans les légendes de tous les siècles, ont été considérés comme des animaux porte-bonheur. Les marins d'Ulysse et de Jason, Pythéas de Marseille en route vers l'Ultima Thulé, saint Brandan sur son île-baleine, les Vikings sur leurs drakkars, les Polynésiens sur leurs pirogues, ont tous pensé qu'un voyage qui commençait avec ces mammifères ne pouvait qu'être favorable. Les navigateurs de notre temps ont gardé cette confiance — ceux de l'*Alcyone* comme les autres.

Le Dr Richard Murphy, parce qu'il est naturaliste, voit les choses de façon plus... documentaire. Il essaie de compter les animaux (mais c'est impossible !). Il estime leur vitesse de nage. (Il relève des pointes à plus de trente nœuds, c'est-à-dire à près de cinquante-cinq kilomètres par heure.) Il prend des notes. Il esquisse sur sa feuille les différents types de sauts, de nages et d'acrobaties dont il est le témoin. Quand il n'a pas le crayon qui court sur le calepin, il photographie.

Le dauphin commun est un animal fascinant. Il possède un ou plusieurs noms dans la quasi-totalité des idiomes du monde. On l'appelle aussi camus ou bec d'oie en français, *common dolphin*, *saddleback* (« dos-en-selle ») ou *whitebelly* (« ventre blanc ») en anglais, *springhval* (« baleine du printemps ») en norvégien, *warworm* en russe, *tobi iruka* en japonais, *ardlusarsuk* en esquimau du Groenland, *tyrtak* en turc... Mais, dans la plupart des langues, c'est LE dauphin — le dauphin par excellence: en allemand, *Delphin*; en hollandais, *dolfijn*; en espagnol, *delfino*; en italien, *delfino*...

Sa longueur moyenne est de deux mètres dix (au maximum: deux mètres soixante) et son poids de l'ordre de quatre-vingt-dix kilogrammes (au maximum: cent trente-cinq). La femelle est un peu plus petite que le mâle. Le jeune, à la naissance, mesure quatre-vingt-dix centimètres et pèse une quinzaine de kilogrammes.

Le dauphin commun vit en troupeaux abondants: rarissimes sont les sujets solitaires. Les malheureux qui sont exclus de la compagnie de leurs semblables ne résistent pas longtemps à ce qui constitue à leurs yeux une irrémédiable déchéance: ils se laissent mourir... Un peu partout, dans l'océan, on en a vu des groupes de cinq cents ou de mille. Au large de la Nouvelle-Zélande, un naturaliste en aurait observé un banc (discontinu!) de vingt-sept kilomètres sur quarante-quatre!

L'espèce se nourrit de poissons de toutes sortes (anchois, sardines, harengs, maquereaux...), mais aussi de seiches et de calmars, qu'elle capture grâce à la cinquantaine de dents coniques, hautes de deux centimètres et demi, qui garnissent chacune de ses mâchoires. Elle pêche en surface ou à quelques dizaines de mètres de profondeur, mais peut plonger à plus de deux cent cinquante mètres et demeurer dix minutes en apnée.

L'animal se dirige sous l'eau, même la plus ténébreuse, par écholocation: les clics qu'il émet, et qui se réfléchissent sur les obstacles, ont une fréquence comprise entre cent et cent cinquante mille hertz.

Le groupe s'organise selon une hiérarchie définie, avec des mâles et des femelles dominants, des adultes dominés et des immatures. Les mâles subadultes passent quelques mois ou quelques années en bandes de « célibataires » (en anglais: *bachelors*), avant de s'intégrer à un troupeau de reproducteurs. Les parades amoureuses consistent en de jolies passes sous-marines, avec des frôlements, des séquences de nage lente ou rapide, des figures en parallèle, des attouchements d'ailerons, des baisers et des caresses, qui s'achèvent par un acte de copulation intense et bref. Le temps de la gestation est de dix à onze mois. Les petits naissent pour la plupart en été. Ils sortent du ventre de leur mère la queue la première, comme tous les cétacés. Les femelles les nourrissent de leur lait riche et gras pendant quatre à cinq mois.

Un dauphin commun peut espérer vivre trente ou trente-cinq ans. Dans la nature, il n'a pas d'autres ennemis que les parasites internes (virus, bactéries, amibes, vers...) ou externes (bernacles, pénelles...), les grands requins (contre lesquels il se défend à coups de rostre, en visant le foie) et les orques (qui ne l'attaquent qu'en période d'extrême famine). Ses pires adversaires restent (mais cela constitue-t-il une surprise?) les hommes, auxquels il voue depuis toujours une amitié désintéressée, mais qui le traquent, le tuent au harpon ou au fusil, le blessent avec leurs hélices de bateaux, le font périr dans leurs filets de pêche au thon...

Le paradoxe de Gray

La baleine bleue, ou rorqual bleu... Le plus gigantesque animal que la Terre ait jamais porté: gros comme quatre brontosaures ou vingt-cinq éléphants!... L'espèce fréquente la mer de Cortez; ce bébé joueur de dix tonnes glisse sur le dos de sa mère. (Ph. F. Gohier.)

L'*Alcyone* file au milieu des dauphins qui continuent leur sarabande. Jean-Michel Cousteau se demande ce qui les excite de la sorte. Raymond Amaddio suggère que c'est parce qu'ils ont reconnu le fils du fameux commandant; ils veulent peut-être un autographe...

Dominique Sumian met le zodiac à l'eau. Bertrand Sion, Louis Prézelin, Marc Blessington et Don Santee s'y entassent, en tenue de plongée, avec masque et tuba. Le canot pneumatique s'éloigne de l'*Alcyone*. Il met les gaz. Il tente de suivre un groupe de cétacés déchaînés. Mais quoiqu'il vrombisse au maximum de sa puissance, le moteur de l'embarcation est trop faible... Les ailerons disparaissent.

« En voyant les animaux s'enfuir devant le zodiac sans avoir l'air de forcer, raconte Jean-Michel Cousteau, je songe au fameux "paradoxe de Gray", selon lequel la masse musculaire des dauphins n'est théoriquement

pas suffisante pour leur permettre d'atteindre les vitesses auxquelles ils nagent en réalité ! »

Les calculs des scientifiques sont irréprochables. Dans l'eau, vu sa masse et l'énergie disponible de ses muscles, le dauphin devrait se traîner. Or, il file plus vite qu'une torpille. Où est le truc ?... Le paradoxe de Gray (ainsi appelé parce qu'il fut formulé pour la première fois en 1936 par le biologiste J. Gray) passionne les hydrodynamiciens. Il est en partie résolu. La vie, ce « génial bricolage » (selon la formule du Pr François Jacob), a inventé diverses astuces qui permettent aux cétacés d'éviter les pièges classiques de la résistance à l'avancement des objets dans les fluides. Les dauphins sont munis de dispositifs anatomiques et physiologiques qui « tuent » les tourbillons parasites, qui les empêchent de freiner le mouvement, qui rendent presque laminaire l'écoulement de l'eau le long du corps. Parmi ces solutions biologiques, il faut mentionner l'existence de petits sillons sur la peau, qui canalisent les tourbillons en direction de la queue. Il faut surtout citer les extraordinaires propriétés plastiques de cette peau, qui se déforme localement, par une action réflexe de milliers de nerfs et de muscles sous-cutanés. Ces micro-modifications de surface « cassent » pour ainsi dire chaque tourbillon parasite... Depuis qu'ils connaissent ce dispositif miraculeux, les spécialistes de la bionique tentent de l'imiter en laboratoire, afin de l'adapter aux navires.

Les plongeurs en zodiac poursuivent en vain trois ou quatre groupes de dauphins. Ils n'insistent pas. Ils ne tiennent nullement à les effrayer. Ils optent pour une tactique différente. Bertrand Sion fait arrêter le moteur de l'embarcation. Si tu ne vas pas aux cétacés... Et en effet, peu après que le zodiac s'est immobilisé, les dauphins viennent aux plongeurs !

« Je donne le signal, raconte Bertrand Sion. Don Santee reste à la barre. Louis Prézelin, Marc Blessington et moi sautons à l'eau. Louis Prézelin tient la caméra sous-marine. A peine les bulles se sont-elles résorbées autour de nous que j'aperçois un dauphin, à un mètre à peine de mon masque. Puis un second. Puis trois ou quatre autres. Merveilleuses machines ! Plus hydrodynamique que le dauphin, vous ne trouverez pas ! Ça n'existe pas en magasin !...

« Bien sûr, les cétacés nous ont vus. Avec leurs yeux et avec leurs oreilles... Nous n'entendons qu'une partie des clics qu'ils émettent pour nous "écholocaliser", car l'essentiel est composé d'ultrasons. Mais je sais que nous sommes jaugés, pesés, mesurés, détaillés à coups de faisceaux sonores, dont un cerveau supérieurement équipé analyse les échos... Un dauphin, les yeux bandés, détecte un fil de cuivre de deux dixièmes de millimètre de diamètre à un mètre devant son museau. Je suis sûr que celui qui fonce vers moi, à cet instant précis, connaît mieux que moi-même mon tour de taille et la longueur de mon nez !... L'animal s'approche comme s'il voulait me percuter, freine au dernier moment, me regarde et m'évite en souplesse, d'un petit coup de battoir décontracté. J'ai l'impression qu'il me salue de la main au passage.

« Les cétacés nous acceptent depuis que nous avons arrêté notre moteur, mais ils ne se montrent pas vraiment familiers. Nous ne les gênons pas dans leur ballet, mais ils ne paraissent nullement désireux de nous inviter à danser. J'essaie d'en caresser un au passage, mais il refuse le contact. Peut-être sommes-nous trop adultes, trop vieux... Peut-être avons-nous perdu cette âme d'enfant qui (selon ce que raconte le naturaliste latin du Ier siècle Pline l'Ancien) permit voici deux mille ans à un écolier de Baïes d'apprivoiser un dauphin qui l'emmenait chaque jour sur son dos à l'école, à travers la baie de Naples.

« Il n'empêche que je suis pleinement heureux dans l'eau, en compagnie de ces mammifères superbes. Je songe que ce sont nos lointains cousins, et qu'un jour, peut-être, nos deux espèces se comprendront mieux. Les premiers cétacés sont apparus il y a environ soixante millions d'années, au début de l'ère Tertiaire, en même temps que les premiers primates. La nature, pendant ces milliers de siècles, a pour ainsi dire "essayé" deux montées parallèles vers l'intelligence — l'une dans le royaume marin, qui a abouti aux baleines, aux cachalots, aux orques, aux dauphins ; l'autre sur la terre ferme, qui a donné les orangs-outans, les gorilles, les chimpanzés et les hommes... La similitude de nos destins nous rapproche. Nous avons en commun un cerveau compliqué, l'intelligence, l'amour du jeu, un langage, une mémoire et la capacité d'abstraction. Ce qui nous différencie, en vérité, c'est que les hommes nagent de façon calamiteuse, et qu'ils ont inventé la bombe H. »

Tandis que les plongeurs tentent de filmer les dauphins sous l'eau, sur l'*Alcyone* les équipiers demeurent attentifs. Chacun sent que le show s'achève. Les cétacés sont moins nombreux qu'au début à bondir, à surfer et à onduler dans les vagues. Une partie de la troupe a déjà disparu, mais dans quelle direction ? Et quand ? Personne n'a rien vu de ce départ... Les acteurs qui restent exécutent un ultime numéro. Un couple trace un élégant sillage. Un retardataire (distrait ? cabotin ?) pirouette dans l'atmosphère. Reflet fugace du soleil sur une peau luisante... Tourbillon d'écume qui se dilue... Quelques bulles éclatent, et c'est fini... Les dauphins s'en sont allés. Ils se sont évanouis dans l'univers aquatique, aussi magiquement qu'ils étaient venus. Salut, les artistes !

Personne, à bord, n'ose affirmer que les dauphins ont donné ce spectacle en l'honneur de l'*Alcyone*. Mais tout le monde le pense... Personne, en tout cas, n'a le cœur de prétendre que la rencontre était fortuite. Nous autres, hommes, qui nageons de façon lamentable et qui répandons le sang des animaux, nous avons dans la cervelle un emplacement pour les rêves ; et les dauphins y occupent une place de choix. Pour toujours ?

*Jean-Michel Cousteau a voulu organiser cette mission en mer de Cortez — dans le golfe de Californie — en hommage à son frère. A bord de l'*Alcyone*, chacun se rappelle combien Philippe aimait cet endroit et tenait à y revenir. (Ph. A.M. Cousteau/ Fondation Cousteau.)*

Chapitre 2

LES ROCHERS DE CABO SAN LUCAS

L'*Alcyone* va son chemin de vent. La brise a fraîchi pendant la nuit, mais la mer reste belle. Sur la vague, la Fille d'Eole donne la mesure de ses capacités... A la barre, Jean-Michel Cousteau plaisante avec le capitaine Jean-Paul Charpentier. Dominique Sumian prépare le matériel. Louis Prézelin, Michel Deloire et Jérôme Julienne boivent le café. Le chef mécanicien Jo Guillou s'affaire, les mains et le nez dans un moteur de zodiac.

Dans la salle des cartes et de l'électronique, le radio et ingénieur du son Guy Jouas jongle avec ses appareils clignotants et bizarres. Radar, sonar: il fait naître des successions d'images magiques sur les écrans en couleurs de ses moniteurs. Il appuie sur un bouton: devant lui s'imprime une carte météorologique envoyée par satellite. Des messages arrivent par télex de Paris ou de Monaco, de New York, de Norfolk ou de Los Angeles.

La *Fondation Cousteau* en France, *The Cousteau Society* aux États-Unis... En Europe et en Amérique, ce sont plus de deux cent cinquante mille membres qui soutiennent l'action du commandant Cousteau et de son fils Jean-Michel, pour que notre planète d'Eau reste belle et vivable...

Il est sept heures du matin en mer de Cortez — six heures à Los Angeles, neuf heures à New York et à Norfolk, seize heures (heure d'été) à Paris. Les messages passent. Le réseau de travail et d'amitié Cousteau fonctionne. Avec chaque télex, les hommes de l'aventure reçoivent un peu de l'affection des sédentaires. Inversement, enfermés entre quatre murs, les bureaucrates qui lisent les nouvelles du bout du monde ont l'impression de renifler l'air du large.

La gueule du requin-baleine

L'*Alcyone*, selon son habitude (que les marins n'apprécient guère), bat rapidement la surface. Peu de roulis, peu de tangage, mais un obsédant tape-cul... Cela provient de la forme même du bateau: il est monocoque à l'avant et catamaran à l'arrière. Mais les avantages de cette structure — commandée par l'obligation de n'avoir presque pas de gîte, à cause du poids et de l'emplacement des turbovoiles — l'emportent de loin sur les inconvénients.

Droit devant, sur l'eau, à environ un demi-mille, une large plaque ovale semble écumer. Des centaines de goélands, de sternes, de pélicans et d'autres oiseaux tournoient au-dessus de ce bouillon bizarre. Probablement un banc de poissons ou une concentration de plancton, ou les deux à la fois...

Les hommes de l'*Alcyone*, intrigués, sont sur le pont. Louis Prézelin et Dominique Sumian font de grands signes à la proue du navire. Ils ont vu

Les rochers du cap San Lucas — l'extrémité de la péninsule de Basse-Californie. Le bout du monde!... Le Mexique veut faire de toute la région une zone touristique « haut de gamme ». Danger, danger pour la nature!... (Ph. F. Gohier.)

quelque chose... Quelque chose de gros... De très gros... Ce n'est pas un cétacé, puisque cela ne souffle pas. Mais cela brasse de l'eau... On se passe les jumelles. On fouille les vagues du regard. Ce grand corps qui nage, ne serait-ce pas un requin? Le géant des squales? Le requin-baleine? Ce monstre des profondeurs qui vient quelquefois se repaître en surface, mais qu'on n'aperçoit qu'une ou deux fois dans une existence?...

Dominique Sumian ne laisse pas passer une si belle occasion. Il lance un ordre bref: « Plongeurs!... Zodiac!... » En quelques secondes, l'embarcation est à l'eau. Masques, tubas et palmes: pas le temps d'endosser des bouteilles. Les hommes sautent dans le canot pneumatique. Dominique Sumian, Louis Prézelin, Michel Deloire (qui tient la caméra sous-marine), Marc Blessington et Don Santee (qui se charge des éclairages) composent l'équipe d'intervention. Vite!... Le colosse n'attend pas.

Le zodiac bondit sur les vagues. Marc Blessington est à la barre. Il coupe le moteur à quelques dizaines de mètres de l'ovale d'écume. L'embarcation finit sa trajectoire en silence, sur son erre. Dominique Sumian, Louis Prézelin, Michel Deloire et Don Santee se laissent basculer en arrière.

« J'ai l'impression de m'immerger dans un aquarium rempli d'alevins, raconte Louis Prézelin. Une immense éclosion... Tout autour de moi, la mer, d'un argent bizarre, grouille de sardines bleues et luisantes, qui vont et viennent en bancs compacts.

« Les sardines font bombance. Elles festoient d'un microplancton animal que je distingue fort bien. Leurs proies sont des crustacés nageurs transparents (à peine teintés de rose), longs de deux à trois centimètres. Je suis presque sûr qu'il s'agit de copépodes d'une espèce du groupe des calanoïdes, dont les baleines aussi se pourlèchent...

« Les sardines, par milliers et par milliers, la bouche ouverte, le corps électrisé par le plaisir du banquet, gobent les crustacés planctoniques. Et qui dévore les sardines? Le grand requin, pardi!... Le monstre!... Dire

Le requin-baleine est le géant des poissons. Sa façon de manger ressemble à celle des baleines à fanons. Mais chez lui le filtre est constitué par les branchies, alors que chez elles ce sont des lames cornées pendant de la mâchoire supérieure. (Dessin: G. Paccalet.)

qu'il est colossal n'est qu'un mot. Il faut l'avoir contemplé dans son élément. Il faut avoir vu cette montagne de muscles en train de nager, la gueule béante... L'animal mesure plus de huit mètres du museau au bout de la queue, et je suppose qu'il dépasse dix tonnes... Sa bouche constitue la partie la plus impressionnante de l'ensemble: elle est large de deux mètres et haute de plus de cinquante centimètres. Un homme y passerait sans toucher les lèvres. »

Bien sûr, le requin-baleine ne mange jamais d'hommes, ni même de gros poissons. Il ne consomme que des proies minuscules. Dominique Sumian et ses compagnons le savent. Mais tout de même... Ils se méfient: une erreur est si vite arrivée!

« La méthode de nutrition du requin-baleine est fascinante, explique Dominique Sumian. Il se contente souvent de foncer à travers les bancs de crustacés, la gueule ouverte: tout ce qui est aspiré dans l'entonnoir est perdu. Parfois, l'animal descend sous le rassemblement de plancton et de sardines, puis remonte vers la surface à la verticale, debout dans la mer, en écartant aussi largement qu'il le peut le four de ses mâchoires. Il avale des tonnes d'eau et de proies. Le liquide inutile lui sort en cascades de part et d'autre de la tête, par les fentes branchiales. (Il possède cinq de ces orifices de chaque côté du corps.) Les milliers d'organismes retenus dans son gosier par les filtres des branchies constituent le bol alimentaire.

Le géant des poissons

Le requin-baleine (en anglais *whale shark*; en espagnol *tiburón ballena*) a reçu le nom scientifique de *Rhiniodon typus*. (On écrit parfois *Rhincodon* ou *Rhineodon*.) A lui seul, il représente la famille des rhiniodontidés, qui fait partie de l'ordre des orectolébiformes (auquel appartiennent aussi les requins-tapis et les requins dormeurs, ou requins-nourrices). Il a le corps allongé, avec plusieurs crêtes longitudinales proéminentes sur les flancs. Sa tête est aplatie et ses yeux rejetés sur les côtés. Ses fentes branchiales sont hautes et larges, la cinquième nettement séparée de la quatrième. Les filtres à plancton sont disposés du côté interne des orifices respiratoires; ce sont des réseaux serrés, des entrecroisements de lamelles cornées. La bouche, gigantesque, est garnie de dents petites et inefficaces, mais nombreuses et disposées sur plus de trois cents rangées.

La première nageoire dorsale, triangulaire et arrondie au sommet, est bien plus grande que la seconde. Les pectorales sont amples, les ventrales moyennes, les pelviennes petites. L'anale est élargie à la base. La caudale est vaste, avec un lobe supérieur deux fois plus développé que l'inférieur (la queue est très hétérocerque). La peau est revêtue d'écailles rugueuses. L'animal possède une livrée d'un beau gris bleuté à reflets verdâtres, avec des pois lumineux sur les nageoires; ses flancs sont agrémentés de motifs plus clairs, d'entrecroisements presque trop réguliers de lignes horizontales et verticales, entre lesquelles semblent posés des ronds pâles.

Le requin-baleine est le plus gros de tous les poissons actuels, et l'un des plus grands que les océans aient jamais nourris. On a écrit que certains individus atteignent dix-huit mètres de longueur pour un poids de trente tonnes. C'est possible, mais ce n'est pas prouvé. Le record actuel — dûment mesuré — est de treize mètres soixante-dix.

Le requin-baleine n'est peut-être pas si rare, puisque son royaume s'étend à l'ensemble des mers tropicales du globe, et qu'on le trouve au large comme à proximité des côtes. Mais il se laisse exceptionnellement apercevoir. Il est peu pêché, sauf quand il est jeune (on mange sa chair au Pakistan, en Inde, en Chine).

On connaît peu de chose sur sa vie quotidienne. On n'a jamais vu de

*L'expédition Cousteau en mer de Cortez: déploiement de matériel... Outre l'*Alcyone *et ses équipements (zodiac, scooters sous-marins), elle mobilise l'hélicoptère* Félix, *l'hydravion* Papagallo, *une voiture tout terrain, etc. (Ph. A.M. Cousteau/Fondation Cousteau.)*

couple de l'espèce. On ne sait même pas s'il s'agit d'un requin ovipare ou ovovivipare. En 1953, on a découvert de très gros œufs, longs de trente centimètres et larges de quinze, dont on a pensé qu'ils avaient été pondus par une femelle de requin-baleine: on en a conclu que l'espèce était ovipare; mais on n'a plus jamais revu semblable ponte. Plus récemment, on a mis la main sur un embryon — un seul — de *Rhiniodon*; le fœtus portait une cicatrice ombilicale, et l'hypothèse de l'ovoviviparité a refleuri. On en est là... Peut-être y a-t-il, chez le requin-baleine comme chez les requins dormeurs, une sorte d'ovoviviparité sommaire: la femelle « retiendrait » ses œufs dans ses voies génitales durant une courte période.

Les équipiers de l'*Alcyone* s'approchent plusieurs fois à le toucher du requin baleine. A moins que ce ne soit le squale qui vienne à eux... L'animal semble tenir les hommes pour quantités négligeables: trop gros pour être avalés, trop petits pour présenter un danger quelconque...

« J'ai l'impression que notre rencontre avec le roi des poissons dure une éternité, raconte Louis Prézelin. En réalité, nous le côtoyons moins de cinq minutes. C'est déjà inespéré... L'animal engloutit devant nous six gorgées de plancton et de sardines. Il mange deux fois spectaculairement en surface. Puis, d'un seul mouvement, il braque son vaste corps vers le bas et s'enfonce en oblique dans l'épaisseur de l'eau. Il descend lentement, puissamment, inéluctablement. Nous tentons de le suivre pendant quelques mètres, mais sans bouteilles... Jusqu'où va-t-il? Personne ne le sait... Combien de temps reste-t-il dans les profondeurs? Aussi longtemps qu'il le désire, bien sûr: il n'a pas besoin de venir respirer en surface, lui... Ce n'est ni un cétacé ni un pauvre plongeur de l'*Alcyone*. »

L'extrémité de la terre

Lorsqu'on navigue, on ne cesse de scruter la surface de la mer: ce qui s'y passe est toujours passionnant. Ici, des goélands de Heermann et des dauphins communs se régalent aux dépens d'un banc populeux de calmars et de petits poissons. (Ph. F. Gohier.)

La matinée s'avance. Le capitaine Jean-Paul Charpentier ne veut pas arriver trop tard dans le port de Cabo San Lucas. La brise mollit: on décide d'avancer au moteur. Cap à l'ouest. On mange — crudités, rôti de porc, coquillettes, fromage et dessert. On prend le café. (On prend beaucoup de café à bord. La cafetière électrique, solidement amarrée, crache son jus quel que soit l'état de la mer. La seule différence, c'est que, pendant les tempêtes, les candidats au petit noir sont moins nombreux.) Enfin, la côte se rapproche: d'abord une fine ligne grise, puis un trait qui s'épaissit, puis l'apparence d'un système de falaises et de plages. Cabo San Lucas, le cap San Lucas... La pointe ultime de la péninsule de Basse-Californie!

Toute la Basse-Californie est une bizarrerie géographique. Cette langue rocheuse étroite et tourmentée, qui semble posée par hasard dans l'océan Pacifique, couvre une superficie de cent quarante-trois mille neuf cents kilomètres carrés. C'est à peu près le tiers de l'étendue de l'Etat américain de Californie. Mais la presqu'île s'étire sur une longueur de mille trois cents kilomètres: davantage que l'Italie... Plus de trois mille six cents kilomètres de côtes... Le cap San Lucas, à l'extrémité de cette aiguille, est un bout du monde. La montagne y plonge dans l'océan ainsi qu'un monstrueux reptile. Les sierras déchiquetées qui composent l'épine dorsale de la péninsule s'y brisent en une chaîne de rochers sculptés, travaillés par les vagues et le vent, creusés de cavernes profondes, hérissés de dômes, de pitons et de dents. Ici, la géologie rejoint la légende.

« Cabo San Lucas... Je m'en souviens très bien, raconte Michel Deloire. J'y suis venu à deux reprises. En décembre 1968 et en décembre 1969. Avec la *Calypso*... La première fois, nous remontions vers le nord depuis les îles Galapagos; nous avions plongé avec les iguanes marins, et nous nous apprêtions à filmer les amours des baleines grises dans les lagons de Basse-Californie. La fois suivante, nous revenions de l'Alaska, où nous avions étudié la vie des morses et des loutres de mer, et la reproduction des saumons rouges.

« A l'époque, Cabo San Lucas était un humble village de pêcheurs. Une hacienda, quelques maisons basses aux murs de terre, un joli port, des barques peintes, une étroite piste d'atterrissage en terre battue... Ni hôtel ni restaurant... Quelques chambres chez l'habitant et une gargote... Je suppose que ça a changé, bien sûr. Je suis curieux de voir comment. J'avoue que je redoute ces redécouvertes-là. »

L'*Alcyone* entre au port. La mer est toujours aussi bleue, le ciel d'un irréprochable azur, les goélands d'un blanc et d'un gris parfaits. Mais Michel Deloire est effondré. Désillusion! Déception! Désenchantement!... Tout a été bouleversé, abîmé, défiguré, c'est-à-dire reconstruit et modernisé. Les anciennes maisons aux murs de terre ont disparu, étouffées par les immeubles de béton, les hôtels et les parcs à voitures. Le port de pêche, élargi et recreusé à la pelle mécanique, et bordé de jetées en enrochement, n'est plus qu'un prétexte: les canots de bois y ont été supplantés par les voiliers de luxe, les yachts et les hors-bords. Le village de marins est devenu une station balnéaire. Le tourisme — de luxe, il est vrai — fait son œuvre. Le saccage a commencé.

Le gouvernement du Mexique a entrepris de faire de la Basse-Californie un nouvel Eldorado touristique. Il s'agit d'une volonté politique. Acapulco, les musées de Mexico, les ruines aztèques et les temples mayas du Yucatán ne suffisent plus. La dette extérieure dépasse quatre-vingt-dix milliards de dollars: il faut rembourser.

Chaque année, plus de cinq millions d'étrangers visitent le pays. Quatre millions deux cent cinquante mille d'entre eux (quatre-vingt-cinq pour cent) sont Nord-Américains (les Français sont cent mille, record d'Europe). *Sea, sun, sex*... On connaît la formule. Pour répondre à la demande, le gouvernement mexicain a créé, en 1975, le *Fonatur* (Fonds national pour le Tourisme). Cet organisme est chargé de lancer de nouveaux « produits », dans différents « créneaux », qui puissent convenir à des « cibles » variées (c'est ainsi qu'on s'exprime, aujourd'hui). Voilà comment ont été pensées, promues, vendues les nouvelles stations à la mode de Cancún, sur la péninsule du Yucatán, et d'Ixtapa, sur le rivage Pacifique.

La station de Los Cabos fait partie du programme prioritaire du *Fonatur*. Elle est formée par la réunion des deux villages voisins de Cabo San Lucas et de San José del Cabo. Elle comprend, à l'heure actuelle, une vingtaine d'hôtels, offrant plus de mille huit cents chambres. En principe, en 1988, mille deux cents hectares de bords de mer devraient y être urbanisés. Une deuxième tranche de constructions de cinq cents hectares est prévue. Ce n'est pas le déferlement, puisque l'aéroport (inauguré en 1985) ne reçoit qu'un peu moins de mille cinq cents passagers par mois. Mais l'invasion s'accélère.

Un lamentable trophée

Le tourisme qu'on voudrait développer ici appartient au genre « écologico-sportif de luxe ». Les publicités télévisées qui, surtout aux États-Unis, vantent les splendeurs de la Basse-Californie ne montrent qu'immenses plages de sable blanc, envols d'oiseaux dans l'azur, plongées sous-marines enchanteresses, succulents coquillages ramassés sur la grève — et grands animaux libres. En principe, à Los Cabos, les installations humaines devraient respecter l'environnement (en principe). La réalité est d'ores et déjà différente, tant il est vrai que l'homme détruit. Comme par un maléfice attaché à son espèce.

L'une des attractions les plus « excitantes » de la contrée, que les messages publicitaires ne cessent de monter en épingle, ce sont les grands poissons. Les espadons, les marlins, les voiliers — ces créatures quasi mythiques qu'on pêche à la ligne depuis un canot automobile, et que les amateurs désignent sous le nom de « gros » ou de « tout gros »... Les amateurs savent que la mer de Cortez en est riche. Les Mexicains ont compris que les touristes frappés par le « syndrome d'Hemingway » consentent à payer cher la possibilité de pratiquer leur « sport » favori. Ils exploitent le créneau.

L'*Alcyone* est à quai. Amarres bloquées, passerelle lancée. Jean-Michel Cousteau et ses amis descendent à terre. Et quel est le premier spectacle auquel ils sont conviés ? Hélas ! L'exposition d'un trophée. Un grand marlin noir, ou makaire noir (*Makaira indica*), de plus de deux mètres de longueur, et qui dépasse un quart de tonne, est pendu par la queue à une potence. Devant lui, un Américain caricatural (chemise à fleurs roses, short à fleurs vertes) pose pour la photographie. Des membres de sa famille le félicitent. Le poisson est superbe, on ne peut pas dire le contraire. Il a les écailles d'un bleu luisant, presque noires sur le dos ; et son nez en aiguille de plus de cinquante centimètres impressionne... Mais son œil est éteint. Du sang séché souille sa bouche. L'homme qui a tenu la canne à pêche — le « sportif » — bombe le torse devant le cadavre. Il a « défié » le « monstre », il l'a combattu avec « courage » et il l'a vaincu. Il est fier de son « exploit ». Chacun met sa vanité où il peut.

*Lamentables trophées... Les pêcheurs au « gros » sont fiers d'avoir capturé ces marlins. Les hommes de l'*Alcyone*, devant les géants foudroyés, se disent que ces morts-là sont absurdes. Inutiles... Indignes des « civilisés » que nous prétendons être.*
(Ph. F. Gohier.)

Sur le quai de Cabo San Lucas, deux personnages familiers attendent Jean-Michel Cousteau et ses amis. Ils arrivent de l'aéroport. Ce sont les pilotes des « ailes » de la Fondation, Michael Sullivan et Robert Braunbeck.

Mike Sullivan menait, avec Philippe Cousteau, l'hydravion *P.B.Y. Catalina-Calypso II*. Il a participé aux missions sur les îles Isabéla, Mujéres et Contoy, ainsi qu'à la grande descente du Nil (des sources au delta) organisée par Philippe en 1976[1]. Il pilote à présent le nouvel hydravion de l'équipe: *Papagallo*. En portugais, ce mot signifie « Perroquet ». L'engin a été baptisé de la sorte en Amazonie, durant l'expédition de 1982-1983.

Bob Braunbeck conduit l'hélicoptère *Félix* (un appareil du type *Hughes 3 000*). Étonnant personnage... C'est un virtuose du sur-place, du virage court et de l'appontement sur la *Calypso* par n'importe quelle mer... Il participe aux missions Cousteau depuis 1976: il a commencé en Grèce, durant cette fameuse campagne archéologique au cours de laquelle les plongeurs et la soucoupe explorèrent les épaves d'Anticythère et du

L'Alcyone *s'approche dangereusement des rochers du cap San Lucas — là où la dernière sierra de la péninsule de Basse-Californie s'enfonce dans l'océan Pacifique, comme la colonne vertébrale de quelque monstrueux reptile. (Ph. R.Murphy/ Fondation Cousteau.)*

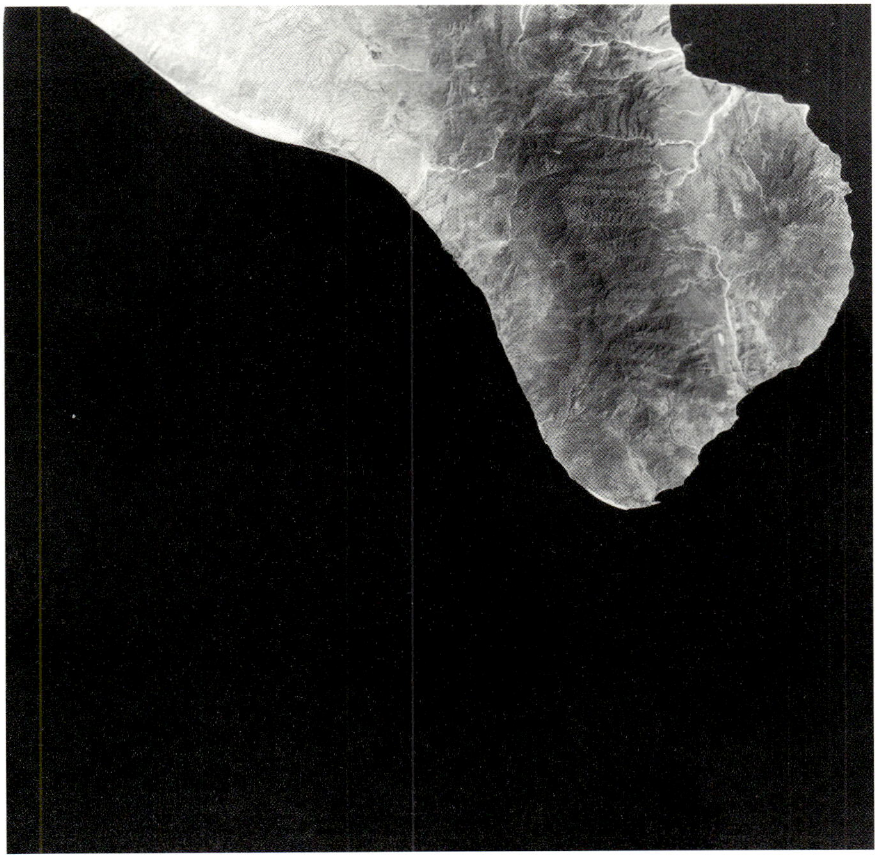

Le village de Cabo San Lucas... On est encore loin des horreurs de la Côte d'Azur, de Miami Beach ou d'Acapulco. Mais le mal gagne... Le Mexique est l'un des pays les plus endettés du monde: il a besoin des revenus du tourisme. (Ph. D. Noirot.)

Ci-contre: L'« œil » du satellite américain Landsat E-2 *a vu la pointe extrême de la péninsule de Basse-Californie. (Ph. N.A.S.A.)*

*Aussi loin qu'elles soient, l'*Alcyone *et la* Calypso *restent en contact avec les bureaux de la Fondation Cousteau en France et en Amérique. Dans la salle de radio de l'*Alcyone, *Jean-Michel Cousteau tourne ses pensées vers les « terriens »... (Ph. R. Murphy/ Fondation Cousteau.)*

Britannic, avant d'aller chercher en Crète et à Santorin des vestiges de la civilisation minoenne — peut-être de l'Atlantide[2].

Ici, en mer de Cortez, l'hydravion et l'hélicoptère seront irremplaçables. Ils constitueront les traits d'union entre les équipes terrestre et marine. Jean-Michel Cousteau s'apprête en effet à diviser en deux les forces dont il dispose. Un groupe restera en mer, sur l'*Alcyone*; l'autre sillonnera la Basse-Californie à bord d'un véhicule tout terrain et d'une camionnette — en principe sous la responsabilité de Dominique Sumian. La composition des équipes changera selon les besoins. Jean-Paul Cornu sera d'ordinaire le chef opérateur de la mission terrestre, et il aura pour ingénieur du son Yves Zlotnicka. Michel Deloire occupera les fonctions de chef opérateur du bord, et Guy Jouas sera son « homme oreille ». Les plongeurs, emmenés par le plongeur-cinéaste Louis Prézelin, seront Don Santee, Marc Blessington et Clay Wilcox.

Jean-Michel Cousteau décide d'accompagner Mike Sullivan jusqu'à l'aéroport, afin d'effectuer avec lui un vol de reconnaissance au-dessus de la partie la plus extrême du cap San Lucas. *Papagallo* décolle... Michel Deloire, de son côté, suit Bob Braunbeck et s'envole pour le même objectif dans l'hélicoptère.

« En quelques coups de pales, nous sommes sur la mer, raconte Michel Deloire, et nous longeons la ligne de côte. Vu d'en haut, le spectacle est d'une beauté à couper le souffle. Cette mer, si bleue au large, possède des franges côtières bleu-vert, puis émeraude, puis vert tendre, qui se résolvent en beige pâle là où le ressac expire sur le sable, et qui éclatent en écume blanche dans les rochers... Le cap San Lucas possède la splendeur irréelle des promontoires, ces limites entre deux mondes, ces lieux magiques, ambigus, où l'on se demande où finit le continent et où commence l'océan... Ici, les éléments s'épousent et se confondent. L'eau et l'air sculptent et peignent la terre littorale, qu'ils transforment en une fantasmagorie de volumes et de couleurs...

1. Voir *Le Destin du Nil*, dans la même collection.
2. Voir *A la recherche de l'Atlantide* et *Fortunes de mer*, dans la même collection.

Bob Braunbeck pose *Félix* sur une plage, poursuit Michel Deloire. Nous sautons à terre et nous marchons sur le sable. Admirable contrée... Le tourisme gagne en Basse-Californie. Il convient de s'inquiéter du phénomène: l'*Homo turisticus* provoque tellement de ravages là où il passe... Mais à la pointe de cette presqu'île qui compte parmi les plus sauvages du globe, il n'y a personne. Pas un seul être humain. Pas un couple qui bronze, pas un groupe de vacanciers qui pique-nique sur la grève... Nous foulons un sédiment clair, par endroits d'un blanc si lumineux qu'on a de la peine à le regarder sous le soleil. La ligne de rivage est constellée de coquillages apportés par les vagues, d'oursins et d'étoiles de mer qui dorment de leur dernier sommeil dans des écrins d'algues rouges, brunes ou vertes. L'incroyable richesse de l'océan Pacifique, presque intacte, comme au premier jour...

Nous escaladons les rochers accessibles d'une falaise de trente mètres de hauteur. Nous atteignons un système de murailles, de pilastres, de pitons et d'éboulis où la mer a creusé des grottes de toutes les dimensions — certaines grandes comme des nids d'oiseaux, d'autres à la taille des lions de mer, d'autres enfin vastes comme des cathédrales, avec des voûtes en demi-cercles ou en ogives, des arcs-boutants, des colonnes...

« Cette géologie offre sans cesse aux regards de nouvelles silhouettes et de nouvelles teintes. La mer bat le pied des roches, bleue, verte ou violette selon que les rayons du soleil y tombent directement ou qu'ils traversent un nuage. Je vois des blocs qui ressemblent à des boules de crème glacée (café, chocolat, vanille: la couleur suggère le parfum). D'autres ont l'air de murs de maisons bourgeoises revêtus de lambris. Plus loin, une arche granitique d'une forme très pure encadre une grotte ténébreuse, profonde, mystérieuse comme une matrice, où j'imagine que sont dissimulés des secrets essentiels. Par places, les amoncellements minéraux ressemblent à des tours, à des donjons, à des murailles de châteaux forts, avec leurs créneaux et leurs mâchicoulis. Au-dessus de moi, sur une dalle, une veine de quartz en forme de Z évoque comiquement la signature de Zorro. A ma gauche, je distingue des séries de marches d'escaliers si régulières qu'elles paraissent taillées par la main de l'homme; mais elles mènent en plein milieu d'une paroi vertigineuse où n'habitent que des oiseaux de mer.

« Beauté pure... Il est des harmonies de la nature devant lesquelles les mots perdent leur sens. Le cap San Lucas défie le commentaire et ridiculise la peinture. »

*La corvée de pluches... Personne n'y échappe, sur l'*Alcyone*... C'est aujourd'hui le tour du plongeur Clay Wilcox. Chacun sait que le moral d'une équipe se forge aussi pendant la préparation de la soupe. (Ph. R. Murphy/ Fondation Cousteau.)*

Chapitre 3

LES POISSONS D'OR DE CORTEZ

L'*Alcyone* quitte le port de Cabo San Lucas sous un orage tonitruant. Tant de chaleur accumulée durant des semaines ne pouvait pas ne pas éclater en éclairs et en fracas... Les nuages qui s'étaient formés sur l'océan Pacifique ont été retenus par les hauteurs des sierras. Ils se sont chargés d'électricité. Ils crèvent en torrents d'eau et en décharges d'un million de volts ! Les éclairs rayent le ciel noir. La foudre tombe sur les vagues. On songe à ces tempêtes que les navigateurs vécurent au temps de la marine en bois, lorsque le feu Saint-Elme illuminait le grand mât et que les hommes montaient dans la voilure en recommandant leur âme à Dieu...

Le cap San Lucas a servi de théâtre à d'étonnants exploits maritimes : le mauvais temps attire les aventuriers de l'océan. On ne peut croiser dans les eaux de la Basse-Californie sans songer aux expéditions de l'Anglais Sir Francis Drake (v. 1540-1596) : le protégé de la grande Elisabeth Ire passa dans les parages (on ignore s'il y débarqua) en 1577, durant son tour du monde — le deuxième de l'Histoire, après celui de Magellan.

Un autre navigateur britannique hanta la contrée : le successeur de Sir Francis Drake, et l'auteur du troisième tour du monde, Thomas Cavendish, ou Candish (v. 1555-1592). Ce pirate fit du cap San Lucas l'une de ses bases d'attaque contre les galions espagnols qui arrivaient de Manille avec leurs chargements d'épices, d'argent et d'or. En 1587, il y captura la richissime *Santa Anna* ; prise mémorable qui fit sa fortune et sa gloire.

Les pulsations des méduses

L'*Alcyone* va sa route. L'air rafraîchi regorge d'odeurs qui montent de la mer et de la terre. L'eau d'orage tombée sur la péninsule y provoquera en quelques heures d'incroyables changements. Des buissons qui paraissaient desséchés se couvriront de fleurs. Des herbes pousseront dans les fonds humides, formant d'étonnants tapis vert tendre dans cet univers voué aux bruns et aux gris. Des collines entières fleuriront : la *flor de San Miguel* jettera çà et là les confettis rouge vif de ses corolles ; des liserons jaunes ; des mauves roses ; des cotonniers sauvages aux corolles jaunes décorées d'une macule écarlate sur le cœur ; des jicamas aux fleurs rouges en trompettes — tout un jardin magique éclora, là-haut, dans les montagnes gris-bleu du cap...

Le premier voyage de l'*Alcyone* n'est pas long. Il mène les équipiers Cousteau près d'une plage proche de Cabo San Lucas, où le capitaine Jean-Paul Charpentier fait jeter l'ancre. Les plongeurs se préparent. Le zodiac est à l'eau. Jean-Michel Cousteau, Dominique Sumian, Michel Deloire, Jérôme Julienne, Don Santee, Marc Blessington y prennent place.

*Non loin de Cabo San Lucas, là où des cascades de sable vident pour ainsi dire la plage dans les profondeurs, les plongeurs de l'*Alcyone* s'immergent dans un banc de méduses rhizostomes, qui pulsent dans l'eau verte... (Ph. R. Murphy/ Fondation Cousteau.)*

La forte houle du sud-ouest, venue de l'immense Pacifique, balance l'embarcation comme un bouchon. Une gymnastique acrobatique, mais familière aux équipiers, est nécessaire pour entasser au fond du canot pneumatique le matériel indispensable à la plongée et au tournage — accumulateurs électriques pour les lampes, bouteilles de secours, pharmacie, etc.

« Nous basculons en douceur par-dessus bord, raconte Jean-Michel Cousteau. Nous nous laissons couler. Nous descendons de quelques mètres. L'eau est trouble. Il ne fait pas jour: il fait vert et jaune... Vert comme le plancton, jaune comme les sédiments en suspension...

« Nous sommes environnés par des méduses... Par des dizaines, par des centaines de ces coelentérés palpitants... Il s'agit d'animaux de belle taille: leur « chapeau » (« cloche ») varie entre trente et cinquante centimètres de diamètre, et ils sont parfois longs d'un mètre. Ces méduses appartiennent à l'ordre des rhizostomes et à la famille des rhizostomatidés; je pense que ce sont des *Rhizostoma pulmo.*

« Le trait distinctif des méduses rhizostomes est qu'elles n'ont pas de tentacules, à la différence des autres représentants de leur classe (scyphozoaires). Sous leur cloche faite d'une matière gélatineuse renforcée d'inclusions dures, elles possèdent un pédoncule buccal allongé qui porte quatre lobes pendants; ces derniers se redivisent pour constituer huit bras gélatineux, qui ont l'air de tentacules, mais qui n'en sont pas. Ces appendices sont tapissés de milliers de cellules venimeuses (nématocystes, ou cnidoblastes).

« Les méduses que nous côtoyons portent en elles, me semble-t-il, la simplicité fondamentale du monde primitif. Après les animaux unicellulaires (protozoaires) et les éponges (spongiaires), les coelentérés (méduses, hydres, coraux, anémones de mer, etc.) constituent le groupe zoologique le plus ancien de notre planète, et le plus sommairement organisé. Seulement deux couches de cellules embryonnaires, contre trois chez tous les autres animaux, depuis les vers jusqu'à l'homme. De ce point de vue, nous sommes plus proches du lombric que ce dernier ne l'est de la méduse.

« Les rhizostomes palpitent environ une fois toutes les deux secondes. Ces contractions de leur cloche leur permettent de se maintenir près de la surface. La plupart des créatures de la mer les redoutent et évitent leur contact; la brûlure de leurs cellules urticantes tue les petits organismes, et endolorit les grands; le venin n'est pas dangereux pour l'homme: simplement désagréable... Il existe des créatures qui ne le craignent pas du tout, et qui trouvent sous l'ombrelle empoisonneuse un refuge convoité: ce sont de petits maquereaux du genre *Trachurus*...

Les cascades de sables

« Nous nous laissons couler sous le banc de méduses. A quelques encablures à peine du rivage, le talus continental commence. Il est abrupt: ici, la Basse-Californie s'enfonce vivement dans la mer de Cortez. A quinze mètres sous la surface, nous survolons le mur sous-marin que nous cherchions.

« Nous descendons en suivant la pente du tombant. Trente mètres... Quarante... Nous sommes environnés d'un brouillard qui s'épaissit, d'un brouillard à couper au couteau de plongeur. Des nuages de sédiments pulvérulents... Nous avons l'impression de nous trouver sous une cascade. Sous une cascade?... Mais bien sûr que nous y sommes!... Sous une cascade de sable!... Nous avançons le long du mur vertigineux, et nous découvrons une autre de ces chutes. Et une autre encore... En vérité, une cascade descend dans chaque ébréchure de la roche qui constitue le socle du plateau continental. Certaines d'entre elles sont minimes — à peine des filets;

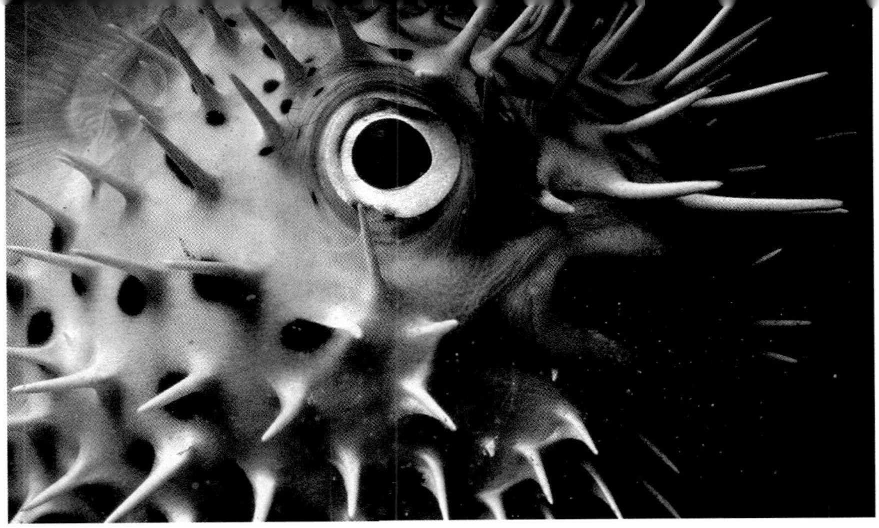

Un diodon, ou poisson-porc-épic... Lorsqu'il se sent en danger, il avale brusquement une grande quantité d'eau, et se gonfle comme une outre. Ses épines se dressent et dissuadent les plus affamés des prédateurs. (Ph. R. Murphy/ Fondation Cousteau.)

d'autres sont puissantes — des imitations de Niagaras, des copies de chutes Victoria ou Kabalega...

« Je comprends ce qui se passe: la plage se vide de sa substance sédimentaire. Elle déverse les matériaux qui la constituent dans les grands fonds. Les sédiments, entraînés jusqu'au bord du précipice par les courants de retrait des marées, basculent et tombent vers les abîmes ténébreux ainsi que des chutes d'eau sur des falaises de la terre ferme. Curieux phénomène...

« Ces cataractes de sédiments prouvent (s'il en était besoin) le caractère agité de l'histoire géologique locale. En Basse-Californie, les éléments n'ont pas fini d'échanger leurs énergies et leurs substances.

« Les cascades sous lesquelles nous nous faisons arroser d'une pulvérulence minérale qui pénètre nos masques et nos combinaisons, attestent d'une autre réalité. Dans le monde entier, les plages marines régressent. Elles disparaissent, "mangées" par les vagues et les courants. Les municipalités des stations balnéaires s'en émeuvent. Les responsables font appel à des experts. Jusqu'à ces dernières années, ces spécialistes n'y comprenaient rien. Ils se contentaient de traiter les symptômes. Ils préconisaient qu'on remette du sable: des norias de camions se chargeaient de cette tâche à la basse saison; un travail de Sisyphe.

« Aujourd'hui, on a une hypothèse. Elle met en évidence la coûteuse vanité de ces remplissages artificiels à finalité touristique. Les scientifiques pensent que la plupart des plages de sable, de graviers ou de galets dont nous jouissons en ce deuxième millénaire après Jésus-Christ (où nous posons nos fesses lasses en été, et que nous graissons d'huile solaire) se sont constituées lors des glaciations, grâce aux milliards de tonnes de matériaux que les glaciers ont alors arrachés aux montagnes. Depuis la fin des ères froides, nous vivons sur ce "capital". Mais celui-ci n'est nullement éternel: les sédiments, peu à peu repris par les courants océaniques, finissent dans les plaines abyssales d'où ils ne remonteront jamais (sauf à l'occasion, rarissime, de la surrection d'une nouvelle chaîne de montagnes). La régression des plages est inéluctable et universelle.

« La vie est pauvre, sur la paroi du précipice que nous explorons en plongée. On conçoit qu'un nombre limité d'animaux s'accommodent de la raideur de la pente et des pluies de sable continuelles. Il y en a pourtant, de loin en loin — sous des surplombs ou sur les piliers qui séparent les lits des cascades. Je distingue quelques oursins aux courts piquants enfarinés de poussière, et de minces crevettes aux longues antennes grises. Je reconnais des cérianthes (*Pachycerianthus sp.*), ces cousins des anémones de mer dotés de longs tentacules et d'un pied en tube épais, profondément enfoncé dans le substrat. Je vois des pennatules (*Ptilosarcus undulatus*) — pâles plumes de mer que Pierrot n'eût pas dédaignées. Je localise des alcyons qui ressemblent à des mains de morts livides, crispées, impressionnantes... »

L'*Alcyone* poursuit sa route. La *Fille du Vent* met le cap au nord-est, en suivant la côte. Près de la minuscule localité littorale d'El Cardoncito, les plongeurs effectuent une nouvelle reconnaissance.

« Nous descendons sur un haut fond qui culmine à environ trente mètres sous la surface, et qui constitue la pointe d'un massif sous-marin de plusieurs centaines de mètres de hauteur, raconte Michel Deloire. L'endroit a été nommé banc Gorda (ou Gorda Bank par les Américains). Nous l'avons retrouvé grâce aux sondeurs perfectionnés de l'*Alcyone*. Les courants sont ici très puissants. Afin de ne pas nous épuiser inutilement, nous choisissons de plonger durant l'étale de basse mer.

« La partie sommitale du banc Gorda ressemble à une plate-forme irrégulière, longue d'environ cinquante mètres et large de trente. Les rochers y sont aigus. Ils composent à la fois un biotope favorable et une efficace protection pour la flore et la faune. Les chalutiers japonais et coréens n'osent pas y mouiller leurs filets, de peur de rester crochés. Le résultat ? Un paradis...

« Partout, le fond regorge d'algues rouges, d'éponges en cornets ou encroûtantes, d'hydrozoaires brillamment colorés, de bryozoaires dentelés. Merveilleuse mer de Cortez... Ici, les pistes de l'évolution semblent avoir été explorées sans exception. Des vers spirobranches géants (*Spirobranchus giganteus*) voisinent avec des sabelles plumeuses (*Bispira sp.*). Des coquillages splendides se promènent sur le fond, comme le murex blanc (*Muricanthus princeps*), la tulipe du Golfe (*Fasciolaria princeps*) ou la porcelaine tachetée (*Cypraea annettae*). Des nudibranches broutent les polypes de gorgones — la doride à pointes rouges (*Chromodoris sedna*), la doride à pois rouges (*Chromodoris galexorum*)... Des poulpes changent de couleur et crachent leur encre sur notre passage (il existe au moins neuf espèces d'*Octopus* en mer de Cortez : la plus commune est *Octopus hubbsorum*). Des langoustes, le corps coincé dans leur fissure, fouettent l'eau de leurs antennes démesurées : la langouste épineuse bleue (*Panulirus inflatus*) et la langouste épineuse de Californie (*Panulirus interruptus*) coexistent. Des étoiles de mer jonchent le sol, notamment la linckie de Colombie (*Linckia columbiae*), l'étoile-soleil du Golfe (*Heliaster kubiniji*), l'étoile à taches jaunes (*Pharia pyramidata*), l'étoile épineuse (*Amphiaster*

Cette pennatule, ou plume de mer, appartient au genre Ptilosarcus *et se rencontre sur les fonds sableux de l'est du Pacifique. C'est une colonie de petits animaux coelentérés, disposés sur des « branches » latérales. (Ph. R. Murphy/Fondation Cousteau.)*

Cette murène verte de Panama adopte le comportement classique des animaux de sa famille: elle dissimule dans une fissure la majeure partie de son corps serpentiforme. Sa morsure n'est pas venimeuse, mais peut s'infecter. (Ph. R. Murphy/ Fondation Cousteau.)

Les spirobranches géants sont des vers annélides fixés, qui ont autour de la bouche un panache spiralé de tentacules. Grâce à ces appendices vivement colorés, ils capturent dans les courants les animalcules dont ils se nourrissent. (Ph. R. Murphy/ Fondation Cousteau.)

insignis) ou encore l'étoile de mer-chocolat (*Nidorellia armata*), aux bras très courts décorés comme un gâteau...

« Cet univers enchanteur est aussi celui des poissons, bien sûr... En les étudiant, on constate que beaucoup d'espèces de la région sont les mêmes que celles qui peuplent la mer Caraïbe et le golfe du Mexique. On rencontre ici, comme sur la rive Atlantique de l'Amérique centrale, le poisson-perroquet à menton bleu (*Scarus ghobban*) et le poisson-perroquet bicolore (*Scarus rubroviolaceus*); la girelle-paon, ou poisson-rasoir (*Hemipteronotus pavoninus*); la girelle-coucher de soleil, ou girelle jaune (*Thalassoma lutescens*); le zancle, ou poisson-radio, ou idole maure (*Zanclus canescens*); la murène zébrée (*Echidna zebra*); le poisson-coffre-pintade (*Arothron meleagris*)... La présence simultanée de ces espèces à l'est et à l'ouest du Mexique a intrigué les spécialistes. Comment des poissons pourraient-ils traverser un continent, ses cordillères et ses sierras volcaniques?

« La réponse à l'énigme est simple. L'isthme qui relie les Amériques du Nord et du Sud — l'isthme de Panama — n'existe que depuis environ cinq millions d'années. C'est très peu, dans l'histoire de la Terre. La plupart des espèces de poissons qui hantent les deux rives centre-américaines sont plus anciennes. Les populations de l'est et de l'ouest se sont simplement trouvées, un jour, séparées par les caprices de la géologie... Certaines d'entre elles ont continué d'évoluer: il y a eu des divergences (parfois peu apparentes aux yeux du non-spécialiste). Beaucoup se sont maintenues sans changer ni leur aspect ni leur biologie. On les retrouve, identiques à elles-mêmes, des deux côtés de l'isthme.

« L'événement le plus incroyable que nous vivons, durant ces moments de plaisir, c'est le déferlement subit d'une armée de thons. Tandis que nous longeons le rebord externe du massif immergé, nous voyons monter vers nous une sorte d'astre argenté, lactescent, improbable, qui éclate en rayons épais... Cette étoile vivante se dissocie en arrivant près de nous: et nous reconnaissons les animaux qui la composent. Plusieurs branches du feu d'artifice sont formées de centaines de thonines noires (*Euthynnus lineatus*); les autres ont pour « substance » des dizaines de thons albacores, ou thons à nageoires jaunes (*Thunnus albacares*).

« La première espèce, longue d'environ cinquante centimètres (au maximum: soixante-dix), pèse trois kilogrammes (tout au plus, cinq). Elle est appelée *black skipjack* par les Américains, et *barrilete negro* par les Mexicains. C'est un poisson magnifique, d'un bleu sombre iridescent, mordoré, zébré de traînées électriques vertes ou violettes, avec sur le haut des flancs des lignes onduleuses noires, et deux ou trois marques sombres entre les nageoires pectorales et pelviennes.

« Le thon albacore, nommé *yellowfin tuna* par les Anglo-Saxons et *rabil* par les hispanophones, dépasse deux mètres de longueur et cent quatre-vingts kilogrammes... C'est une puissance, un animal admirablement taillé pour la nage, avec une caudale en demi-lune parfaite, un dos bleu-noir et des flancs d'argent très pur. Voilà une torpille qui, à pleine vitesse, approche les cent kilomètres à l'heure: il avance plus vite que les dauphins... »

La chauve-souris qui pêche

La mission sous-marine au banc Gorda s'achève avec le crépuscule du soir. Michel Deloire et ses amis remontent à bord du bateau à vent. Les équipiers se préparent pour la nuit. L'*Alcyone* s'approche de la côte. Le capitaine Jean-Paul Charpentier donne ses ordres: il s'agit de mouiller dans une petite anse, à l'ouest du cap Los Frailes. L'eau devient phosphorescente en s'assombrissant. Ordre et beauté... C'est le moment qu'attendaient les chauves-souris pour partir à la pêche.

De toutes parts, les mammifères volants surgissent des rochers qui surplombent la mer; ils battent follement des ailes au-dessus de la surface aquatique. En plein jour, ces animaux se cachent dans les fissures des falaises, et dorment pendus par les pieds, la tête en bas. A présent, les chauves-souris brassent l'atmosphère de leurs délicates ailes de velours brun-noir. Elles rasent les vagues. De temps à autre, elles attrapent un poisson dans leurs griffes.

Des chauves-souris qui pêchent!... Mais oui... Cela existe. La majorité des chiroptères sont insectivores. Mais certains d'entre eux mangent des fruits; d'autres lèchent le nectar des fleurs; d'autres encore (les vampires d'Amérique du Sud) sucent le sang des mammifères.

Les espèces qui consomment du poisson sont rares. On n'en connaît que deux de façon sûre. La plus répandue appartient à la famille des noctilionidés; c'est un noctilion (*Noctilio leporinus*) propre aux côtes Atlantique et Caraïbe de l'Amérique tropicale.

L'autre est classée dans la famille des vespertilionidés: c'est le vespertilion de Vivès, que les zoologistes ont baptisé *Pizonyx vivesi*. Voilà l'animal dont les hommes de l'*Alcyone* suivent — difficilement — les manèges, tandis que l'obscurité s'épaissit. Cet endémique de la mer de Cortez n'habite que quelques falaises du rivage de la Basse-Californie et du désert de Sonora; il établit surtout ses colonies dans les îles du golfe. Les naturalistes ne l'ont décrit qu'en 1900: c'est l'une des dernières espèces de mammifères recensées.

La chauve-souris qui pêche utilise son sonar naturel perfectionné pour repérer sa nourriture. Elle est en tout cas attirée par la moindre éclaboussure de l'eau. Sitôt qu'elle détecte un clapot, elle fonce de toute la puissance de ses ailes battantes. Elle possède de longues pattes postérieures, munies de doigts qu'achèvent des griffes aiguës: pour capturer ses victimes, elle plonge ces serres dans l'eau, sans mouiller la membrane délicate (*patagium*) qui prolonge ses ailes vers l'arrière. Elle rase la surface aquatique à une vitesse d'environ cinq à sept mètres par seconde, et laisse traîner ses pieds dans la mer sur une distance de trente centimètres à trois mètres. La plupart du temps, elle remonte dans l'atmosphère avec un poisson qu'elle va dévorer dans son refuge. (Elle a les mâchoires hérissées de dents coupantes et solides.) Elle consomme des grunions (*Leuresthes*), des sardines et des alevins de toutes sortes. Les biologistes Reeder et Norris, qui l'ont étudiée, se sont aperçus qu'elle ne mange pas seulement des poissons: presque la moitié du contenu de son estomac est formée de crevettes et d'autres crustacés nageurs.

Sally pied-léger

Au matin, Jean-Michel Cousteau et ses amis débarquent sur la plage blonde, entourée de rochers bruns et roux, qui ferme la petite anse où la *Fille du Vent* est ancrée. Ils marchent sur le sable. Ils avancent en direction du promontoire rocheux qui borne la baie du côté de l'orient. Ils pataugent dans l'eau peu profonde.

Ils identifient plusieurs espèces de vers, notamment le redoutable *Eurythoë*, doté d'organes venimeux (naturalistes, attention à vos doigts! piqûre douloureuse...). Ils localisent des éponges et des bryozoaires. Ils voient de nombreux mollusques, en particulier des chitons (*Chiton virgulatus*, *Acanthochitona exquisitus*), des clams (*Carditamera affinis*), de gros strombes (*Strombus galatheus*), un lièvre de mer (ou aplysie) géant (*Dolabella californica*)... Ils aperçoivent dans l'eau claire des crevettes-pistolets (ainsi nommées parce qu'elles possèdent des pinces capables de produire un déclic sonore dissuasif en cas de danger); des ophiures (*Ophionereis occidentalis*); trois ou quatre types d'oursins (notamment *Centre-*

Double page suivante: La raie manta du Pacifique est un poisson fabuleux, qui pèse jusqu'à deux tonnes et mesure parfois huit mètres d'envergure... L'animal pulse avec une force phénoménale dans l'eau bleue et tolère les plongeurs. (Ph. D. Noirot.)

chinus mexicanus et *Astropyga pulvinata*, sorte d'oursin-diadème à longs piquants).

Mais les rois des rochers littoraux battus par les vagues, ce sont les crabes. La mer de Cortez en héberge diverses espèces (*Pachygrapsus crassipes*, *Geograpsus lividus*, *Petrolisthes nigrunguiculatus*, etc.). La plus spectaculaire, la plus vive, la plus colorée, la plus clownesque, est celle que les Américains nomment (avec un sens exercé de la description) *sally lightfoot*, autrement dit « sally pied-léger ». Les zoologistes l'ont baptisée *Grapsus grapsus* (famille des grapsidés, ordre des décapodes). Dans son *Journal de la mer de Cortez*, John Steinbeck a consacré des passages admiratifs et amusés à ce crustacé insaisissable.

Les hommes de l'*Alcyone*, tandis qu'ils s'absorbent dans leur observation, ne remarquent pas qu'un groupe de femmes s'approchent d'eux. Ces mégères peu apprivoisées leur tombent dessus... Ce sont des Américaines. Elles ont, d'après ce qu'elles disent (ou ce qu'elles crient), acheté la crique. Elles font construire des maisons, là-bas. Et, ajoutent-elles, dans quelque temps s'élèvera ici un lotissement de trois ou quatre cents villas, desservies par un aéroport... « Maintenant, messieurs, sortez immédiatement de cette propriété privée, ou nous appelons nos gardes !... »

Ces Américaines ont légalement acquis un paradis: elles rêvent d'en faire un solarium-barbecue et un garage pour hors-bords. Elles sont prêtes à défendre leur « bon droit » le fusil à la main... On croit rêver. Hélas ! on ne rêve pas... Le voilà, le vrai danger qui menace sally pied léger: le tourisme...

Les hommes de l'*Alcyone* ne sont pas du genre à se laisser impressionner par des furies en mal de bronzage exclusif. Mais que faire?

Le récif de Pulmo

Le bateau à vent reprend la mer. Jean-Michel Cousteau fait mettre le cap sur le récif de Pulmo, tout proche. Il n'existe pas de meilleur remède contre le découragement des écologistes que le spectacle de la nature en fête.

Le récif de Pulmo, par vingt-trois degrés vingt-six minutes de latitude nord et cent neuf degrés vingt-cinq minutes de longitude ouest, est, avec l'atoll de Clipperton (où les équipiers Cousteau se sont rendus lors de deux missions), le seul édifice corallien de l'est de l'océan Pacifique. Les polypes constructeurs s'y sont établis sur une base géologique formée de huit longues barres de roche volcanique. Celles-ci commencent pour ainsi dire sur la plage de la baie Pulmo, et s'étendent sur quelques milles en mer. La profondeur n'y excède pas vingt mètres.

L'*Alcyone* a mis en panne à la limite extérieure du corail. Les plongeurs sont en combinaison. Autour de Jean-Michel Cousteau s'affairent Michel Deloire, Dominique Sumian, Don Santee, Jérôme Julienne, Marc Blessington. Ils vérifient qui un détendeur, qui le diaphragme de sa caméra, qui un contact électrique dans un projecteur... Un signal, et ils basculent dans l'eau transparente. Une eau des mers du Sud !... Beaucoup plus claire que partout ailleurs dans le golfe de Californie... Ce n'est pas surprenant : là où l'élément liquide est trouble, il n'y a pas de coraux. Parce qu'ils vivent en symbiose (association permanente) avec des zooxanthelles (formes transitoires d'algues vertes unicellulaires), les polypes bâtisseurs ne peuvent grandir que dans des mers limpides, où la lumière du soleil pénètre.

Le récif de Pulmo est l'œuvre de coraux constructeurs authentiques — de coraux hermatypiques, comme disent les spécialistes. Trois espèces principales concourent à ce travail pharaonique. Elles appartiennent à l'ordre des coraux vrais, ou coraux de pierre, ou sclératiniaires, ou madréporaires. Ces animaux coloniaux édifient un squelette calcaire commun (le polypier). Le minéral (essentiellement du carbonate et du sulfate de calcium) est sécrété par la base des polypes. Ceux-ci sont munis, vers le haut, de tentacules constellés de cellules urticantes (cnidoblastes, ou nématocystes), grâce auxquels ils capturent de petites proies. Ils sont reliés entre eux par des canaux, et peuvent se rétracter dans des loges.

Les trois espèces bâtisseuses locales sont le pocillopore élégant (*Pocillopora elegans*), le porite de Californie (*Porites californica*) et le pavone géant (*Pavona gigantea*). La première fait partie de la famille des pocilloporidés, cousine de celle des acroporidés (dans laquelle on range les coraux-cornes d'élans *Acropora* et les coraux-feuilles *Montipora*) ; la deuxième appartient à la famille des poritidés, et la troisième à celle des agariciidés; ce sont des coraux-champignons. Le pocillopore ressemble à un agrégat de masses arrondies, qu'on pourrait comparer à une chevelure en bigoudis, mais de couleur blanc verdâtre. Le porite forme des amas globuleux, plus ou moins verts, qu'on dirait illuminés par mille étoiles. Le pavone se constitue en nuages minéraux blanchâtres ou rosés, parcourus de sinuosités et de circonvolutions.

Les conditions d'établissement du récif de Pulmo restent mystérieuses. Pourquoi seulement ici? Pourquoi ici, et pas dix milles plus loin? La réponse existe, à coup sûr. Mais les scientifiques ne la possèdent pas. Tout ce qu'ils savent, c'est que ce récif est jeune: moins de vingt mille ans; peut-être même (selon certains) moins de cinq mille.

Les hommes de l'*Alcyone* volent au-dessus des jardins immergés. L'eau est d'un bleu céleste: Jean-Michel Cousteau et ses compagnons ne sont pas loin de se prendre pour des anges! Les fonds ont cette complexité magique des récifs qu'aucun autre écosystème n'égale sur la Terre... La faune est étonnamment variée: des études (non exhaustives) ont permis de recenser ici plus de cent vingt espèces d'invertébrés (sans compter les microscopiques), et cent dix espèces de poissons.

En quelques minutes de promenade subaquatique, Jean-Michel Cousteau et ses amis identifient (ou n'identifient pas!) un nombre ahurissant de formes fixées. Ils observent l'éponge soufrée (*Verongia aurea*) et l'éponge baril (*Pseudosuberites pseudos*). Ils reconnaissent la gorgone-plume piquante (*Lytocarpus sp.*), l'anémone de mer tachetée (*Antiparactis sp.*), les tubastrées jaune d'or (*Tubastrea tenuilamellosa*), la gorgone orange (*Eugorgia aurantiaca*) et la gorgone robuste (*Muricea sp.*), la gorgone jaune (*Eugorgia ampla*) et la gorgone rouge (*Eugorgia daniana*), la grosse gorgone brune (*Pacifigorgia sp.*) et la fine gorgone blanche (*Lophogorgia alba*).

Les espèces libres ne sont ni moins belles ni moins surprenantes. Les hommes de l'*Alcyone* localisent des mollusques bivalves, comme le spondyle épineux (*Spondylus calcifer*), mais ils ne trouvent pas d'huîtres perlières. Ils voient ramper ou nager d'admirables mollusques gastéropodes — des murex, des tulipes du Golfe, des porcelaines tachetées, des nudibranches de mille couleurs (l'élyside frangée *Tridachiella diomedea*, bleu-vert avec des festons jaunes et noirs; la doride de Norris *Chromodoris norrisi*, d'un bleu angélique, avec des points jaunes et bruns; etc.). Les poulpes, les calmars, les crevettes nettoyeuses, les langoustes, les bernard-l'hermite (*Aniculus elegans*), les cigales de mer (*Evibacus princeps*) sont au rendez-vous. Les échinodermes se pressent sur les bancs de sable ou dans les interstices du corail: voici des oursins noirs comme du charbon (*Arbacia incisa*); des oursins-crayons aux piquants en massues (*Eucidaris thouarsii*); des oursins-fleurs d'un rose pâle digne du pinceau de Boucher (*Toxopneustes roseus*); des oursins couronnés (*Centrostephanus coronatus*). Voici des files de concombres de mer — ou holothuries (le concombre de mer brun *Isostichopus fuscus*; le concombre de mer tacheté *Brandtothuria impatiens*; le concombre de mer de Godeffroy *Euapta godeffroyi*). Voici encore des ophiures-paniers, ou têtes-de-gorgones, ou gorgonocé-

Le vif et joli crabe sally pied-léger a beaucoup amusé John Steinbeck, qui écrit dans son Journal de la mer de Cortez: *« Nous finîmes quand même par attraper quelques sally, mais c'étaient sûrement les estropiés, les aveugles et les idiots de leur espèce. » (Ph. F. Gohier.)*

phales (*Astrodictyum panamense*); et des étoiles de mer... L'étoile de mer du Golfe (*Oreaster occidentalis*) et l'étoile de mer épineuse (*Amphiaster insignis*) rivalisent d'éclat; mais l'espèce qu'on s'attendrait le plus à trouver ici est rare. La couronne d'épines du Pacifique oriental (*Acanthaster ellisii*), avec ses dix à quinze bras hérissés de pointes, ne cause pas sur le récif de Pulmo les dégâts que sa cousine de l'Indo-Pacifique (*Acanthaster planci*) a provoqués sur les récifs qu'elle fréquente, et où il lui arrive de proliférer pour des raisons mal éclaircies.

Les poissons-anges de Cortez

Et les poissons? Les poissons d'or de Cortez?... Ils sont là, bien sûr, par centaines et par centaines... Ils hantent les circonvolutions du corail, ils slaloment autour des massifs, ils s'insinuent dans les fentes, ils frétillent dans les grottes pour mieux reparaître sous des arcs de triomphe de gorgones...

Un poisson-guitare à bandes (*Zapteryx exasperata*) se lève au-dessus d'une aire de sable blond, en compagnie d'une raie à aiguillon circulaire (*Urolophus maculatus*). Une raie à aiguillon-œil-de-bœuf (*Urolophus concentricus*) expose son dos bizarre, gris pâle avec des raies concentriques brunes (pour quel jeu de fléchettes?). Une murène tachetée (*Myrichthys maculosus*) et une murène-joyau (*Muraena lentiginosa*) se coulent dans leur cachette, tandis qu'une murène zébrée (*Echidna zebra*), au corps brun-rouge à stries verticales blanches, ose quitter la sienne en plein jour.

Des poissons-écureuils, ou poissons-soldats — notamment le poisson-écureuil de Panama (*Myripristis leiognathos*) et le poisson-écureuil à pointes (*Adioryx suborbitalis*) — paradent à l'entrée d'une caverne. Michel Deloire filme en gros plan un poisson-cardinal rose (*Apogon pacifici = A. parri*) et une fistulaire (*Fistularia commersonii*) au corps fin comme une aiguille. Dominique Sumian emboîte la nage d'un poisson-trompette (*Aulostomus chinensis*), qui s'immobilise pour imiter une branche de gorgone blanche. Marc Blessington localise une rascasse, ou poisson-scorpion (*Scorpaana mystes*), pourtant bien camouflée sur un lit de spongiaires. Jérôme Julienne s'occupe d'un serran strié (*Serranus fasciatus*). Don Santee s'intéresse aux mérous, qui sont variés et superbes: il identifie le gros mérou du Golfe (*Mycteroperca jordani*), aux écailles rose chair; le curieux mérou-léopard (*Mycteroperca rosacea*), d'ordinaire gris-rose à petits pois bruns, mais qui devient à l'occasion d'un extraordinaire jaune vif lavé d'orange; le mérou-mouton (*Epinephelus afer*) piqueté de brun, de gris et

La raie-manta, à cause de son gigantisme, a dû se réadapter à la vie en pleine eau — à l'existence pélagique. Sa bouche ne s'ouvre pas ventralement, comme chez les autres raies, mais vers l'avant. Elle se nourrit de plancton et de petits poissons. (Ph. D. Noirot.)

de blanc; le mérou-cuir (*Epinephelus dermatolepis*), qui semble carrelé de gris et de brun.

« Je suis subjugué, raconte Jean-Michel Cousteau. Je ne sais plus où fixer mon regard, tellement tout est sublime, dans toutes les directions.

« Le poisson-créole du Pacifique (*Paranthias colonus*) a les écailles vert bouteille et les nageoires rose-vermillon: magnifique! Mais pas davantage que le lutjan jaune, ou lutjan à ventre d'argent (*Lutjanus argentiventris*), dont le corps est d'aigue-marine et les nageoires de soufre... Le poisson-savon de Cortez (*Rypticus bicolor*), aplati et brunâtre, a l'air ridicule et touchant comme un chien mouillé. Le grogneur de Cortez (*Haemulon flaviguttatum*) est emperlé de bleu et d'or vert. Le poisson-porc de Panama (*Anisotremus taeniatus*) possède des flancs jaune vif, avec des lignes horizontales bleu ciel. Le grogneur des rochers (*Pareques viola*), avec sa dorsale en queue de mouffette, est rayé longitudinalement de noir et de

Aujourd'hui, en mer de Cortez, les raies-mantas du Pacifique font l'objet d'une pêche intensive, alors qu'elles n'étaient guère capturées du temps que les requins étaient nombreux. Prises au filet (à gauche) et dépecées sur place (ci-contre), elles se raréfient. (Ph. R. Murphy/Fondation Cousteau.)

blanc. Le poisson-chèvre (ou rouget) du Mexique (*Mulloidichthys dentatus*), barré en longueur de bleu et de jaune, possède sous le menton des barbillons sensitifs. Le poisson-faucon du corail (*Cirrhitichthys oxycephalus*), à gros pois rouges sur fond gris, voisine avec le poisson-hache géant (*Cirrhitus rivulatus*), en tenue léopard de parachutiste, ou avec le poisson-faucon à long nez (*Oxycirrhites typus*), sur les flancs roses duquel une main malicieuse a peint un grillage rouge.

« J'identifie des labridés : un labre blessé (*Halichoeres chierchiae*), avec sa livrée verte et cette tache rouge à l'épaule qui semble de sang ; et un petit labre-caméléon (*Halichoeres dispilus*), pour le moment de couleur saumon... Le trous et les fissures du corail abritent des blennies de diverses espèces (comme la blennie à crocs *Ophioblennius steindachneri*) ; des poissons-lézards (*Synodus lacertinus*) ; des gobies (le gobie à bandes bleues *Lythypnus dalli*, le gobie à tête rouge *Elacatinus puncticulatus* et le gobie à larges bandes *Elacatinus diqueti*)...

« Tous les habitués du corail sont au rendez-vous. Un diodon holocanthe, ou poisson-ballon (*Diodon holocanthus*), dresse ses épines lorsque je le frôle de la main. Un poisson-porc-épic (*Diodon hystrix*) me regarde ironiquement. Un poisson-coffre-œil-de-bœuf (*Sphoeroides anulatus*), aux anneaux postérieurs sombres, tourne autour de la même tête de corail qu'un poisson-coffre-pintade (*Arothron meleagris*). Des zancles, ou poissons-radios, ou idoles maures (*Zanclus cornutus*), promènent le long filament de leur dorsale. Je recense trois espèces de poissons-chirurgiens : le chirurgien-bandit, ou convict tang (*Acanthurus triostegus*) ; le chirurgien-anneau d'or (*Acanthurus glaucopareius*) ; le chirurgien à queue jaune (*Prionurus punctatus*). Je compte au moins quatre espèces de poissons-perroquets : le bossu (*Scarus perrico*), avec son melon sur le font ; le bicolore (*Scarus rubroviolaceus*) ; l'azuré (*Scarus compressus*) ; et le menton bleu (*Scarus ghobban*).

« Voici venir encore les poissons-demoiselles — la demoiselle à bosse (*Microspathodon bairdi*) ; la demoiselle géante (*Microspathodon dorsalis*) ; la demoiselle bleu et jaune (*Chromis limbaughi*) ; la demoiselle de Clarion (*Eupomacentrus redemptus*) ; la demoiselle de Cortez (*Eupomacentrus rectifraenum*), bleu violacé lorsqu'elle est jeune et vert bronze à l'âge adulte...

« Je n'oublierai pas les poissons-papillons ! Regardez le poisson-papillon à trois bandes (*Chaetodon humeralis*), que son nom même décrit ; le fin poisson-papillon-porte-faux (*Chaetodon falcifer*), et le poisson-papillon à long nez (*Forcipiger flavissimus*), plus jaune qu'un canari...

« Mais, ici comme ailleurs, les poissons-anges remportent le concours de beauté... Lorsqu'il est jeune, le poisson-ange royal (*Holacanthus passer*) a les écailles jaune d'or, avec sur le corps des stries verticales tremblotantes bleu ciel et un liséré d'azur sur les nageoires ; devenu adulte, il est bleu roi, avec une mousse jaune aux nageoires et à la queue. Le poisson-ange de Clarion (*Holacanthus clarionensis*) luit d'abord d'un orange clair rehaussé de stries verticales bleues ; puis il se colore d'orange vif en gardant une fine bordure azurée. Le bébé poisson-ange de Cortez (*Pomacanthus zonipectus*) promène sur le corail une livrée noire chargée de demi-cercles concentriques bleus et jaunes ; lorsqu'il a grandi, sa coloration consiste en une série de stries jaune pâle et gris fumée, sur fond de velours perle. »

Le vol des raies-mantas

Jean-Michel Cousteau et ses amis ne se décident pas à mettre un terme à leur déambulation subaquatique. Ils passent de tête de corail en champ de gorgones. Ils ne se lassent pas de regarder. Ils ne sont nullement fatigués d'engranger des splendeurs dans leur boîte à rêves... Ils aperçoivent un petit requin cornu de Californie (*Heterondontus francisci*), un requin-léopard (*Triakis semifasciata*) et la queue d'un requin des Galapagos (*Carcharhinus galapagensis*). Ils croisent une escadrille de raies-aigles (*Aetobatus narinari*) ponctuées de noir. Ils admirent le lent vol battu d'une raie-chauve-souris (*Myliobatis californica*). Ils avancent vers la bordure externe du récif, et regardent décoller deux raies-mobules (*Mobula lucasana*) de plus d'un mètre d'envergure.

C'est à l'instant de remonter en surface que Jean-Michel Cousteau et ses compagnons repèrent, venant du large, une troupe de raies-mantas... Ce sont des raies-mantas du Pacifique — des mantas d'Hamilton (*Manta hamiltoni*). Pour la taille, elles ne le cèdent en rien à leurs cousines les mantas de l'Atlantique, ou diables de mer (*Manta birostris*). Certaines d'entre elles atteignent une envergure de sept à huit mètres, et un poids de deux tonnes. A la naissance, les jeunes de l'espèce mesurent déjà un mètre cinquante de largeur, pour une masse de dix kilogrammes.

Quoique impressionnantes, les mantas ne sont pas dangereuses pour l'homme. Les réalisateurs de films-catastrophes en mal de nouvelles *Dents de la mer* ont pensé à elles; mais sans conviction... Ces animaux, parfaitement adaptés à la vie pélagique (contrairement aux autres raies, qui passent leur temps au fond et sont donc benthiques), n'ont jamais avalé que de petits poissons, des crustacés, des mollusques — du plancton.

« Les raies-mantas, raconte Michel Deloire, nous rejoignent en quelques battements d'ailes. Elles tournent autour de nous ainsi que des planeurs dans un ciel limpide. Certaines d'entre elles ont la queue coupée. Par qui? Par un requin?... Peut-être...

« J'en recense une dizaine. Leur dos est en général d'un gris-bleu très sombre (mais quelques sujets sont clairs), et leur ventre d'un blanc d'argent. L'un de ces monstres semble me foncer dessus, mais à l'ultime seconde, il arque son corps, dévie sa trajectoire et m'évite. J'ai le temps de détailler ses petits yeux, les deux cornes qui prolongent son museau vers l'avant, sa large bouche quasi rectangulaire, sa queue en fouet.

« Lorsqu'on croise un géant du règne animal, on est toujours tenté de "lire" quelque chose dans ses yeux: curiosité ou indifférence, crainte ou agressivité, etc. Ici, tandis que la manta me survole en engouffrant sa soupe de plancton, il me semble y distinguer une lueur d'intérêt... Les yeux de ce poisson sont bleu sombre. Ils sont situés sur les côtés de la tête, à la naissance de chacune des deux "cornes". Ils permettent à l'animal de voir non seulement au-dessus de lui, mais devant, de côté et au-dessous: ce vaste champ de vision est en rapport avec l'adaptation de l'espèce à l'existence au grand large.

« Par moments, les mantas s'élancent avec plus de frénésie qu'à l'ordinaire. Elles perforent la surface aquatique dans un bouillon d'écume et s'élèvent très haut dans l'atmosphère, avant de se laisser retomber en claquant la mer. On s'est interrogé sur la signification de ces bonds prodigieux; la question n'est pas résolue. Certains naturalistes supposent que seules les femelles sautent: étant ovovivipares, mais ne possédant pas de véritable utérus pour expulser leurs fœtus à terme, elles en seraient réduites à ce numéro de voltige pour accoucher. L'idée me paraît audacieuse, mais il ne me semble pas voir tomber un nouveau-né à chaque envol de raie adulte.

« D'autres théories ont été émises. Les animaux bondiraient pour se débarrasser de parasites trop nombreux et insupportables — de rémoras trop tenaces, etc. Ou bien ils se livreraient à cette gymnastique pour "faire descendre" leur bol alimentaire dans leur étroit gosier...

« Rien, là-dedans, ne me convainc. Les scientifiques, qui redoutent d'être soupçonnés d'anthropomorphisme, cherchent des explications rationnelles à tous les comportements animaux. J'ai une autre hypothèse: et si les raies-mantas sautaient simplement pour le plaisir? »

Chapitre 4

L'AGONIE DU GRAND MARLIN

La Paz, où l'*Alcyone* passe la nuit, est une cité composite. Vieux quartiers et nouveaux immeubles. Maisons mexicaines et blocs de béton. Bougainvillées et palmiers... Le site a été découvert en 1533 par Nuñez de Guzman, un lieutenant de Hernán Cortés qui cherchait dans les parages la fabuleuse « île de Santa Cruz » où, selon les récits des Indiens, vivait un peuple d'Amazones prodigieusement riche en or et en perles. Les conquistadores trouvèrent des perles (que les indigènes récoltaient dans la baie), mais pas d'or. Hernán Cortés vint visiter la contrée en 1535. En 1720, une mission s'y installa: elle fut anéantie par la misère et la maladie. C'est seulement en 1811 que la ville commença de croître. Elle fut un moment la capitale de toute la Basse-Californie; elle n'est plus, de nos jours, que le centre administratif de la partie méridionale (*Baja Sur*) de la péninsule. La capitale du Nord (qui constitue l'Etat de *Baja California* proprement dit) est Mexicali.

La cité devint aussi un important centre de pêche aux perles. Les huîtres perlières (méléagrines) étaient abondantes dans les eaux locales. Mais, dans les années 1930, une mystérieuse épidémie dévasta les bancs. Les plongeurs locaux accusèrent les « puissances étrangères » d'avoir empoisonné leurs mollusques. Il semble bien, en fait, que les huîtres moururent surtout d'avoir été trop pêchées... Dans les environs de La Paz, on trouve un peu partout des coquilles vides de ces bivalves — vestiges de la rapacité des hommes.

Ici, comme à Cabo San Lucas, le tourisme change la face des choses. La ville, outre sa fonction administrative, vit des devises étrangères. En premier lieu, de celles des amateurs de « gros ».

Cinq heures du matin. Mer d'huile. Ciel splendide. (Ah! ces ors! Ces roses! Ces mauves! Ces incroyables turquoises!) L'*Alcyone* largue les amarres. Elle traverse la baie, double le môle et quitte le havre. Elle navigue de conserve avec l'un de ces puissants canots automobiles blancs (blancs, forcément blancs!), à l'arrière desquels prennent place les passionnés de grande pêche. Le propriétaire du bateau est un Mexicain. Il loue ses services à de riches Américains; il les emmène sur les lieux propices; il leur apprend à amorcer; il les conseille quand ça mord; il n'oublie pas de les féliciter lorsque le « monstre » vaincu est à bord...

Le client du jour, un riche Texan, accepte que Jean-Michel Cousteau et ses hommes soient les témoins de ses exploits halieutiques; qu'ils le filment (notre homme se gargarise à la pensée qu'on le verra dans un programme télévisé Cousteau); et qu'ils assistent, en plongée, à la lutte du poisson.

Nul besoin d'aller loin. Les eaux de la mer de Cortez sont d'une incomparable richesse, surtout dans la partie sud du bassin, où se mêlent les flux venus du fond du golfe et ceux de l'immense Pacifique. Le plancton

*Dans la région de La Paz, les rivages de la mer de Cortez sont enchanteurs. Les hommes de l'*Alcyone*, subjugués par ces splendeurs, comprennent que les touristes y affluent. Mais ne faut-il pas préserver les derniers sites vierges? (Ph. R. Murphy/ Fondation Cousteau.)*

végétal fleurit. Selon la saison, ce sont des proliférations d'algues bleues, de diatomées, de pérédiniens, de coccolithophores, de silicoflagellés... Le plancton animal se nourrit de ces grouillements: voici des larves de mille espèces; voici des foraminifères, des acanthaires, des radiolaires, des hydroméduses, des siphonophores, des cténophores, des annélides, des chétognathes, des crustacés (copépodes, amphipodes, euphausiacées), des mollusques (limacines, janthines), des tuniciers (dolioles, salpes)... Les petits poissons grégaires — anchois, sardines, maquereaux, etc. — se pressent sur ces concentrations palpitantes. Les grands poissons suivent — la gueule ouverte.

On arrive. L'*Alcyone* en fait autant. Les plongeurs sont prêts: ils ont revêtu leurs combinaisons argentées. Michel Deloire et Louis Prézelin tiennent leur caméra sous-marine; ils sont assistés par Jérôme Julienne et Clay Wilcox. Jean-Michel Cousteau, lui aussi en tenue de plongée, se rend d'abord en zodiac sur le bateau de pêche, en compagnie de Jean-Paul Cornu (caméra extérieure à l'épaule), de Raymond Amaddio et d'Yves Zlotnicka (micro tendu). Sur la plage arrière du canot, le Texan bout d'impatience. Il a revêtu, pour être plus agile, short à fleurs bleues, chemise rose et chaussures vertes; il n'a pas oublié de visser son Stetson sur sa tête. Il est énervé. Il ne tient pas en place. Il essaie plusieurs fois son fauteuil tournant. Il s'y assoit. L'un de ses assistants mexicains l'y attache, en réglant la hauteur de l'appuie-pieds.

Le Texan caresse une seconde sa canne en fibre de verre. Il vérifie l'énorme moulinet à frein où se logent plus de sept cents mètres de fil de nylon. (Le frein d'un moulinet de ce genre supporte des contraintes égales à ceux d'une voiture de course, et ses roulements tournent aussi vite que ceux d'une turbine d'avion à réaction.) Il regarde l'énorme hameçon de douze centimètres de longueur qui termine l'engin, et que son aide mexicain amorce au calmar vivant. (Tout un art, l'amorçage: il faut que l'appât frétille le plus longtemps possible pour attirer le grand poisson...

« *Ready? — Ready!...* » Le Texan empoigne fermement la canne. Il en dépose la base dans une loge de son siège prévue à cet effet (de la sorte, l'instrument se transforme en un levier efficace). Il débraie le moulinet. L'hameçon et son appât filent avec le nylon dans l'eau bleue. A partir de ce moment, le pêcheur se fige, les yeux rivés sur la vague. Il n'existe plus que dans l'attente des secousses qui lui indiqueront que le poisson touche. C'est l'instant fascinant où l'homme, créature généralement dotée d'intelligence, devient canne à pêche.

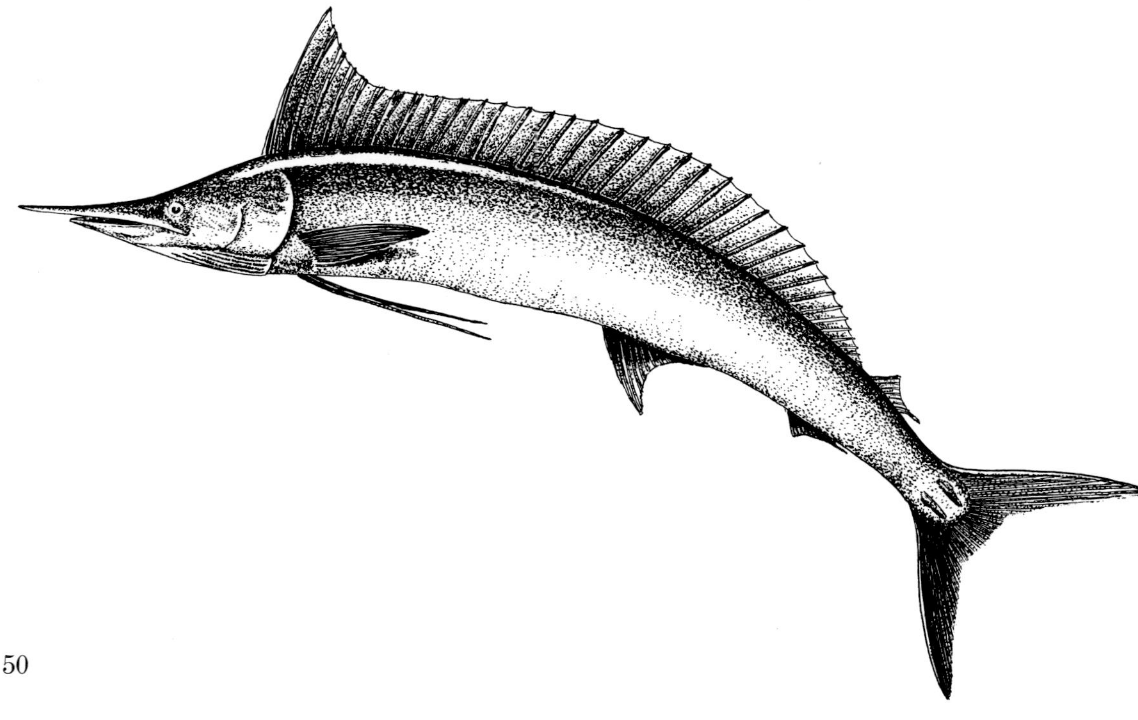

Le marlin (ou makaire) à bec court est le poisson-épée dont l'« épée » (le rostre) est la moins développée. Il ne dépasse pas deux mètres de longueur et cinquante kilogrammes de poids, et vit dans l'Indo-Pacifique. (Dessin: G. Paccalet.)

L'attente n'est pas longue. Le Texan tient sa récompense... Une crispation du visage. Un froncement de sourcils. Un petit grognement et un cri : « *Yeah!...* » A bord du bateau blanc, on a compris. Le pilote maîtrise son sujet. Il pousse la manette des gaz de manière à accélérer de façon progressive : c'est ainsi que le poisson, sentant sa « proie » lui échapper, donnera le coup de gueule fatal — et qu'il sera ferré.

Manœuvre réussie... Soudain, le Texan croit avoir empoigné la foudre. La canne à pêche lui glisse des doigts : il la récupère de justesse. Le « gros » réagit... Le fer aiguisé de l'hameçon lui transperce la bouche ; la douleur et la surprise le propulsent vers l'avant. L'animal donne une série de coups de queue formidables qui l'amènent en surface. On voit un moment la pointe de sa dorsale... Il cherche à se dégager par de puissantes saccades. Il voudrait tant arracher de sa gueule l'acier qui lui cause de si vives souffrances !

Le Texan laisse filer. Il donne du mou. Surtout, ne pas casser. Ne pas résister au poisson pendant qu'il déploie l'essentiel de son énergie... L'accompagner, le laisser s'épuiser. Le fatiguer, comme disent tous les pêcheurs du monde. Jean-Paul Cornu filme le manège du nouvel Hemingway (gros plans sur visage en sueur ; salive aux lèvres — Sergio Leone a des émules). Yves Zlotnicka enregistre les divers borborygmes (réalisme garanti).

Le supplice du « gros »

Le zodiac, que pilote Marc Blessington, fait la navette entre le canot automobile et l'*Alcyone*. Jean-Michel Cousteau demande qu'on vienne le chercher. Il se joint au groupe des plongeurs. L'embarcation pneumatique cingle vers l'endroit de la mer où le poisson a entamé sa lutte.

« Nous suivons la ligne de nylon déroulée, raconte Jean-Michel Cousteau. Nous apercevons l'animal. Il marsouine, mais déjà il saute moins haut, moins souvent hors de la vague. Il s'agit d'un marlin. D'un marlin bleu. En anglais, *blue marlin*. En espagnol *marlin azul*. Scientifiquement, *Makaira mazara*... Un poisson royal. Un seigneur des mers. L'un des "gros" les plus recherchés... Il tire comme un dément sur le fil. Son instinct de conservation lui dicte de fuir, vite, loin !... Mais tout est déjà joué. Il est perdu. Il mourra. L'hameçon est trop profondément enfoncé dans sa gueule : même si la ligne cassait, la plaie serait inguérissable. Il irait crever

*Le marlin (ou makaire) rayé appartient au même genre (*Tetrapturus*) que le marlin à bec court. Il a les flancs verticalement striés de bleu cobalt, et il atteint trois mètres cinquante pour un poids de deux cents kilogrammes. (Dessin : G. Paccalet.)*

L'espadon (en haut) hante toutes les mers. Long de près de quatre mètres et pesant une demi-tonne, c'est le plus agressif des poissons-épées. Il attaque parfois les barques de pêcheurs ou les baleines.

Le marlin (ou makaire) noir (en bas) est un monstre: jusqu'à quatre mètres cinquante de longueur et sept cents kilogrammes... Il se nourrit aussi bien de poissons de récifs que d'espèces pélagiques — même de gros thons. (Dessins: G. Paccalet.)

d'hémorragie ou d'infection entre deux eaux, au large, là où s'étend son royaume. Le pêcheur croirait (ou feindrait de croire) que l'animal a eu sa chance. Qu'il est vivant et libre...

« Le marlin bleu zigzague dans l'épaisseur liquide. Il se tord de douleur et de rage. Lorsque sa trajectoire le porte en surface, nous voyons l'avant triangulaire de sa dorsale, puis l'arc en parfait croissant de sa queue. A d'autres moments, le poisson pris de panique s'enfonce profondément dans la mer: sa silhouette puissante et fuselée se perd dans le bleu-noir. Mais le fil de la ligne reste tendu entre lui et l'homme. Mortel trait d'union. Lien fatal. »

Les plongeurs de l'*Alcyone* se laissent glisser par-dessus bord. Ils se répartissent dans la masse liquide selon les rôles convenus. Jean-Michel Cousteau tentera d'approcher l'animal. Michel Deloire tient la caméra sous-marine T.G.A. (Très Grand Angle). Muni du projecteur, Jérôme Julienne lui donne de la lumière. Clay Wilcox occupe le poste nécessaire de porte-câble.

« Au début, nous ne voyons pas souvent le marlin, raconte Jean-Michel Cousteau. Il monte, descend, file à gauche ou à droite selon qu'il a l'impression d'avoir plus ou moins mal. Tandis que j'essaie d'aller vers lui, je songe au Texan, assis sur son fauteuil pivotant: à cet instant, il a le sentiment d'être un autre homme — et même une espèce de surhomme. Il sait, bien sûr, au fond de lui-même, que les dés sont pipés; mais il joue. Nous jouons tous. Nous sommes d'incurables enfants. Nous réinventons à tout instant la réalité. Nous la refaisons par l'esprit chaque fois qu'elle nous gêne.

« Le marlin ne joue pas… Il n'a pas lu le scénario. Il ne comprend rien à la pièce. Personne ne lui a demandé s'il acceptait le rôle. Il sait seulement qu'il souffre. Que tout son corps est supplice… La douleur est le seul stimulus qui l'anime. Le seigneur du large n'est plus qu'un pauvre organisme agressé, sentant sa mort prochaine, et qui réagit en fuyant. Or, la fuite est impossible.

« Le poisson arque son corps, remue désespérément la queue, tourne sur lui-même et tire, tire sur le fil, sans autre résultat que d'enfoncer davantage l'hameçon. Je le vois bien, maintenant. Le Texan a commencé de réduire la longueur du nylon. Le marlin souffre à tel point qu'il est sur le point de renoncer. Déjà, il suit le mouvement davantage qu'il ne lutte. Déjà, il a perdu. Déjà… Qui parlait de "combat homérique", d'"interminable lutte", de "formidable bataille entre l'homme et la bête sauvage ».

Le voilier de l'Indo-Pacifique (en haut), avec son immense nageoire dorsale, constitue l'un des trophées favoris des amateurs de « gros ». Jusqu'à trois mètres cinquante pour un quintal…

Le marlin (ou makaire) bleu de l'Indo-Pacifique et son proche cousin de l'Atlantique sont des géants: jusqu'à quatre mètres cinquante pour neuf cents kilogrammes. Ils ne craignent aucun autre animal dans le vaste océan… (Dessins: G. Paccalet.)

Les poissons ne pleurent pas

« Lorsqu'on assiste, sous l'eau, à l'agonie du grand marlin, on comprend la pêche autrement. L'animal tremble. Il se tord. Il lâche ses excréments. Il passe de longs moments sans bouger — pour se reposer, mais aussi (dirait-on) comme s'il espérait que ses tourments allaient cesser par magie, comme s'il tentait de se persuader que tout cela est un mauvais rêve…

« Les pêcheurs sont dotés d'une indécrottable bonne conscience. Ils n'ont pas, comme les chasseurs, le sentiment d'infliger la mort avec

Chaque mission est une occasion de perfectionner le matériel. En mer de Cortez, Jean-Michel Cousteau et ses compagnons testent de nouvelles combinaisons argentées, des bouteilles reprofilées et des scooters sous-marins « design ». (Ph. R. Murphy/ Fondation Cousteau.)

brutalité, de répandre cruellement le sang. Mais c'est bien ce qu'ils font... La seule différence, c'est que les poissons ne crient pas. Ils meurent en silence. Ils ne piaillent pas comme les oiseaux, ne hurlent pas ou ne couinent pas comme les mammifères. Ils ne pleurent pas comme les hommes. Ils ne râlent pas à fendre le cœur. Mais ils ont le même système nerveux que les autres vertébrés, c'est-à-dire les mêmes terminaisons neuronales, les mêmes "points de douleur" — aussi sensibles et en aussi grand nombre.

« Le marlin ne lutte plus. Sous l'eau, nous pouvons désormais l'approcher. Je détaille l'extraordinaire acuité de son rostre: comment (et dans quel but?) l'évolution a-t-elle "fabriqué" cet organe stupéfiant? Sa bouche, d'où sourd un nuage de sang qui semble brunâtre dans la mer chargée de plancton, est si belle... Sa mâchoire inférieure est aiguë et allongée. Mais c'est peu de chose, comparé au bec qui termine sa mâchoire supérieure... Cet épieu, cette lance bleu noir mesure à elle seule plus de cinquante centimètres de longueur. L'animal entier atteint deux mètres cinquante, et pèse dans les deux cent cinquante kilogrammes. Sacré trophée... Hélas!

« Je nage vers le poisson à le toucher. Il a les écailles d'un bleu de cobalt superbe et sombre. Son ventre est d'argent et ses flancs s'ornent de stries verticales d'un bleu plus clair, lavé de vert et de bronze. J'observe les nageoires de son dos ; sa première dorsale, haute et en triangle à l'avant, se prolonge en rectangle jusqu'aux deux tiers de l'épine vertébrale; sa deuxième dorsale est réduite. Je détaille ses pectorales, mobiles, longues, fines et en forme de fers de faux (celles du marlin noir sont peu mobiles et élargies en palettes). Je vois ses pelviennes filiformes, qui se replient dans des sillons du ventre. Il possède deux ventrales en trapèzes. Et les lobes symétriques de sa caudale forment un parfait arc de cercle.

« Le marlin, anéanti de douleur, n'ayant plus d'énergie pour se rebeller, suit le nylon qui le hale. Nous nous approchons du canot de pêche avec lui. Vingt mètres... Dix mètres... Deux mètres... Le Texan regarde dans la vague le géant vaincu... Il ne se sent pas de joie. Il hurle. Il extériorise son triomphe. Ne cherchez pas le roi du monde: c'est lui.

« En touchant la coque, le poisson semble un instant revivre. Il s'agite. Il donne des coups de queue. Il se contorsionne pathétiquement. Ses deux quintaux et demi déplacent de l'eau — on imagine le remue-ménage!... Tout éclabousse, tout gicle... Nous n'y voyons plus rien. J'entends le pêcheur qui braille et qui sacre — des vociférations de rage... Il craint qu'au dernier moment son trophée ne se décroche et ne lui échappe... Mais la fureur du marlin bleu ne dure que quelques secondes. Ce vaste organisme a brûlé ses réserves de puissance. Il agonise, en silence, comme un bon poisson qui se respecte, afin de ne pas gâcher le plaisir du pêcheur... Je contemple son œil rond qui devient vitreux et qui, déjà, ne perçoit plus le monde. C'est une palpitation qui s'arrête. Un seigneur de l'océan qui achève son voyage.

« Je regarde, écœuré, le pilote du bateau blanc et son assistant mexicain qui empoignent leurs gaffes, qui plantent leurs fers courbes et pointus dans le flanc du marlin, et qui le hissent à bord avec des ahanements. Le poisson, en basculant sur le pont du canot, frissonne, plie deux fois son corps en S, et se relâche. *Acta fabula est.* »

Le quadrille des poissons-épées

La mer de Cortez est riche en poissons de taille imposante — « nobles », comme disent les amateurs (sous-entendant qu'il existe, *a contrario*, des poissons « roturiers », « vilains » ou « manants »). Tandis que le zodiac revient vers l'*Alcyone*, Jean-Michel Cousteau songe à ces espèces « aristocratiques ».

Les poissons-épées, qu'on désigne sous ce vocable général parce qu'ils ont la mâchoire supérieure allongée en bec pointu, appartiennent à l'ordre des perciformes et au sous-ordre des xiphioïdes (du grec *xiphos*, « épée »). On les répartit en deux familles : les istiophoridés (les voiliers et les marlins) et les xiphiidés (l'espadon).

Ces animaux ont frappé les imaginations et suscité la légende. On a dit, par exemple, qu'ils coulaient les navires en fonçant dessus et en faisant un trou dans la coque avec leur rostre. (Bien entendu, ce n'est jamais arrivé...) On assure encore que, lorsqu'ils se mettent en colère (et ils sont réellement irascibles), ils peuvent attaquer la barque d'un naufragé, et l'envoyer par le fond. On prétend aussi qu'ils chargent avec violence les autres grands de la mer, surtout les cétacés.

La famille des istiophoridés comprend trois genres: *Istiophorus* (les voiliers), *Makaira* et *Tetrapturus* (les marlins). Celle des xiphiidés n'en comporte qu'un seul: *Xiphius* (l'espadon). La principale différence entre les deux groupes est que, chez les istiophoridés, le rostre possède une section transversale ronde : il est en forme de lance ; tandis que chez les xiphiidés, le bec est aplati comme un glaive. Par ailleurs, les istiophoridés ont de curieuses nageoires pelviennes presque filiformes, qui se logent dans des

Double page suivante : Les rochers littoraux de la mer de Cortez sont creusés de fissures où se réfugient des dizaines d'espèces de poissons, comme cette petite blennie du genre Acanthemblemaria, *longue à peine de trois centimètres. (Ph. R. Murphy/ Fondation Cousteau.)*

encoches du ventre en phase de nage rapide; ces pelviennes n'existent pas chez les xiphiidés.

Les voiliers, ou poissons-voiles (*Istiophorus*), sont des animaux d'une beauté singulière. Ils ont le corps un peu comprimé, la tête haute, le rostre long et acéré. Leurs pectorales sont en faux, leurs pelviennes longues et fines, leurs deux ventrales en trapèzes, leur caudale en croissant. Leur seconde dorsale est petite. Mais ce qui les distingue et leur donne leur superbe allure — en même temps que leur nom —, c'est leur première dorsale. Elle est immense, et réellement comparable à une voile. Elle est dotée d'un nombre de rayons compris entre quarante-deux et quarante-neuf. Les voiliers sont d'un bleu sombre (presque noir) sur le dos, et d'un bleu d'argent léger sur le ventre. Des lignes verticales de points plus clairs, sur leurs flancs, donnent l'impression qu'ils sont striés. Leur voile est bleu-noir, avec des reflets bruns et des semis de points sombres.

Ce sont des animaux pélagiques. Ils hantent les eaux chaudes, le plus souvent seuls, parfois en bancs de trois à trente individus. Ils chassent toutes sortes de proies: mollusques (calmars, argonautes), poissons de taille moyenne (mulets, maquereaux...) et grands poissons (carangues, bonites, sérioles, coryphènes, thons...). Mâles et femelles sont semblables. Ils fraient en profondeur, à plus de deux cents mètres.

On connaît deux espèces de ces animaux, qui ne diffèrent que par des détails morphologiques: le voilier de l'Atlantique (*Istiophorus albicans*) et le voilier de l'Indo-Pacifique (*Istiophorus platypterus*); c'est, bien entendu, ce dernier qui nage en mer de Cortez. Les amateurs de « gros » se rengorgent de le prendre. Il mesure jusqu'à trois mètres cinquante de longueur, et dépasse le quintal. Le record officiel (un exemplaire capturé non loin des îles Galapagos) est de trois cent vingt-sept centimètres et de cent kilogrammes.

Les ichthyologistes ont regroupé dans le genre *Makaira* les trois plus grandes espèces de poissons-épées: ce sont le marlin noir, le marlin bleu de l'Indo-Pacifique et le marlin bleu de l'Atlantique. Les deux premiers croisent en mer de Cortez.

Le marlin noir, ou makaire noir (*Makaira indica*), est un monstre — un vrai —, du moins par la taille. Il mesure jusqu'à quatre mètres cinquante de longueur, et dépasse sept cents kilogrammes. (Le record officiel est de quatre cent quarante-deux centimètres et de sept cent sept kilogrammes.) Il est d'un bleu presque noir sur le dos, et d'un riche argent sur le ventre. Son bec pointu constitue une arme redoutable.

Le marlin bleu, croché par l'hameçon du pêcheur « sportif », souffre le martyre. Entre lui et l'homme, l'affrontement n'est pas égal. Le poisson, animal à sang « froid », s'épuise en quelques minutes. Son vainqueur n'a rien d'un « héros ». (Ph. R. Murphy/ Fondation Cousteau.)

Le marlin bleu (ou makaire bleu, ou empereur) de l'Indo-Pacifique (*Makaira mazara*) et le marlin bleu (ou makaire bleu) de l'Atlantique (*Makaira nigricans*) se ressemblent à tel point que certains ichthyologistes n'en font qu'une espèce: *Makaira nigricans*. Le premier (commun en mer de Cortez) est encore plus gigantesque que le marlin noir, puisqu'il dépasse quatre mètres cinquante de longueur, pour un poids de plus de neuf cents kilogrammes.

Le troisième genre d'istiophoridés (*Tetrapturus*) réunit six espèces de marlins de taille plus modeste. Les deux qui fréquentent la mer de Cortez sont le marlin (ou makaire) à bec court (*Tetrapturus angustirostris*) et le marlin rayé, ou makaire rayé (*Tetrapturus audax*). Ceux-là se rencontrent dans l'ensemble de l'Indo-Pacifique. Le premier possède un museau caractéristique — très peu allongé, quoique pointu — et atteint (rarement) deux mètres et cinquante kilogrammes. Le second, plus puissant, mesure jusqu'à trois mètres cinquante, pour un poids de deux cents kilogrammes. Il a le dos bleu sombre et les flancs striés d'une quinzaine de lignes verticales composées de points ou de petites barres d'un bleu de cobalt.

Reste l'espadon. La famille des xiphiidés ne comprend qu'un genre: *Xiphias*; et une espèce: *Xiphias gladius*. Superbe animal... Il a le rostre aigu, mais aplati; la caboche puissante; l'œil gros et rond; la première dorsale élevée en faux et la deuxième menue; de longues pectorales, mais pas de pelviennes; deux anales; et une caudale en croissant de Lune. Ses écailles sont presque noires sur le dos, d'un brun sombre lavé de bleu et de violet sur le haut des flancs; elles s'éclaircissent jusqu'au bleu pâle sur le ventre. Chez les adultes, la ligne latérale ne se voit pas.

L'espadon hante toutes les mers. On le rencontre même en eau froide. Ce perpétuel vagabond du large apprécie des proies aussi variées que celles des marlins géants. L'espèce dépasse quatre mètres de longueur, pour un poids de l'ordre de la demi-tonne. C'est le plus agressif des poissons-épées. Cétacés, gardez-vous sur vos flancs!

Les plongeurs de l'*Alcyone* ont quitté leur combinaison. Ils se sont douchés, essuyés, rhabillés. Ils sont tristes. Tout sentimentalisme banni, le spectacle de l'agonie du marlin est rude à supporter. On a beau se dire qu'une vie est une vie, et que celle du gros poisson ne vaut pas davantage que celle de la sardine: on ne s'y fait pas. La destruction d'un puissant organisme est toujours un symbole. Celui des blessures que nous infligeons à la nature qui nous a faits...

Il existe des espèces d'invertébrés marins plus rares que les marlins et les espadons; de même, il y a des insectes de la savane africaine plus menacés d'extinction que les éléphants. Nous nous désolons de les savoir en mauvais cas. Mais nous enrageons bien davantage en voyant le grand marlin sur le pont du bateau de pêche, ou le corps sanglant du pachyderme dans les herbes hautes... La fin de ces monuments nous consterne. Parce que ces êtres exceptionnels font partie de notre patrimoine culturel; parce qu'ils sont entrés dans nos rêves et dans nos légendes... En les tuant, nous détruisons à la fois la substance de la biosphère et celle de nos âmes.

Les ravages des longues lignes

L'*Alcyone* poursuit sa navigation, tandis que le bateau blanc de l'amateur de « gros » rentre à La Paz avec le marlin mort. Les ventilateurs des turbovoiles ronronnent. La *Fille du Vent* s'engage dans le détroit qui, au sortir de la baie de La Paz, sépare la péninsule de Basse-Californie de l'île Espiritú Santo.

Cette dernière est une terre pelée, ocre, grise et blanche, qui culmine à cinq cent soixante mètres. Elle est flanquée de plusieurs îles annexes, dont la plus grande est l'île Partida (les petites s'appellent Los Islotes, Roca Monumento, l'île Ballena, l'île Gallo, l'île Gallina, etc.). Jean-Michel Cous-

Dans les parages de l'île Espiritú Santo, un plongeur de la Calypso *emboîte la nage d'un banc de carangues crevallés du Pacifique. Ces superbes animaux à la queue nettement bilobée se nourrissent de crustacés, de calmars, de sardines, etc. (Ph. R. Murphy/ Fondation Cousteau.)*

teau voudrait plonger dans la baie d'Ensenada Grande. C'est un endroit curieux que peuplent des colonies d'anguilles jardinières de Cortez (*Taeniconger diguetti*): ces étonnants poissons, de la famille des congridés, enterrent la moitié postérieure de leur corps dans des trous du sédiment. Ils passent des heures à onduler, le thorax et la tête dressés dans le courant, la gueule entrouverte, un peu comme des cobras — mais inoffensifs. A la moindre alerte, la troupe entière disparaît dans le sable.

Les anguilles jardinières seront pour un autre jour. Dans la salle de radio, Guy Jouas vient de capter des messages qui prouvent que plusieurs navires de pêche travaillent dans le secteur. Jean-Michel Cousteau décide d'aller observer la flottille. La question de la pêche industrielle en mer de Cortez est trop importante pour que l'équipe de l'*Alcyone* n'y consacre pas une partie de son temps.

Le bateau à turbovoiles fonce de toute la vitesse que le vent lui permet. Les heures de navigation passent. Et les voilà... Ce sont trois thoniers coréens. Des longues lignes (*long liners*), comme on les appelle. Des lignes traînantes. Ils font partie de ces armadas (coréennes, japonaises, etc.) auxquelles le gouvernement mexicain a concédé des droits de pêche, moyennant une rétribution financière d'une grande... modestie. Leur activité n'est pas illégale. Ils ont acheté le droit de prendre chaque année un certain tonnage de poissons : ils s'y emploient. Ils ont évidemment tendance à pêcher davantage que leurs contrats ne le leur permettent, et d'autres espèces que celles qu'ils devraient. Lorsqu'ils ne sont pas surveillés, il leur arrive de perpétrer des pillages. Telle est la nature humaine.

Les longues lignes, comme leur nom l'indique, envoient dans la mer des séries de fils de dimensions considérables. Ces nylons peuvent atteindre plusieurs centaines de mètres. Ils portent chacun entre une et deux douzaines de gros hameçons appâtés aux débris de pêche ou à la viande.

D'autres bateaux de pêche sont munis de filets — chaluts ou sennes tournantes. Ces engins, parfois colossaux, dévastent les bancs. La senne tournante est la plus redoutable : c'est un filet long parfois de plus de mille deux cents mètres. Le bateau le déroule en décrivant un grand cercle (et le plus souvent en utilisant les services d'un chaland). Lorsque la boucle est bouclée, des câbles permettent de fermer la nasse par-dessous. Aucun poisson plus gros que les mailles n'a la moindre chance d'échapper au piège. D'autres créatures que les poissons, bien sûr, se font prendre : les oiseaux plongeurs, les otaries et les dauphins.

Les sérioles du Pacifique — comme leurs cousines de l'Atlantique — sont de rapides nageuses du grand large, qui chassent les petits poissons « à courre » et ne dédaignent pas de s'approcher des côtes pour patrouiller parmi les rochers et les récifs. (Ph. D. Noirot.)

Les richesses halieutiques de la mer de Cortez ont longtemps fait le bonheur des Indiens de la Basse-Californie, puis des artisans pêcheurs mexicains. Elles sont désormais à l'encan. Les longues lignes, les chalutiers et les thoniers armés de sennes tournantes capturent ici chaque année des centaines de tonnes de scombridés, en premier lieu de thons et de bonites. Parmi les espèces de cette famille qui font l'objet de prises régulières, figurent le thon thazard (*Auxis thazard*), ou auxide, ou thon-frégate, qui atteint cinquante centimètres de longueur; la thonine noire (*Euthynnus lineatus*), qui dépasse soixante centimètres et cinq kilogrammes; la bonite à ventre rayé (*Katsuwonus pelamis*), ou pélamide; le thazard de Monterrey (*Scomberomorus concolor*), qui était naguère répandu dans tout l'est du Pacifique, et qu'on ne trouve plus que dans la partie septentrionale du golfe de Californie (il faudrait l'y protéger totalement); le thazard-sierra (*Scomberomorus sierra*), ou sierra du Pacifique, qu'on rencontre dans les eaux épipélagiques, de la Californie jusqu'au Pérou; le thon germon, ou alalunga (*Thunnus alalunga*), superbe poisson cosmopolite qui atteint un mètre trente et cinquante kilogrammes; le thon jaune, ou thon à nageoires jaunes, ou albacore (*Thunnus albacares*), tout aussi cosmopolite que le précédent, qui dépasse deux mètres et cent quatre-vingts kilogrammes; le thon rouge (*Thunnus thynnus*), ou thon à nageoires bleues, qui est le géant de la famille puisqu'il excède trois mètres et sept cents kilogrammes...

D'autres poissons de grande taille finissent accrochés aux hameçons des longues lignes ou asphyxiés dans les filets de pêche... Il y a les coryphènes, ou poissons-dauphins, parfois simplement nommés dauphins (*Coryphaena hippurus*): ces belles et curieuses créatures atteignent deux mètres de longueur et quarante kilogrammes; elles ont la tête courte, le corps allongé, la caudale en croissant de Lune, la dorsale haute et longue, l'anale également très longue. Leur couleur est admirable: un bleu-vert soutenu sur le dos, qui passe progressivement au bronze et au jaune sur les flancs et le ventre.

Il y a les serranidés (serrans, perches de mer et mérous), en particulier ceux que les Mexicains appellent *cabrillas* (« chevrettes »): la cabrilla pinta (*Epinephelus analogus*); la cabrilla sardinera (*Mycteroperca rosacea*), la cabrilla piedrera (*Epinephelus labriformis*). Il y a les lutjanidés, notamment le lutjan jaune, ou lutjan à ventre d'argent (*Lutjanus argentiventris*); les sparidés, comme la dorade du Pacifique (*Calamus brachysomus*); les sciaenidés, famille à laquelle appartiennent le totoaba (*Cynoscion macdonaldi*) et la corvine réticulée (*Cynoscion reticulatus*)... Il y a aussi les carangidés — la carangue crevallé du Pacifique (*Caranx caninus*), la carangue à taches bleues (*Caranx melamphygus*), la carangue sombre (*Caranx lugubris*), la carangue à taches jaunes (*Carangoides ferdau*), la sériole du Pacifique (*Seriola colburni*), la carangue verte (*Caranx caballus*), le pompano (*Trachinotus rhodopus*)...

Ces richesses, hélas! ne sont pas exploitées (ce qui se conçoit, même pour un écologiste intransigeant), mais surexploitées. Le problème dépasse de loin le cadre de la mer de Cortez. Les équipes Cousteau l'ont rencontré partout. Partout, les flottes viennent et se servent. Elles dévastent, puis se transportent un peu plus loin pour piller d'autres bancs. Les contrôles sont rares, et inefficaces quand ils existent. (La radio fonctionne, et les unités des flottilles sont solidaires.) De toute façon, comme on ne dispose d'à peu près aucune étude scientifique sur les populations originelles de poissons, personne ne peut dire où on en est... Aucune autorité internationale ne tire la sonnette d'alarme. Lorsqu'on constate que les effectifs d'une espèce s'effondrent, il est trop tard. Les stocks pourraient parfois se reconstituer (il n'est pas si facile d'éliminer totalement un animal dans la mer; les refuges subaquatiques sont nombreux...). Mais à condition de cesser les prélèvements durant un laps de temps suffisamment long. Et sans abîmer les fonds d'une autre manière — par la pollution ou la pelle mécanique.

Les pêcheurs professionnels se moquent de savoir qu'ils ont surexploité une espèce et dévasté un banc — aussi longtemps qu'ils ont la possibilité d'aller ailleurs continuer leur pillage. Ils agissent sans se préoccuper du lendemain. Comme si la mer était infinie, comme si les ressources biologiques étaient inépuisables... La mer est grande, oui; mais les lieux où elle est vraiment productive ne constituent qu'un pourcentage minime de sa surface et de son volume. C'est ce que les industriels du chalutage et de la longue ligne refusent obstinément de comprendre.

Comme les autres mers, le golfe de Californie a une productivité biologique moyenne comparable à celle des déserts terrestres. La vie n'y explose que dans de rares oasis. Ces dernières sont situées aux points de rencontre des courants; dans les zones de remontées d'eaux profondes riches en minéraux dissous; aux embouchures des fleuves; sur les récifs de coraux; dans les marécages littoraux; et sur les herbiers côtiers, où la faible profondeur permet à la lumière du soleil d'entretenir la vie chlorophyllienne — celle des algues et des plantes à fleurs (zostères, posidonies), premiers maillons des chaînes alimentaires.

Ces prairies sous-marines revêtent une importance écologique considérable. Ce sont à la fois les garde-manger et les pouponnières des eaux salées; c'est ici que beaucoup d'espèces viennent brouter ou chasser les herbivores; et que la majorité des animaux, grands ou petits, fraient et déposent leurs œufs, afin que leurs larves et leurs jeunes se développent à l'abri, dans des zones riches en nourriture et relativement sûres.

Or, ces garde-manger et ces pouponnières, nous ne cessons de les abîmer. Avec nos chaluts remorqués par petit fond. A cause de nos pêches illégales, mais tellement tentantes (à la dynamite, etc.)! A cause de nos ensembles immobiliers, de nos chantiers d'aéroports, de nos routes, de nos programmes de creusement de havres de commerce ou de plaisance, de nos usines « pieds dans l'eau », de nos marinas « *Flots bleus* », de la rectification systématique des rivages, du mur de béton...

La situation, en mer de Cortez (comme dans le golfe du Mexique et en mer Caraïbe, comme en Méditerranée et en mer Noire, comme en mer du Nord et en mer Baltique, comme en mer de Chine et en mer du Japon — comme partout, hélas! à des degrés divers), n'est pas bonne. Elle pourrait s'améliorer, à condition que nous mettions un terme à nos déprédations et à nos saccages. Il y a urgence.

Saurons-nous concilier la croissance économique et le respect des espaces naturels? Apprendrons-nous, en mer de Cortez comme ailleurs, à gérer les dons de la Vie, pour notre satisfaction et celle des générations futures? (Ph. A.M. Cousteau/ Fondation Cousteau.)

Chapitre 5

REQUIEM POUR LES REQUINS

Les requins n'ont pas de chance. Ils hantent les eaux de notre planète depuis plus de trois cents millions d'années, pratiquement identiques à eux-mêmes. Ce sont des exemples de réussite évolutive. Ils ont traversé les époques de la Nature. Ils ont connu les trilobites de l'ère Primaire et les dinosaures de l'ère Secondaire. On aurait pu les croire indestructibles. Or, ils deviennent rares. Certaines espèces sont menacées. A tel point qu'il sera peut-être bientôt nécessaire de créer un Comité de défense des squales...

Ce n'est pas une plaisanterie. Tout est allé très vite. Ces animaux vivaient tranquilles jusqu'à ce que l'homme invente le harpon, la ligne de pêche et le filet. Depuis ce moment, la situation n'a cessé de se dégrader pour eux. Leur malheur est d'abord venu de ce qu'ils sont carnivores et doivent tuer pour manger. Quelques-uns ont mordu et même dévoré des humains. Péché impardonnable... Nous leur avons bâti une réputation sinistre. Le vocable français de « requin » ne dérive-t-il pas du latin *requiem* — le premier mot de la prière des morts?

Les squales n'ont pas l'heur de nous plaire, et nous le leur faisons savoir. Nous les traitons globalement de mangeurs d'hommes, même si la plupart d'entre eux seraient incapables d'avaler un bébé nageur. Nous les tenons pour de dangereux assassins, même si sept ou huit espèces seulement, sur les deux cent cinquante que compte leur société, présentent un péril potentiel (et encore: dans certaines conditions, rarement réunies). Nous les mettons en scène dans des romans, des bandes dessinées, des films d'horreur (dont le plus débile s'intitule *Les Dents de la mer*). Nous les avons catalogués « sanguinaires » et « nuisibles ». Nous les accusons d'être des « brutes altérées de sang », des « criminels » animés par les « sentiments les plus bas », des créatures « perfides », « diaboliques » et « vicieuses ».

Personne n'avoue, dans la presse, à la télévision, au cinéma ou dans les livres, qu'en vérité nous exterminons les requins parce que nous les mangeons (en potages d'ailerons, ou sous le nom racoleur de « saumonette »), pour leur foie (d'où nous tirons des hormones et des vitamines), pour leurs mâchoires (dont nous faisons des « trophées »), ou pour le « sport », c'est-à-dire pour l'émotion d'un moment...

La mer de Cortez, voici un demi-siècle, était le paradis des squales. Ils étaient des milliers, des dizaines de milliers, à la sillonner en tous sens. De nombreuses espèces s'y nourrissaient et s'y reproduisaient. Un équilibre régnait. Ce n'est plus le cas.

Jadis, les requins étaient abondants en mer de Cortez; mais ils disparaissent, victimes des abus de la pêche, surtout de la pêche industrielle. Les squales se reproduisent lentement. Beaucoup d'espèces se raréfient désormais de façon préoccupante. (Ph. C.D./ Fondation Cousteau.)

Afin de mieux cerner le problème, une équipe Cousteau composée de Jean-Paul Cornu (chef opérateur), d'Yves Zlotnicka (ingénieur du son), de Raymond Amaddio (assistant opérateur) et de Don Santee (plongeur), part en mission dans les environs du port de La Paz. Les hommes s'entassent dans l'un des deux véhicules tout terrain frappés de la nymphe et du dauphin, et roulent... Leur destination? Un petit ranch perdu au bord de la mer, où un homme pêche le requin selon les méthodes traditionnelles. Le nom du ranch? El Cardonal. Le ranch des cactus...

« Il mérite son enseigne! raconte Jean-Paul Cornu. Nous y parvenons après quelques heures de route, de piste défoncée, de pénible tape-cul... La maison, petite, crépie de rose, est admirable devant le bleu net de la mer. Du côté de la terre, elle est cernée d'énormes cactus-cierges (cardons).

« Le propriétaire s'appelle Abraham Lucero. Lorsque nous arrivons, il donne à manger à son troupeau. Le bétail est maigre. Les veaux, les génisses et même les vaches adultes ont des épines fichées dans les flancs, les pattes ou la peau du front. Comment trouver un brin d'herbe, dans le désert, sans se frotter aux troncs des cardons ou aux raquettes hérissées des oponces? La nourriture végétale est si rare, sur cette terre, qu'Abraham Lucero est obligé d'acheter de la farine de poisson à La Paz, afin de compléter la ration alimentaire de ses bêtes. Point n'est besoin d'être diplômé d'écologie pour comprendre que l'introduction de ruminants domestiques (vaches, chèvres) dans le désert n'est pas une excellente chose. Même "complémentés" en farine de poisson, ces herbivores tondent, retondent, surpâturent la maigre végétation herbacée. Ils accélèrent le processus de désertification.

« L'absurdité économique est aussi flagrante que le non-sens écologique. Abraham Lucero paie en effet sa farine de poisson... avec l'argent qu'il gagne en vendant les produits de sa pêche, notamment aux requins!... Comme toujours dans ce genre de situation, on cherche des solutions: et on n'en trouve aucune, parce qu'on se heurte à l'incontournable problème du manque d'emploi et du sous-développement. De quoi vivraient Abraham Lucero, sa femme, ses enfants, sans les vaches et la pêche?

« Le Mexicain nous accueille avec chaleur. Il est d'accord pour que, demain matin, nous l'accompagnions en mer dans sa barque. Il nous fait les honneurs de son logis. Il nous présente son épouse. C'est une petite femme discrète, brune de peau, noire de chevelure, vêtue d'une robe rose vif. Elle prépare le repas dans un enclos d'aspect "préhistorique", où une pierre plate surélevée tient lieu de foyer de cuisson. La señora Lucero confectionne des *tortillas* (galettes) de maïs aux graines de jojoba. (Oui: les semences de jojoba contiennent une huile pure et fluide qui remplace avantageusement le spermaceti des cachalots; et elles sont riches en protéines. Un fameux cadeau du désert...)

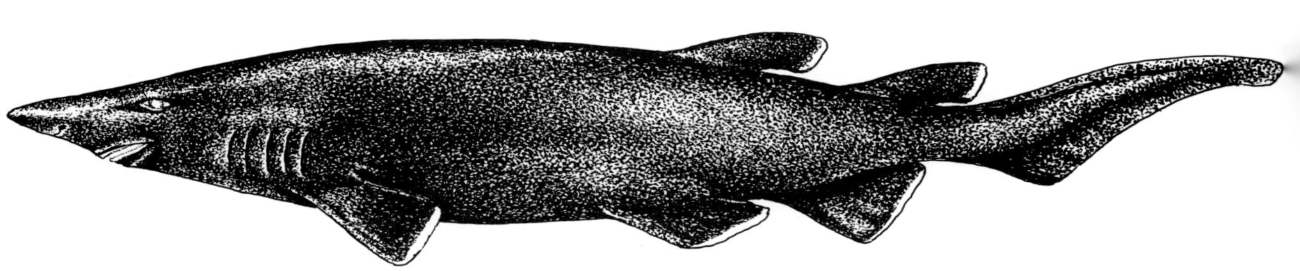

La holbiche-tapir est un tout petit requin, long de cinquante centimètres, qui appartient à la famille des roussettes (scyliorhinidés). Elle n'habite que les fonds de la mer de Cortez et du proche Pacifique, où elle mène une existence discrète. (Dessin: G. Paccalet.)

« J'interroge Abraham Lucero sur son métier de pêcheur. Je lui demande si les requins sont nombreux dans la mer de Cortez. Il me répond que, lorsqu'il était jeune, les squales étaient beaucoup plus gros qu'à l'heure actuelle, et qu'il réussissait à en harponner jusqu'à trente-cinq par jour. Désormais, il est heureux lorsqu'il en prend quatre ou cinq... A quoi attribue-t-il cette raréfaction?... Il me dit que trop de personnes pêchent le requin, notamment les bateaux étrangers et les touristes. Il ajoute que ces intrus prennent aussi dans la mer les poissons que mangent les squales; de telle sorte que ceux-ci se trouvent privés de nourriture.

« Le soir, tandis que nous mangeons les *tortillas* aux graines de jojoba (délicieuses), les voisins et amis d'Abraham Lucero nous rejoignent. Certains d'entre eux ont parcouru plus de dix kilomètres à pied pour être là. La veillée, sous le ciel piqueté d'étoiles de la Basse-Californie, me fait penser à une sorte de communion. Les pêcheurs de Cortez sont étonnants.

« Je leur demande ce qu'ils pensent des requins — s'ils estiment que ce sont des animaux dangereux, s'ils se souviennent d'accidents au cours de la manipulation de ces poissons... Leur réaction est unanime: ils manifestent le plus grand respect pour les squales. D'après eux, ce ne sont nullement des animaux agressifs, non!... Mais lorsqu'on les pêche, il convient d'être adroit; car l'animal blessé se défend.

« Vers dix heures du soir, tandis qu'une admirable pleine Lune se reflète sur l'eau noire de la mer, que le hibou hulule et que la brise du désert embaume, un curieux personnage se joint à notre assemblée. Il s'appelle Pablo. Il arrive plus tard que les autres parce qu'il ne marche pas vite. Et pour cause: il a dépassé le siècle. Cent un ans...

« Il a entendu parler du commandant Cousteau. Comme je lui confirme que nous faisons partie de l'équipe, il annonce, dans un sourire aussi conquérant qu'édenté, que lui aussi est plongeur. Plongeur?... Oui, plongeur!... Et d'expliquer que naguère, il ne pêchait pas des poissons, mais des perles. Sa mère (morte à cent neuf ans!) avait voulu s'installer ici, lorsqu'il était enfant, parce que le coin regorgeait d'huîtres perlières (méléagrines), que les Indiens récoltaient. Pablo avait appris la nage sous-marine. Il descendait en apnée à vingt ou trente mètres, plusieurs fois par jour, pour arracher les coquillages aux rochers du fond. A l'évocation de ces souvenirs, sa voix tremble. Il nous décrit la façon dont il se rendait sur les bancs en barque. Comment il s'oxygénait en surface, avant d'empoigner la lourde pierre qui lui permettait de piquer vers le bas. Il nous raconte ses espoirs fous, lorsqu'il revenait au canot, le panier plein de mollusques, et qu'il commençait à les ouvrir. Perle ou pas perle? Belle ou difforme?... Il affirme qu'il a récolté plusieurs milliers de ces joyaux. Il devrait être riche. Je lui demande où sont passées toutes ces merveilles. Il m'avoue qu'un homme venait les lui prendre, et se chargeait de les vendre à La Paz... Le vieillard ne soupçonne même pas à quel point il a pu se faire rouler.

Le requin bouclé du Pacifique est doté de deux petites nageoires dorsales rejetées vers l'arrière, et sa peau est hérissée d'écailles proéminentes. Il peut atteindre quatre mètres de longueur, mais il est parfaitement inoffensif pour l'homme. (Dessin: G. Paccalet.)

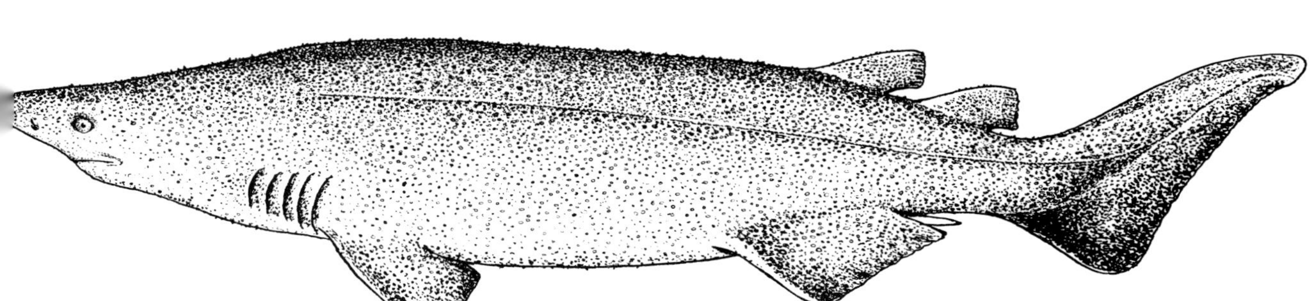

Naguère, les pêcheurs mexicains prenaient beaucoup de requins dans les eaux de la mer de Cortez. Mais les squales sont en danger: trop massivement capturés, ils souffrent en outre de la raréfaction de leurs propres proies, pillées par les flottes commerciales. (Ph. F. Gohier.)

« Les habitants de la région d'El Cardonal pêchent le requin pour le manger. Ils en apprécient la chair. Mais ils vendent l'essentiel de leurs prises au marché de La Paz. Le prix qu'ils en tirent est de l'ordre de sept cents pesos par kilogramme — neuf francs... Ils réservent les ailerons aux Chinois, qui ont établi des circuits d'approvisionnement dans la contrée. Ils retirent les foies, qu'un représentant d'une firme pharmaceutique leur achète. Ils trouvent des débouchés dans d'autres domaines: la peau des squales est estimée en maroquinerie. On l'emploie pour confectionner le fameux galuchat, mais aussi des chaussures (les bottes en cuir de requin sont à la mode), des sacs à main, des ceintures, des bracelets, des jouets...

« La conversation se termine tard dans la nuit. Or, c'est à la première heure qu'il convient de partir en mer... L'aube trouve une équipe Cousteau ensommeillée — ce qui amuse Abraham Lucero. Yves Zlotnicka et moi grimpons dans le bateau de notre hôte, l'une de ces barques de bois peintes de couleurs vives, pontées, munies d'un petit moteur (naguère, propulsées à la rame) et qu'on appelle *pangas*. Nous nous éloignons de la côte. Le soleil se lève sur la mer dans un enchantement de roses et de mauves...

« Abraham Lucero commence par mener sa barque à proximité d'un récif qui affleure. Il jette un épervier dans les vagues; en quelques minutes, le fond de son filet se remplit de petits poissons — du genre sardines ou anchois. Abraham tient ses appâts... Il gouverne vers le large. Après une heure de navigation, il dit simplement: "C'est ici!" Il saisit un rouleau de fil

*Les plongeurs de l'*Alcyone *ont surpris ces deux requins-nourrices blottis l'un contre l'autre dans une grotte sous-marine, non loin du port de La Paz. Ces animaux sont également appelés requins dormeurs. (Ph. D. Noirot.)*

Ci-contre: Voici, à des échelles très différentes, deux des hôtes de la mer de Cortez; en haut, le petit requin cornu de Californie, ou requin cornu de San Francisco, qui ne dépasse pas un mètre vingt; en bas, le grand requin blanc, le plus dangereux des squales, dont on prétend qu'il pourrait excéder dix mètres. (Dessins: G. Paccalet.)

de nylon dont l'extrémité est munie de quelques plombs et d'un hameçon assez fort. Il amorce avec un poisson vivant. Et il mouille sa ligne, sans canne, le fil simplement enroulé autour du poignet et posé sur l'index.

« L'attente commence... Des minutes, des heures passent... Abraham Lucero ne paraît pas voir fuir le temps. Par moments, il change sa ligne de main. Yves Zlotnicka et moi, nous nous sentons de plus en plus mal à l'aise. Nous avons l'impression de porter la poisse au pêcheur, de n'être pas à notre place. De faire des gestes qui effraient les squales... Plus le temps passe (midi... deux heures de l'après-midi...), plus le malaise s'amplifie. Abraham Lucero ne prend rien. Bredouille! Il reviendra bredouille!

« Le soleil descend à l'ouest. Le pêcheur range son matériel sans un mot et met le cap sur le ranch. Lorsque nous accostons à son petit embarcadère, au terme de cette journée perdue, j'ai honte. Honte d'avoir insisté pour l'accompagner dans son travail. Honte, devant le regard pourtant sans reproche (mais si infiniment fataliste) de la señora Lucero, venue accueillir son homme... »

Les inventeurs de la maternité

Les requins de la mer de Cortez se raréfient pour toutes les raisons qui ont été dites. Afin de bien comprendre ce phénomène regrettable, il convient de préciser un point essentiel. Le nombre des squales diminue de façon dramatique parce que ces animaux se reproduisent lentement.

Les squales (et leurs cousines les raies), qui sont des poissons cartilagineux (chondrichthyens), ont un mode de multiplication plus complexe que les poissons osseux (ostéichthyens), en dépit du fait qu'ils sont apparus avant eux dans la chronologie de l'évolution. Chez les requins, les partenaires sexuels s'accouplent: le mâle introduit son sperme dans les voies génitales de la femelle grâce à des organes spécialisés appelés ptérygopodes. La fécondation est interne. C'est un avantage dans la nature, car les embryons se trouvent protégés plus ou moins longtemps par le corps de leur mère. Mais cela devient un dangereux facteur de raréfaction lorsque la pêche excessive anéantit les femelles porteuses.

Certains squales sont ovipares: ils pondent des œufs, mais beaucoup plus riches en matières de réserves (*vitellus*), donc beaucoup moins nombreux pour chaque femelle, que chez les ostéichthyens.

D'autres requins mettent au monde des petits tout formés, soit que les œufs éclosent dans les voies génitales des femelles (il y a ovoviviparité), soit que les embryons bénéficient d'une alimentation interne, dans le sein de leur mère, grâce à un pseudo-placenta (il y a dans ce cas viviparité vraie). Ces squales sont les inventeurs de la maternité. Les mères accouchent, comme les femelles de mammifères. Elles ont des portées variables selon les espèces et les individus, mais qui dépassent rarement la centaine (parfois, les jeunes de la « litière » sont moins de dix).

Quels sont les requins qui honorent de leur présence la mer de Cortez — et qu'il faudrait protéger?

Il y a tout d'abord le nez-plat, ou platnez (*Notorhynchus cepedianus*), qui fait partie de la famille des notorhynchidés et de l'ordre des hexanchiformes: ces squales primitifs sont dotés de six ou sept paires de fentes branchiales; lui en a sept. Il dépasse trois mètres de longueur.

Il y a ensuite, dans l'ordre des squaliformes et dans la famille des échinorhinidés, le requin bouclé du Pacifique (*Echinorhinus cookei*). Cet animal, doté de deux petites dorsales rejetées vers l'arrière, atteint quatre mètres de longueur; il mange du poisson ou du calmar, mais pas de chair humaine. Son cousin l'aiguillat commun (*Squalus acanthias*), de la famille des squalidés, possède une épine venimeuse à chaque dorsale; il est gris à taches blanches, et ne dépasse pas un mètre soixante de longueur.

L'ordre des requins-anges, ou squatiniformes, qu'on appelle également diables de sable, comprend une seule famille (les squatinidés) et un seul genre: *Squatina*. L'ange de mer de Californie (*Squatina californica*) a le corps aplati dans le sens dorso-ventral, comme tous ses homonymes, avec de minuscules dorsales rejetées sur la queue.

L'ordre des hétérodontiformes est celui des requins cornus, ou requins-taureaux. Il comporte une seule famille (les hétérodontidés) et un seul genre (*Heterodontus*). Le requin cornu de Californie (*Heterodontus francisci*), endémique de la région, est un petit animal bizarre, long de un mètre vingt, dont toutes les nageoires semblent trop grandes, et dont la tête au museau coupé en biseau laisse une impression d'inachevé. Il est gris-brun, parfois presque jaune, avec un semis de petites macules noires. Il aime les oursins, les crabes, les abalones et les petits poissons. Le requin cornu du Mexique (*Heterodontus mexicanus*) lui ressemble; il est plus petit (soixante-dix centimètres) et décoré de taches larges.

L'ordre des orectolébiformes, ou requins-tapis, envoie lui aussi des représentants dans le golfe de Californie. Le plus commun est le requin-nourrice, ou requin dormeur (*Ginglymostoma cirratum*), qu'on trouve également au Pérou, dans le golfe du Mexique, en mer Caraïbe, au Brésil et en Afrique occidentale. Cet animal de la famille des ginglymostomatidés (répétez plusieurs fois ce nom; si votre langue ne fourche pas, vous pouvez postuler à n'importe quel poste de présentateur à la radio) se distingue par sa caudale très dissymétrique (hétérocerque), au lobe supérieur immense, et surtout par les deux barbillons qui lui pendent de la lèvre supérieure. Il atteint quatre mètres.

Parmi les orectolébiformes, on ne peut pas ne pas mentionner le géant des géants — le requin-baleine (*Rhiniodon typus*), qui appartient à la famille des rhiniodontidés. Les hommes de l'*Alcyone* ont eu l'honneur de croiser sa route au début de cette mission en mer de Cortez: l'espèce a été décrite au deuxième chapitre du présent livre.

L'ordre des lamniformes, ou requins-maquereaux, comprend des animaux puissants. Dans la famille des odontaspididés, le requin féroce (*Odontaspis ferox*) impressionne. C'est un requin de sable qui atteint trois mètres soixante. Il est doté de gros yeux et d'une large bouche garnie de petites dents. Il est plus inquiétant d'allure que vraiment dangereux.

La famille des alopiidés, ou renards de mer, appartient elle aussi à l'ordre des lamniformes. Ces animaux possèdent une queue dont le lobe supérieur est démesuré — parfois aussi long que le reste du corps. On rencontre en mer de Cortez le renard pélagique (*Alopias pelagicus*), le

Double page suivante: Le requin de récif à pointes blanches est un habitué des eaux poissonneuses de la mer de Cortez. Celui-ci porte de profondes blessures au flanc, qui lui ont probablement été infligées par une hélice de bateau hors-bord. (Ph. D. Noirot.)

L'ange de mer de Californie, comme tous ses cousins de la famille des squatinidés, possède un corps aplati dans le sens dorso-ventral, avec de grandes nageoires pectorales. Il présente une certaine ressemblance avec les raies; mais c'est bien un requin. (Dessin: G. Paccalet.)

renard à gros yeux (*Alopias superciliosus*) et le renard commun (*Alopias vulpinus*). Ce dernier excède parfois six mètres de longueur. Il est gris-bleu sur le dos et d'un blanc d'argent sur le ventre. Il sillonne l'océan mondial et mange des poissons grégaires (maquereaux, harengs, etc.). Malgré sa force, il n'a pas la réputation d'attaquer l'homme. On rapporte simplement qu'un pêcheur américain eut un jour la tête tranchée par la queue d'un de ces squales qu'il avait pris, et qui se débattait.

L'ordre des lamniformes inclut encore la famille des cétorhinidés, et le fameux requin-pèlerin (*Cetorhinus maximus*). Ce concurrent du requin-baleine (pour la taille) s'alimente comme lui de plancton et de petits animaux qu'il filtre dans ses branchies (ces dernières, démesurées, encerclent presque sa tête). Il atteint neuf mètres du museau à la queue (et non pas quinze, comme on l'a écrit). L'espèce est ovovivipare.

La « Mort blanche »

La famille des lamnidés (de l'ordre des lamniformes) comprend trois genres: *Carcharodon, Isurus* et *Lamna*. Le premier compte dans ses rangs le squale le plus dangereux du monde — le grand requin blanc (*Carcharodon carcharias*), qu'une certaine presse à sensation n'hésite pas à surnommer la « Mort blanche ». Ce carnassier de plus de six mètres cinquante de longueur (peut-être parfois dix) hante toutes les mers. Lorsqu'il a faim, tout est bon: du crabe au baleineau... Est-ce pour autant le monstre des *Dents de la mer*, cruel, sanguinaire et vindicatif? Non pas... En réalité, le grand requin blanc croque peu d'hommes. L'endroit du monde où il attaque le plus souvent est le nord de la Californie. Or, dans cette contrée, entre 1950 et 1982, on n'a recensé que quarante et un accidents dus au « sanguinaire » (un virgule trois par an), dont quatre mortels (zéro virgule douze par an). Regrettable épisode pour le zéro virgule douze annuel; mais négligeable influence dans les statistiques de la mortalité humaine en Californie...

La famille des scyliorhinidés fait partie du grand ordre des carcharhiniformes. Ses membres sont souvent nommés roussettes, ou chiens de mer. (Les Anglo-Saxons disent *catsharks*, « requins chats »; ne cherchons pas à comprendre.) Parmi ceux qui nagent en mer de Cortez, les plus curieux sont le requin-tapir, ou holbiche-tapir (*Apisturus kampae*), un endémique de la région qui ne dépasse guère cinquante centimètres du museau à la queue; la holbiche ventrue (*Cephaloscyllium ventriosum*), deux fois plus grande, et tachetée; la holbiche têtard (*Cephalurus cephalus*), l'un des plus petits requins du monde, avec ses vingt-cinq centimètres, et qui n'habite qu'entre cent cinquante et mille mètres de profondeur; la roussette poivrée (*Galeus piperatus*), et la holbiche-râpe (*Parmaturus xaniurus*), elles aussi minuscules et abyssales.

La famille des triakidés envoie dans la région la roussette galéorhine (*Galeorhinus galeus*), qui atteint un mètre quatre-vingt-dix de longueur et constitue une espèce de grande pêche (surtout pour la soupe aux ailerons); l'émissole brune (*Mustelus henlei*), longue de moins de un mètre; l'émissole mamon (*Mustelus lunulatus*), qui mesure jusqu'à un mètre soixante-dix; et le requin-léopard (*Triakis semifasciata*), de dimensions comparables. Ce dernier arbore une livrée magnifique (gris-bronze, avec des marques noires qui évoquent les taches des panthères). Sa beauté lui vaut d'être la victime quotidienne des chasseurs sous-marins.

Dans la famille des carcharhinidés, le requin à pointes blanches (*Carcharhinus albimarginatus*) vient parfois en mer de Cortez promener sa longue dégaine (jusqu'à trois mètres) et ses nageoires dont l'extrémité est immaculée. Le requin gros-nez, ou babosse (*Carcharhinus altimus*), de dimensions similaires, se montre dans le sud du bassin; tout comme le requin cuivré (*Carcharhinus brachyrus*), aux écailles jaunes ou olivâtres; et comme le requin des Galapagos (*Carcharhinus galapagensis*), qui atteint trois mètres soixante-dix, et qu'on rencontre (en dépit de son nom) dans l'ensemble de l'océan intertropical.

Le requin-taureau, ou requin leucas, ou bouledogue de mer (*Carcharhinus leucas*), est un rapide chasseur de plus de trois mètres, dangereux pour l'homme, et cosmopolite; il remonte les fleuves (on le trouve dans le lac Nicaragua, dans le Mississippi, dans la Gambie, dans le Zambèze, etc.). Il visite la mer de Cortez, où il rencontre le requin bordé (*Carcharhinus limbatus*), long de deux mètres cinquante, et le grand requin longimane (*Carcharhinus longimanus*); ce dernier est un vagabond du large aux amples pectorales et au corps long de près de quatre mètres, qui exhibe des mâchoires armées de vrais poignards. Le requin sombre (*Carcharhinus obscurus*), le requin petite-queue (*Carcharhinus porosus*), et surtout le grand requin tigre (*Galeocerdo cuvieri*), qui n'est tigré que lorsqu'il est jeune, et qui dépasse cinq mètres à l'âge adulte (on a parlé d'individus de plus de neuf mètres, mais c'était exagéré), accompagnent la meute.

Le requin bleu, ou peau-bleue (*Prionace glauca*), est un personnage — une légende. Lui aussi se fait voir en mer de Cortez. C'est l'un des plus beaux animaux de l'océan, par conséquent de la planète. Il atteint quatre mètres de longueur (tenons pour des fables les récits qui lui en donnent six). Il est effilé, plus hydrodynamique qu'une torpille, bleu sombre dessus, blanc dessous. Il mange des poissons et des calmars. Il ajoute parfois à son menu un oiseau de mer ou une otarie. Il suit les bateaux et les canots des naufragés (l'aileron fatidique, c'est lui!). Il attaque l'homme lorsqu'il a vraiment faim, mais après les plus prudentes manœuvres d'approche...

Et les requins-marteaux?... Ces poissons bizarroïdes, puissants, redoutés, dont les yeux se trouvent rejetés à l'extrémité d'expansions céphaliques surprenantes, sont les plus évolués des squales. Chez les carcharhiniformes, ils composent la famille des sphyrnéidés. Cinq espèces du genre nagent en mer de Cortez: le requin-marteau cornu (*Sphyrna corona*), de petite taille (quatre-vingt dix centimètres); le requin-marteau-peigne, ou halicorne (*Sphyrna lewini*), beaucoup plus puissant (jusqu'à quatre mètres vingt); le requin-marteau-écope (*Sphyrna media*), qui mesure moins de un mètre cinquante; le requin-marteau tiburo (*Sphyrna tiburo*), de dimensions similaires; et le grand requin-marteau (*Sphyrna mokarran*), dont les sujets records dépassent six mètres.

L'espèce la plus abondante est le requin-marteau-peigne (*Sphyrna lewini*), que les Américains nomment *scalloped hammerhead* (« marteau-pétoncle ») et les Mexicains *cornuda comun* (« cornu commun »). Ce squale-là, les hommes de l'*Alcyone* le connaissent. De près...

Tandis que Jean-Paul Cornu, Yves Zlotnicka, Raymond Amaddio et Don Santee enquêtent chez les pêcheurs de requins du ranch El Cardonal, l'*Alcyone* continue sa route. Le capitaine Jean-Paul Charpentier met le cap sur l'île San José. Les goélands et les sternes sont fidèles au sillage. L'*Alcyone* salue l'îlot San Francisco et ses rochers épars, et jette l'ancre au sud de la terre principale.

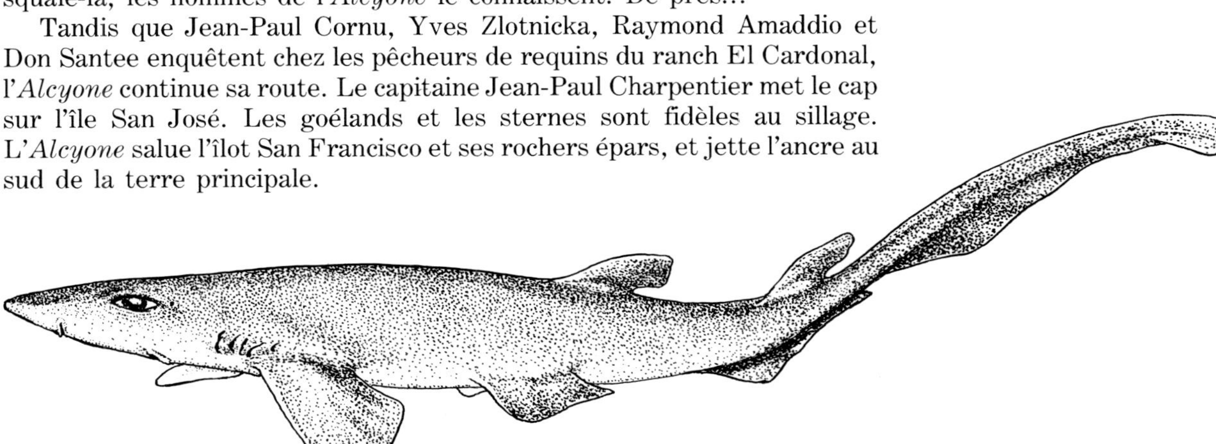

La roussette poivrée, ou chien de mer poivré, atteint tout juste trente centimètres de longueur, et ne vit que dans les grands fonds. Un requin peu connu (l'un des plus petits squales du monde), dont l'univers est celui des ténèbres... (Dessin: G. Paccalet.)

Jean-Michel Cousteau appelle à la radio Michael Sullivan. Il ne faut qu'une demi-heure à l'hydravion *Papagallo* pour ronronner dans le ciel et amerrir à proximité du bateau à vent. Jean-Michel Cousteau rejoint le « Perroquet » en zodiac, y grimpe et décolle. L'appareil décrit un demi-cercle dans l'atmosphère et s'éloigne pour un vol de reconnaissance. La terre de San José est vaste, et d'apparence plus fertile que les autres îles de la mer de Cortez. Les hommes et les femmes qui y résident sont des descendants de ceux que les Mexicains appelaient les *Vagabundos del Mar*, les « Vagabonds de la Mer ».

Ces derniers ont longtemps sillonné le golfe de Californie dans leurs canots de bois. Ils ne vivaient que des présents de l'eau, de ses richesses biologiques. Il semble que les Indiens Yaquis du nord du golfe aient été les premiers à pratiquer ce nomadisme. D'autres peuplades aborigènes les ont imités, puis de pauvres colons venus d'Europe. Les Vagabonds de la Mer établissaient des camps sur les rivages, près des points d'eau. Ils n'exploitaient pas les maigres ressources du désert. Ils récoltaient les coquillages et les crustacés. Ils pêchaient les beaux et bons poissons de Cortez, qu'ils suivaient dans leurs migrations. Ils étaient amateurs de requins. A l'heure actuelle, quelques familles continuent de pratiquer ce singulier art de vivre: elles rayonnent dans le centre et le sud du golfe de Californie. Les unes sont basées à l'île San José, les autres à l'île Cerralvo, ou à l'île Carmen, ou à l'île Angel de la Guarda, ou à l'île Tiburón...

Dans l'hydravion *Papagallo*, Jean-Michel Cousteau observe les collines de San José, qui culminent à six cents mètres. Il survole les salines colorées qui ornent une partie de la côte occidentale de cette terre insulaire. Il aperçoit, au sud-ouest, non loin du lieu où l'*Alcyone* est à l'ancre, un lagon peu profond, bordé d'une mangrove. Il demande à une équipe de plongeurs de s'y rendre.

Michel Deloire, Louis Prézelin, Clay Wilcox et Marc Blessington passent leurs combinaisons et sautent dans le zodiac. Michel Deloire raconte.

« Cette forêt de palétuviers — cette mangrove — est la seule de la mer de Cortez. Elle ne couvre que quelques dizaines d'hectares. Mais lorsque nous y pénétrons avec notre canot pneumatique, nous avons la sensation d'entrer dans un nouveau monde. Nous oublions que l'*Alcyone* est à quelques milles à peine.

« La mangrove, c'est la boue. Mais une boue fertile, riche en décompositions organiques et en promesses de vies nouvelles... C'est dans ce sédiment instable et fuyant, mais productif et perpétuellement enrichi par les fermentations bactériennes et par les courants de la marée montante, que réussissent à s'enraciner ces végétaux étonnants qu'on désigne sous le nom de palétuviers. (Ils appartiennent à la famille des rhizophoracées et au genre *Rhizophora*.)

« Les palétuviers, dont le tronc baigne plus ou moins selon la hauteur de la marée, servent de logis, de refuges ou de pouponnières à une incroyable variété d'animaux — mollusques, insectes, crustacés, batraciens, oiseaux, mammifères...

« Nous observons, sur un banc de vase émergé, le manège des crabes violonistes, ou crabes appelants (genre *Uca*). Ces crustacés creusent un terrier à leur mesure. Ils ont la carapace peinte de vives couleurs — rouge brique, orange ou bleu d'azur, selon les espèces. L'une des deux pinces principales des mâles est énorme, hypertrophiée: les violonistes l'agitent pour attirer l'attention des femelles.

« Nous gagnons une "clairière" de la mangrove. Nous nous laissons couler dans l'eau tiède et peu profonde, en prenant garde de ne pas donner de coups de palmes brutaux, qui soulèveraient en nuages opaques et

tenaces le sédiment du fond. Nous nous faufilons entre les racines des palétuviers. Nous pénétrons dans un labyrinthe vaguement inquiétant, mais magnifique. L'eau est à la fois lumineuse et imprégnée de substances essentielles. Les parties immergées des végétaux sont tapissées de dépôts pulvérulents, qui luisent comme des gemmes.

« C'est un biotope curieux, où se plaisent des légions d'invertébrés — des vers annélides, des crustacés, des mollusques bivalves, des ophiures... Pour ces animaux, la nourriture est abondante et la vie facile, à condition d'avoir de bonnes branchies, car l'oxygène est rationné... Les poissons sont plus rares. J'aperçois des lutjans bleus et jaunes (*Lutjanus viridis*), joliment rayés dans le sens horizontal; une dorade du Pacifique (*Calamus brachysomus*) aux écailles d'un bleu d'argent léger; et une bande de sergents-majors de Panama (*Abudefduf troschelii*): ces petits animaux d'azur et d'or, barrés cinq fois verticalement de noir, semblent ici chez eux.

« La sécurité... Voilà ce que recherchent en premier lieu les animaux, à quelque espèce qu'ils appartiennent. Ici, la plupart des organismes ne sont pas adultes: ce sont des œufs, des embryons, des larves, des immatures. La mangrove de l'île San José sert d'arène d'amour, de couveuse, de nursery, de crèche et d'école de vie à une fraction importante des animaux de la mer de Cortez. Voilà pourquoi il est indispensable qu'elle soit protégée contre les hommes, leurs pelles mécaniques et leurs pollutions. »

Michel Deloire, Louis Prézelin et leurs compagnons regagnent l'*Alcyone*. Dans l'hydravion *Papagallo*, Jean-Michel Cousteau a repéré des fonds de nature complètement différente, mais tout aussi passionnants, près de la petite île de Las Animas (« les Âmes »). L'exploration en plongée de ce groupe de pinacles est prévue pour le lendemain.

Le requin mako, ou maquereau, patrouille dans les régions chaudes de l'Indo-Pacifique. Il hante les côtes rocheuses, en quête de poissons ou de mollusques. Comme tous les squales, comparativement à sa taille, il a un appétit d'oiseau... (Ph. D. Noirot.)

« Nous dormons comme des loirs, en dépit des courants qui font grincer ses chaînes d'ancres, raconte Jean-Michel Cousteau. Nous avons mis nos réveils à quatre heures et demie, mais nous sommes sur pied bien avant. Les étoiles pâlissent et le ciel commence à peine à rosir à l'est, lorsque nous arrivons en zodiac près d'un roc du groupe des “Âmes”.

« En tenue... Détendeurs vérifiés... Nous nous enfonçons dans une eau limpide, cristalline, féerique. La pâle lumière du firmament qui jaunit à l'orient détermine, sous la surface, des jeux de couleurs fantasmagoriques.

« Les courants nous obligent à nager avec vigueur. Nous découvrons un espace protégé par un promontoire sous-marin naturel, où nous pouvons évoluer plus confortablement. Et c'est le paradis... Les fonds sont colonisés par des éponges-barils (*Pseudosuberites pseudos*), d'environ trente centimètres de diamètre, arrondies et grumeleuses ; et par des éponges soufrées (*Verongia aurea*) jaune doré ou brunes.

« Des hydroïdes en forme de plumes blanches (*Lytocarpus sp.*) captent des micro-proies dans les courants (attention : cellules venimeuses !). Des cérianthes (*Pachycerianthus sp.*) et des anémones des sables (*Alicia beebei*) déploient les longs tentacules qui leur donnent l'apparence de fleurs. Des zoanthaires (*Zoanthus sp.*) de diverses espèces, blancs, roses, bruns ou jaunes, enchantent les parois de leurs “corolles” animales. Des tubastrées d'un lumineux orange (*Tubastrea tenuilamellosa*) se prennent pour des soleils subaquatiques. Des gorgones se déploient en éventails délicats sur les replats et dans les pentes rocheuses : la gorgone rouge (*Eugorgia daniana*), aux reflets de rubis et de sang, paraît la plus précieuse.

« Les mollusques sont nombreux, qu'il s'agisse de bivalves comme ce spondyle qu'on appelle aussi huître épineuse (*Spondylus calcifer*) ; ou de gastéropodes... Parmi ces derniers, voici un murex (*Muricanthus princeps*) à la coquille hérissée d'aspérités ; une porcelaine tachetée (*Cypraea annettae*) ; et plusieurs espèces de nudibranches superbement peints, comme l'élyside frangée (*Tridachiella diomedea*) et la doride à taches rouges (*Chromodoris galexorum*). Il y a aussi, bien sûr, divers mollusques céphalopodes — calmars, seiches et poulpes ; des crustacés comme la langouste à épines de Socorro (*Panulirus penicillatus*) ; des échinodermes comme l'étoile de mer-couronne d'épines (*Acanthaster ellisii*), l'étoile de mer-soleil (*Heliaster kubiniji*), l'étoile de mer du Golfe (*Oreaster occidentalis*), l'oursin-fleur (*Toxopneustes roseus*), l'oursin à crayons (*Eucidaris thouarsii*), le concombre de mer brun (*Holothuria inhabilis*)...

« Les poissons se promènent en bancs colorés, plus ou moins nombreux. Nous admirons le poisson-porc de Panama (*Anisotremus taeniatus*), rayé longitudinalement de jaune et d'azur ; le grogneur à queue tachée (*Haemulon maculicauda*) ; l'élégant poisson-chirurgien bordé d'or (*Acanthurus glaucopareius*) ; le poisson-chirurgien à queue jaune (*Prionurus punctatus*) ; le poisson-coffre-pintade (*Arothron meleagris*) ; le mérou-cuir (*Epinephelus dermatolepis*) ; le rubicond poisson-œil-de-verre (*Priacanthus cruentatus*) ; la serpentine murène tigrée de récif (*Uropterygius tigrinus*) ; le timide poisson-cardinal rose (*Apogon parri*) ; et tant d'autres...

Un banc de requins-marteaux

« Soudain, sans que nous sachions comment ils sont arrivés, sans même que nous ayons eu le temps de réaliser qu'ils s'approchaient, ils sont là. Qui ?... Les requins-marteaux ! J'en compte six... Dix... Quinze... Vingt !... Trente !... Je ne compte plus. Ils sont trop. Une brigade en campagne... Nous nous réfugions d'instinct derrière un pan de roche.

« En pleine eau, les requins-marteaux sont superbes. Ce sont d'admirables créatures, musclées, élancées, hydrodynamiques, taillées pour la nage. Des harmonies évolutives...

« Ce sont des requins-marteaux cornus, ou halicornes — des *scalloped hammerhead*, des "marteaux-pétoncles", comme disent les Américains; scientifiquement: *Sphyrna lewini*. Ils sont splendides: je n'ai pas d'autre mot. Ils atteignent en moyenne deux mètres cinquante à trois mètres de longueur ; certains sujets en font peut-être quatre. Il y a, dans la bande, plusieurs monstres dont il est difficile d'estimer la taille en pleine eau. Aucun d'entre nous ne pousserait l'esprit scientifique jusqu'à aller mesurer des squales dans leur royaume!

« Les requins-marteaux cornus ont la tête fort aplatie. Leurs expansions céphaliques latérales sont longues et étroites. Leurs yeux ont l'air d'autant plus bizarres, rejetés au bout de ces interminables ailettes... Je me demande ce que voient ces animaux. Leur cerveau traite-t-il deux images différentes, l'une pour l'œil droit, l'autre pour l'œil gauche?

« Chez cette espèce, la première dorsale est très haute, en forme de faux, tandis que la deuxième est petite et en trapèze. Les pectorales sont amples. La queue est grande et très hétérocerque, avec un lobe supérieur beaucoup plus long que l'inférieur, et décoré à son extrémité d'un lobe secondaire. La livrée de ces poissons est d'un beau gris-brun mêlé de bleu sur le dos, et d'un blanc perlé de gris sur le ventre; le bout des pectorales porte une marque sombre, presque noire.

« Je tâche de me remémorer ce que j'ai pu lire sur l'espèce. Je sais qu'on la trouve dans toutes les mers chaudes; qu'elle fréquente les zones côtières et épipélagiques, depuis la surface jusqu'à trois cents mètres de profondeur; qu'elle voyage beaucoup, et que, si elle n'est pas réellement migratrice, elle effectue de considérables vagabondages; qu'elle vit en bancs de dizaines d'individus (où prédominent les femelles); qu'elle est vivipare (les embryons, au nombre de quinze à trente, grandissent dans le ventre maternel grâce à un quasi-placenta); qu'elle se nourrit de proies variées (tout fait ventre!); et qu'elle est elle-même la victime des chaluts et des longues lignes des hommes.

« Le banc de requins-marteaux de Las Animas semble vouloir camper dans la contrée... Il ne s'intéresse pas à nous pour le moment, mais nous commençons d'être inquiets pour nos réserves d'air. Il va quand même falloir que nous sortions de notre abri et que nous remontions en surface — en effectuant nos paliers de décompression... Que se passera-t-il ?

« Rien... Nous n'aurons pas à affronter les "monstres", à les voir tourner autour de nous durant nos paliers de décompression, en redoutant que l'un des sujets de la bande n'ait l'idée saugrenue de venir nous goûter.... Brusquement, sans que nous en sachions la raison, les squales s'évanouissent dans le bleu de l'eau. Pas l'un après l'autre, pas lentement: non! Tous ensemble, et en un instant... Ils étaient là, ils n'y sont plus... À n'y rien comprendre. C'est à se demander si l'on n'est pas devenu fou, si l'on n'a pas été victime d'hallucinations... L'un des comportements les plus crispants des animaux marins consiste à disparaître de la sorte, comme dans un truquage de film... »

Le grand requin-marteau peut atteindre des tailles records de l'ordre de six mètres... C'est une créature bizarre, dont les petits yeux, très éloignés l'un de l'autre à chaque extrémité des expansions céphaliques, restent inexpressifs. Un fauve puissant... (Dessin : G. Paccalet.)

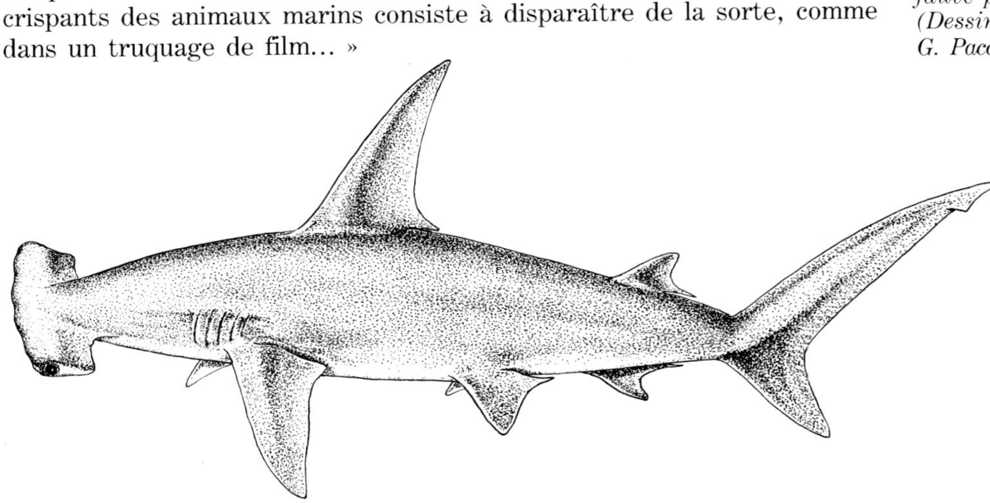

Chapitre 6

LA GROTTE DE LA BALEINE ROUGE

Il fait chaud. Tellement chaud!... Les cactus eux-mêmes ont l'air de souffrir de l'excès de température. Les cailloux et la terre érodée resplendissent, au contraire, car rien n'exalte mieux la nature minérale que la lumière nette, dure, précise, qui tombe du ciel des déserts. Les falaises luisent d'ocre et de roux pâle, de gris léger, de bleu ardoise, de blanc et de brun sombre. Le mariage des teintes est une réussite: le peintre était inspiré. Le peintre des déserts est un génie.

Les hommes de l'équipe Cousteau suivent comme ils peuvent — clopinant, trébuchant — leurs mules qu'en principe ils devraient conduire. Voilà des heures (personne ne compte plus) qu'ils marchent sur un sentier défoncé, incertain, coupé de ravines, mangé par les buissons bas et les cactus.

« Nous sommes partis pour trois jours, raconte Jean-Paul Cornu, le chef opérateur de cinéma. Aussi longtemps que c'était possible, nous avons voyagé dans notre fourgon et notre voiture tout terrain. Nous avons quitté Santa Rosalia, sur le rivage de la mer de Cortez, où nous avons laissé l'*Alcyone* et son équipage. Nous avons emprunté la route asphaltée, et roulé vers l'intérieur des terres. Nos véhicules ont grimpé le col de la Cuesta del Infernillo (la Côte du Petit Enfer).

« Le paysage est sublime. C'est un univers minéral, désolé, anhydre, noir de lave, avec des étendues de cendres grises constellées de blocs et de bombes, que dominent les pics des Tres Virgenes (des "Trois Vierges").

« Nous sommes entrés dans le village de San Ignacio. C'est une oasis — un concentré de verdure dans le gris-brun du désert. Comme son nom le proclame, la localité a été fondée par des jésuites en 1728. Les sources qui la font vivre ont permis aux missionnaires d'y planter une belle palmeraie de dattiers, qui existe encore.

Un convoi de mules

« A partir de San Ignacio, nous avons emprunté une piste de terre. Nous l'avons suivie aussi longtemps que possible avec nos deux véhicules. Elle s'arrêtait dans un hameau de quatre masures. Notre guide, l'Américain Tim Means, nous y attendait. Il avait loué des mules dans un ranch voisin. Huit mules, que leur propriétaire avait dû attraper au lasso pour pouvoir les seller...

« Nous nous sommes mis en route... Cinquante kilomètres... Cinquante kilomètres de chevauchée et de marche en comptant l'aller et le retour: tel est le programme... Une partie à dos de mule, le reste en mettant un pied devant l'autre, selon la méthode éprouvée... »

Perché au sommet d'un gros cactus-cardère, le vautour aura monte la garde à l'orée du désert... Ce célèbre charognard décèle de très loin sa nourriture grâce à son odorat d'une finesse extrême. C'est un indispensable éboueur. (Ph. F. Gohier.)

Ainsi avance l'équipe Cousteau. C'est à qui soufflera le plus fort et rendra le plus de sueur... Le but de cette mission dans l'intérieur des terres est un ensemble de grottes et d'abris sous roche décorés de peintures primitives. C'est un groupe d'excavations et de falaises que les archéologues connaissent sous le nom de Grande Aire Rupestre (en anglais: *Great Mural Area*). Là, d'anciennes tribus indiennes ont donné libre cours à leur inspiration artistique, à leur génie des formes et des couleurs. On peut y contempler des centaines de représentations d'hommes, d'animaux sauvages et de scènes de chasse.

Jean-Michel Cousteau n'a pas accompli le trajet préalable en automobile. Il a rejoint la troupe au rendez-vous des mules (oui, la plaisanterie a été faite !), grâce à l'hélicoptère *Félix*. Il a retrouvé, sous le soleil exactement, entre pierres et cactus, le cinéaste Jean-Paul Cornu et le guide Tim Means, déjà cités; l'assistant opérateur Raymond Amaddio; l'ingénieur du son Yves Zlotnicka; le conférencier américain David Brown (qui présente, dans les salles des États-Unis, les films de la Fondation Cousteau); le plongeur Don Santee. Jean-Michel Cousteau a également fait venir (par la voie des airs, avec *Félix*) l'archéologue Enrique Hambleton, spécialiste des cultures indiennes de l'ouest du Mexique, qui étudie les peintures de la Grande Aire Rupestre depuis dix-huit ans.

L'équipe chemine comme elle peut le long du rio San Gregorio. La piste, dans bien des endroits, est à peu près indécelable pour un œil non averti. Ce ne sont que pierres branlantes, amoncellements de roches, falaises escarpées ou couloirs glissants, hérissés d'épineux... Les mules marchent d'un bon pas, en dépit des inégalités : elles ont le pied sûr, comme chacun sait ! A la différence des chevaux et des ânes, elles savent toujours où elles posent leurs pattes arrière. Ce sont des animaux idéaux pour les terrains difficiles. (Jean-Paul Cornu prétend que cette assurance leur vient du fait qu'elles n'ont pas des oreilles, mais des radars.) Le guide Tim Means raconte qu'ici même, dans le labyrinthe des parois abruptes et des pentes éboulées du rio San Gregorio, des chevaux et des ânes se sont dérochés, et que leurs os blanchissent au fond de la gorge...

Il y a quelques semaines, le rio San Gregorio s'est gonflé de l'eau boueuse des orages. Au creux de son lit humidifié par la crue, des fleurs ont paru comme par enchantement, puis se sont dépêchées de faire leurs fruits. Le soleil et le vent ont tout desséché. Dans le lit du torrent, tout est endormi, assommé de chaleur. La présence d'une équipe Cousteau dans ce paysage qui rappelle davantage un astre stérile que notre planète d'Eau, peut paraître incongrue. Elle ne l'est pas. La molécule magique (deux atomes d'hydrogène, un atome d'oxygène) grâce à laquelle la vie est apparue et prolifère sur notre globe conditionne ici plus qu'ailleurs l'existence des organismes. Les marcheurs de l'*Alcyone*, lorsqu'ils font halte pour souffler, pour éponger la sueur qui dégouline de leur front et pour boire une lampée à la gourde (l'eau, toujours...), admirent la façon dont les plantes et les animaux luttent contre la dessiccation. Entre ces espèces, on dirait qu'un concours d'astuce est ouvert. C'est à qui aura « inventé » la meilleure façon de puiser l'indispensable liquide dans l'environnement, de le conserver dans ses tissus, de le soustraire aux effets de l'évaporation. Shylock et Harpagon ne veillent pas plus jalousement sur leur or.

Jean-Michel Cousteau et ses compagnons remontent la rive droite du rio San Gregorio à sec. Ils traversent une étendue plate piquetée d'herbes aux feuilles dures, rigides, agressives. Puis ils longent un jardin naturel de yuccas aux corolles en coupes blanches et d'agaves aux tiges florifères dressées comme des mâts de navires.

Peu après, ils cheminent dans une aire rocheuse peuplée de toutes sortes de cactus. Ils font halte à deux pas d'une assemblée d'échinocactus semblables à des massues brandies. Ils enjambent les rameaux reptiliens de plusieurs cactus porte-couteaux. En redescendant vers la vallée, ils disparaissent dans un creux d'où jaillissent de splendides cactus cardères aux pointes fleuries. Jean-Paul Cornu et Yves Zlotnicka s'en approchent. Ils passent un doigt prudent dans le creux des cannelures de leurs tiges. Ils observent leurs épines : redoutables ! Sur le tronc d'un de ces végétaux, ils découvrent le cadavre empalé d'une jeune sterne...

Le scorpion et le crotale

Les hommes de l'équipe ont beau cuire au soleil, ils ne perdent pas un instant leur faculté d'émerveillement. Elle a de quoi s'employer dans ce désert... Ils cheminent à présent sur une ancienne piste indienne. Une mule déplace une pierre branlante avec son sabot, et le gros scorpion noir et jaune qui se cachait dessous brandit au bout de son abdomen segmenté son aiguillon courbe et son ampoule venimeuse. Bien entendu, le plus effrayé, c'est l'arachnide.

A quelques mètres de là, sous un buisson épineux gris et sec, se dissimule un petit crotale. Jean-Paul Cornu s'en approche. Le reptile s'est lové, le cou en S, dans la position de l'attaque. Il a la couleur de la terre, et sur le dos une frise de losanges qui améliore encore son camouflage. Il agite au-dessus de ses anneaux la crécerelle (cascabelle) écailleuse qui achève sa queue courte, et qui justifie son nom de serpent à sonnettes.

Il existe dix-huit espèces de serpents à sonnette en Basse-Californie. La plus abondante a été baptisée sans excès d'originalité crotale de Basse-Californie (*Crotalus enyo*). Elle possède au-dessus des yeux des arcades écailleuses caractéristiques. C'est un animal de cette sorte que Jean-Paul Cornu est en train d'énerver.

Le crotale adamantin (ou diamantin) rouge (*Crotalus ruber*) se rencontre lui aussi communément dans la contrée. L'île de Santa Catalina, située dans l'océan Pacifique au large de la péninsule, héberge une espèce rarissime de ce genre de reptiles : le crotale de Catalina (*Crotalus catalinensis*), qui se distingue par le fait qu'il ne possède pas de crécerelle au bout de la queue et que, par conséquent, c'est un serpent à sonnettes sans sonnettes. Les premiers herpétologues qui ont décrit cet animal ont enduré les sarcasmes de leurs pairs. La nature sème la confusion dans les classifications des hommes.

La rainette de Californie, aux couleurs changeantes, hante les arroyos et les oasis du désert de Basse-Californie, où Jean-Michel Cousteau et ses compagnons se sont engagés. Elle se nourrit d'insectes et alimente serpents, lézards et rapaces. (Ph. F. Gohier.)

La mer de Cortez, d'une extrême richesse biologique, est bordée par deux déserts. Celui de la péninsule de Basse-Californie est fascinant: on y rencontre (entre autres) plus de cent vingt espèces de cactus, dont cinquante sont endémiques. (Ph. F. Gohier.)

On marche. On s'arrête pour casser la croûte et pour boire au pied d'un cirio, ou arbre loup-garou (*Idria columnaris*). On admire ce végétal étrange au tronc épineux effilé et divisé vers le haut en une série hallucinante de boucles, de vrilles, de points d'interrogation. On marche encore.

Au détour du sentier, un spectacle rafraîchissant s'offre aux yeux des équipiers: une oasis!... Un ruisseau vif qui coule dans une gorge étroite... C'est, selon la carte, le rio San Nicolas. Contrairement au rio San Gregorio, il donne toute l'année. L'eau gargouille, cascade et chante. Le vert de la végétation semble plus vrai que de nature. Quelques saules argentés, des peupliers aux frondaisons pâles et des palmiers aux feuilles sombres, constituent une sorte de nid où la vie palpite... Les mules, jusqu'à présent dociles, se mettent à hennir, à trotter, puis s'emballent: personne ne les empêcherait de boire!...

Un énorme rocher arrondi comme un ventre de femme enceinte domine une succession de terrasses caillouteuses, entre lesquelles l'eau s'insinue, se perd, reparaît, écume en tombant ou s'étale en mares calmes. Inutile de dresser les tentes: les équipiers Cousteau décident de bivouaquer. Chacun cherchera un trou de roche où installer son duvet. « Tout va bien, raconte Jean-Paul Cornu; mais au moment où nous déchargeons nos mules, un vautour décolle d'une cime, s'élève dans le ciel d'un bleu net, et nous survole en décrivant des cercles. Nous aimons bien les vautours, comme n'importe quelle espèce vivante. Il s'agit en l'occurrence d'un vautour aura, ou vautour-dinde (*Cathartes aura*) — plumage noir, tête et pattes nues et roses... Mais nous ne pouvons nous empêcher de nous demander pourquoi celui-ci s'intéresse à nous ! »

Deux espèces de palmiers ombragent cette vallée fertile: celui de Californie et le bleu. Le premier (*Washingtonia robusta*) se rencontre de San Francisco à l'Arizona et au Mexique; il atteint dix-huit mètres de hauteur; on le distingue aux longues fibres qui pendent de ses feuilles. Le second — le bleu (*Erythea armata*), s'appelle *palma cenisa* en espagnol; il est plus petit (douze mètres) et beaucoup plus rare; le bleu-vert profond de ses amples feuilles justifie son nom; il ne croît que dans la péninsule de Basse-Californie.

Les feulements du puma

Les mules, déchargées, font comme toutes les mules du monde. Elles cherchent un coin de terre sèche pour se rouler sur le dos, avec un air de grande satisfaction équine. Jean-Michel Cousteau et ses compagnons partent à la découverte le long du rio San Nicolas. L'eau entretient des grouillements d'organismes. Des abeilles volettent à la recherche de nectar. Des pucerons envahissent des herbes; des fourmis les élèvent et les traient; des coccinelles les dévorent à grands coups de leurs petites mandibules.

L'arc-en-ciel déploie ses fastes... Au premier plan, la fouquière, ou ocotillo, *dotée de très longs piquants disposés en spirales sur ses tiges, profitera de la pluie pour se couvrir de tendres feuilles. (Ph. F. Gohier.)*

Jean-Michel Cousteau et ses compagnons sont parvenus à l'entrée de la grotte Gardner — la grotte de la baleine rouge... L'abri sous roche où les Indiens ont donné libre cours à leur inspiration est le Lascaux du Nouveau Monde. (Ph. D. Brown/ Fondation Cousteau.)

« Une rainette de Californie (*Hyla californica*) saute d'une touffe d'herbe dans une mare, raconte Jean-Michel Cousteau : elle est aussi verte que les feuilles qu'elle vient de quitter. J'en aperçois une autre dans le sable : elle a la peau ocre et grise. Ces amphibiens sont remarquablement mimétiques. Ils changent de couleur à vue, moins vite que les caméléons, mais d'une façon tout aussi magique. »

L'eau du ruisseau, là où elle coule rapidement, n'est encombrée d'aucune algue ou herbe aquatique. Mais dans les gouilles tièdes, la végétation dense sert de nourriture ou d'abri à des légions d'animaux. On y décèle des pullulations de plancton, en particulier de larves et de crustacés millimétriques. Ici, les prédateurs sont les larves de libellules, au masque étrange et tragique ; les dytiques et les punaises d'eau.

Les dytiques, insectes coléoptères nageurs aux élytres noirs et aux pattes postérieures élargies en palmes, attaquent même les têtards ; leurs mandibules qui instillent des sucs salivaires toxiques.

Les punaises d'eau (comme toutes les punaises) appartiennent à l'ordre des insectes hétéroptères. Elles aussi sont féroces — à leur échelle. Les gerris, ou hydromètres, pratiquent un élégant patinage sur leurs six pieds à la surface des mares, et capturent ce qu'ils peuvent de larves ou de petits crustacés. Les notonectes nagent sur le dos, grâce à leurs longues pattes postérieures rameuses, et emportent sur le ventre, accrochée à leurs poils, une bulle d'air qui leur permet de rester cinq ou six heures en plongée : scaphandriers d'eau douce... La plus impitoyable des punaises d'eau locales est le bélostome : il s'agit d'un insecte long de plus de cinq centimètres, capable de tuer des poissons deux fois plus gros que lui... Le bélostome se nourrit surtout de têtards de rainette de Californie ; mais l'homme qui trempe les pieds dans les flaques où il nage comprend pourquoi cet hexapode a été surnommé « mangeur d'orteils » !

La nuit tombe. Après avoir grignoté, les équipiers Cousteau se coulent dans leurs duvets. Ils sont enchantés par la douceur du soir, et louent à l'unanimité l'idée du bivouac. Jusqu'à ce que David Brown voie sortir d'une touffe d'herbe, à quelques centimètres de son nez, une énorme tarentule !... L'araignée sombre et velue chemine sur ses huit pattes sans se préoccuper des humains. Elle n'est nullement agressive. Mais si elle pénétrait par inadvertance dans un sac de couchage et si elle se sentait coincée, elle mordrait par réflexe. Le venin qu'inoculent ses crochets (chélicères) inflige de douloureuses blessures.

Chacun se met à secouer son duvet frénétiquement... Mais la crainte des araignées et des scorpions dure peu. Les parfums sucrés de la nuit, la caresse de la brise, la splendeur de la pleine Lune dans le ciel tropical, sans compter la fatigue accumulée pendant la marche, ont raison de la vigilance des hommes. Les équipiers s'endorment.

« Au milieu de la nuit, raconte Yves Zlotnicka, je me réveille. La lune est toujours aussi ronde. Les arbres, par-dessus moi, bercent leur palme (merci, Verlaine!). Ce qui m'a alerté, c'est un feulement lointain, qui s'est amplifié et transformé en grondement, puis qui a vibré longtemps dans la montagne. Mais bien sûr: c'est le *leone*, le "lion", le "lion des montagnes", comme disent les Mexicains... Le puma! »

La Basse-Californie est un des derniers endroits où ce fauve superbe soit encore assez commun. Le puma, ou couguar (*Felis concolor*), est le plus puissant des chats: on jurerait un petit lion sans crinière... Il peuplait jadis la presque totalité du continent américain. Il a été chassé sans raison ni pitié. Il a disparu de la plupart de ses biotopes. Pourra-t-il encore rugir longtemps, la nuit, dans le désert, dans la montagne?

La grotte Gardner

A l'aube, la caravane se remet en route. A présent, le but est proche. La piste remonte le rio San Nicolas qui, dans sa partie supérieure, reçoit le nom d'*arroyo* (« ruisseau ») Salsipuedes. Le « ruisseau Sauve-qui-peut »!... Charmant endroit!

« Ici, raconte David Brown, nous devons ramper puis avancer à califourchon sur une mince arête. Moment de panique... La roche est instable. Les pierres ne cessent de dévaler la pente. Les premiers équipiers qui franchissent l'obstacle manquent se faire réduire en bouillie — bien involontairement! — par ceux qui s'engagent à leur tour sur la crête... »

L'effort n'a pas été vain. La récompense, la voici: devant les pieds des mules s'ouvre une sorte de cirque superbe et sauvage, dont les parois atteignent trois cents mètres de hauteur.

Au tiers de la hauteur du versant abrupt du canyon, parmi les cactus et les buissons épineux, Jean-Michel Cousteau et ses compagnons aperçoivent l'entrée d'une grotte. Il s'agit, dit l'archéologue Enrique Hambleton, de la *Gardner Cave* — la grotte Gardner, ainsi nommée d'après le patronyme de celui qui la découvrit en 1962: l'archéologue américain Erle Stanley Gardner. C'est ici que les Indiens de la Basse-Californie ont exécuté les plus belles de leurs peintures. C'est un peu (toutes proportions gardées, et sans confondre les époques) le Lascaux ou l'Altamira de la Grande Aire Rupestre...

« En deux minutes, nous y sommes, raconte Jean-Paul Cornu. Plus que d'une véritable caverne, il s'agit d'un auvent, d'un abri sous roche, d'une falaise en surplomb d'une quinzaine de mètres de longueur, et dont la voûte nous domine de neuf ou dix mètres. La paroi, assez lisse, est ocre et brun clair, avec des veines sombres. Elle est pratiquement remplie de peintures rupestres exécutées à l'aide de teintures rouges, noires et blanches, plus rarement jaunes ou violacées. Ces pigments, d'origine minérale, ont été préparés à l'aide de roches volcaniques locales.

« On y admire des silhouettes humaines, rouges ou noires, représentées pour la plupart les bras levés, dans l'attitude de la vénération ou de l'imploration (on en recense au total cinquante-neuf); ainsi que de nombreuses images d'animaux (soixante dix-sept, exactement, sans compter les ébauches). Les bêtes, quoique stylisées, sont reconnaissables. Elles

La baleine rouge... Exécutée au trait, à l'aide de colorants minéraux d'origine volcanique, elle témoigne de la maîtrise picturale des anciens habitants de la contrée. (Ph. Y. Zlotnicka/ Fondation Cousteau.)

On croit reconnaître, dans la baleine de la grotte Gardner, une baleine grise de Californie en train de sauter (ci-contre). Pourquoi pas? Les baleines grises se reproduisent dans les lagunes de la côte Ouest de la péninsule. (Ph. F. Gohier.)

n'ont ni la précision ni l'élan des figures de Lascaux, mais elles sont superbes. Voici des lapins rouges et d'autres noirs. Des cerfs rouges et d'autres noirs. Un cerf noir à corps jaune. Des aigles, certains rouges, d'autres noirs, d'autres rouge et noir — et un blanc. Encore des cerfs — et des oiseaux. Ici, c'est un coyote (?) et là un lièvre percé d'une flèche. Ici des mouflons. A droite, des tortues. A gauche, une sorte de serpent... »

Toutes ces figures sont peintes emmêlées les unes dans les autres. Fouillis magnifique... L'explication selon laquelle les artistes auraient

Des raies-mantas. Peintes sur les parois de la grotte Gardner... Les Indiens qui exécutèrent ces fresques connaissaient la faune de la mer de Cortez. (Ph. Y. Zlotnicka/Fondation Cousteau.)

Les Indiens « Sans Nom » menaient une vie erratique, cherchant tantôt leur nourriture dans le désert de Basse-Californie, tantôt sur la côte Pacifique, tantôt sur celle de la mer de Cortez. Les raies mantas faisaient partie des produits de leur pêche. (Ph. D. Noirot.)

manqué de place ne tient évidemment pas: il leur suffisait d'effacer les œuvres précédentes ou de dessiner plus petit!... Non: on sent qu'il s'agit d'une volonté, et que celle-ci correspond à une idée, voire à une philosophie. Peut-être les Indiens avaient-ils compris à quel point les créatures vivantes sont interdépendantes; comment elles sont liées les unes aux autres par des relations subtiles et nécessaires...

« Nous nous approchons, reprend Jean-Paul Cornu. Nous avançons sous la voûte. Nous apercevons, au fond de la paroi peinte, une ouverture qui mène à une grotte annexe moins haute qu'un homme et profonde de huit à neuf mètres. Nous nous y faufilons. Le plafond est couvert de peintures. Le sol pierreux est marqué par une série de traces, d'empreintes, de dépressions qui attestent que des générations d'Indiens ont travaillé dans ces lieux. Des éclats d'obsidienne, prélevés dans les veines noires de la roche volcanique qui compose la falaise, jonchent le sol.

Les peintures les plus extraordinaires de la grotte Gardner ne sont ni les aigles, ni les cerfs, ni les lapins. Ces animaux habitent le désert alentour. On peut considérer comme « normal » que des chasseurs primitifs les aient représentés. Non: le plus curieux, dans cette caverne située à une cinquantaine de milles de la mer de Cortez et de l'océan Pacifique, ce sont les figures d'animaux aquatiques. Nombreux sont les poissons — certains verticaux, d'autres horizontaux, quelques-uns percés de flèches... Beaucoup sont si fidèlement traités qu'on les identifie sans peine. Voici une raie à longue queue, une pastenague. Voici un vol de trois raies-mantas aussi majestueuses sur cette paroi rocheuse qu'en pleine eau...

Et il y a la baleine... La reine de la mer et de la grotte... Elle prend la place qui lui revient à gauche de l'entrée du grand auvent. L'artiste qui l'a exécutée d'un trait large et sûr a choisi pour elle le rouge. Le rouge vif. Le sang... Elle est énorme (trois mètres soixante de hauteur). Elle souffle (universel symbole du souffle !). Elle a la tête en haut (le peintre a peut-être voulu la faire voir en train de sauter)... Il s'agit, dirait-on, d'une baleine grise. Elle domine. Elle est fascinante... Les hommes de l'*Alcyone*, ce n'est pas un secret, révèrent les léviathans de l'onde. Ils sont émus de contempler celui-ci, dans ce coin perdu du désert de Basse-Californie... « La mer est partout », énonce simplement Jean-Michel Cousteau; et chacun d'acquiescer.

Les chasses des Indiens sans nom

Les anciens Indiens de la péninsule constituent une énigme. D'où venaient-ils? Comment vivaient-ils? Quelle langue parlaient-ils? Pourquoi ont-ils disparu, pourquoi leur civilisation s'est-elle éteinte?... Autant de mystères. Assis sur un rocher qu'un figuier embrasse, juste au-dessous la baleine rouge de la grotte Gardner, Jean-Michel Cousteau engage sur ce sujet le dialogue avec l'archéologue Enrique Hambleton.

« Depuis combien de temps connaît-on l'existence de ces cavernes peintes? demande Jean-Michel Cousteau.

— Le premier archéologue qui voyagea dans la contrée et qui les décrivit scientifiquement fut le Français Diguet, en 1895. Il baptisa notamment la grotte Palmarito (la « grotte du Palmier »), qui fut malheureusement dégradée ensuite par des vandales. D'autres spécialistes se sont succédé ici depuis une quarantaine d'années. Ils ont effectué les relevés des peintures de la grotte Gardner, mais aussi de la grotte Flechas (la « grotte des Flèches »), qui se trouve à peu de distance de l'endroit où nous sommes, et qui a été nommée de la sorte parce qu'on y voit trois silhouettes humaines percées de flèches. Ils ont étudié les fresques de la grotte du Pajaro Negro (« de l'Aigle Noir »). Etc.

— On sent, poursuit Jean-Michel Cousteau, que ceux qui exécutèrent ces œuvres étaient des intimes de la mer. Or, nous nous trouvons au milieu de la péninsule. Comment expliquez-vous cette bizarrerie?

— Je n'explique rien du tout, répond Enrique Hambleton. La seule chose que je puisse formuler, ce sont des conjectures. Je suppose que ceux qui peignirent ces poissons, cette baleine, constituaient un peuple de chasseurs-pêcheurs-cueilleurs semi-nomades. Ils effectuaient des migrations annuelles circulaires, cherchant leur nourriture tantôt sur la côte de l'océan Pacifique, tantôt dans le désert, tantôt sur le rivage de la mer de Cortez. Lorsqu'ils venaient ici, ils apportaient de la viande de poisson boucanée. A la bonne saison, ils pouvaient cueillir dans les environs des fruits de cactus, déterrer des racines ou récolter des graines. Et ils mangeaient sûrement du gibier à poil, à plume... ou à écailles!

— Bon, dit Jean-Michel Cousteau: mais pourquoi ont-ils éprouvé le besoin de peindre ces animaux sur les parois des grottes?

— D'abord, les artistes indiens ne se sont pas limités aux animaux et aux hommes. Dans une des cavernes de la Grande Aire Rupestre figure une sorte de grosse étoile: on a émis l'hypothèse qu'il s'agirait de la fameuse supernova de 1054, dont les Chinois ont consigné sur leurs rouleaux la date d'apparition. Mais il est exact que les thèmes zoologiques dominent. Peut-être les Indiens pensaient-ils, comme beaucoup d'artistes primitifs, qu'en s'appropriant l'image des bêtes qu'ils chassaient, ou qui les impressionnaient par leur masse (comme les baleines), ils les dominaient magiquement...

— Croyez-vous qu'ils avaient, d'une certaine manière, des préoccupations que nous appellerions « écologiques »?

— Pas au sens moderne du mot, bien sûr... Mais je suis persuadé qu'ils appréciaient intuitivement très bien leur place au sein du système général des vivants. En raison même de leur intimité avec la nature et de la précarité de leur survie dans cette contrée au climat difficile, ils possédaient une vision très fine des liens qui unissent l'ensemble des organismes sur cette Terre.

— Cela se sent dans leurs œuvres, dit Jean-Michel Cousteau. Mais a-t-on une idée de l'époque à laquelle ces peintures furent exécutées?

— Question difficile! s'exclame Enrique Hambleton. Elles sont vieilles de plusieurs siècles. La représentation de la supernova de 1054 — si c'est bien de cette étoile qu'il s'agit — fournit une indication. On a, évidemment, tenté d'effectuer des datations au radiocarbone. L'une d'entre elles indique, pour des artefacts trouvés dans une grotte de la région, l'année 1435, plus ou moins quatre-vingts ans. Mais les tests ne sont pas probants. L'archéologue américain Massey écrivait, en 1949, que cet art rupestre peut être rattaché à la culture Comundu. Celle-ci serait une branche de la civilisation primitive de la Basse-Californie, qu'on désigne (comme le langage qu'elle employait) sous le nom convenu de « Yuman péninsulaire ». On peut imaginer que la culture Comundu a commencé de se développer autour de l'an mil, et qu'elle s'est éteinte entre 1500 et 1600. Les conquistadores espagnols ont touché les côtes de la Basse-Californie à cette époque (Ulloa en 1539; Cabrillo en 1542; Vizcaino en 1602): on peut se demander s'ils n'ont pas eu des contacts avec ces Indiens, et s'ils ne leur ont pas transmis l'une des maladies infectieuses (rougeole, scarlatine, grippe, etc.) qui ont anéanti tant de tribus du Nouveau Monde... Mais cela n'est qu'une supposition. Il est avéré, en revanche, que lorsque les missionnaires espagnols sont arrivés ici, vers 1700, ils n'ont trouvé aucun peintre. Les Indiens Cochimi qu'ils ont rencontrés étaient peut-être les descendants de ceux qui avaient exécuté les œuvres que nous contemplons; mais ce n'étaient pas les artistes.

— Ainsi, dit Jean-Michel Cousteau, la quasi-totalité de cette civilisation a disparu à jamais...

— Oui! conclut Enrique Hambleton. A l'exception de quelques objets. Et de ces centaines de fresques admirables... »

Qui furent les peintres de la baleine rouge du désert de Basse-Californie — ceux qu'on continue souvent de désigner (faute de mieux) sous le nom enviable de « Peintres », et qui furent peut-être aussi les premiers humains à fouler les rivages de la mer de Cortez?

L'archéologue déclare honnêtement qu'il n'a pas la réponse.

Chapitre 7

LES JARDINS DU DÉSERT

Le soleil est descendu sur son orbe, mais l'air est toujours aussi chaud. Pas un nuage. Pas de vent. Deux vautours volent en cercles au-dessus d'une colline hérissée de cactus. Jean-Michel Cousteau et ses compagnons reviennent de la grotte de la baleine rouge. Ils font confiance à leurs mules. Et pourquoi contrarieraient-ils des animaux qui savent où ils vont?

À mesure qu'ils cheminent, ils se sentent plus proches du désert. Ils apprennent à l'aimer. Ils ont l'impression de le comprendre. Oh! ils sont loin d'être devenus ses intimes, comme l'étaient les Indiens, qui en connaissaient chaque colline, chaque cactus, on serait tenté de dire: chaque serpent à sonnettes. Mais ils l'écoutent palpiter. Ils s'extasient devant les spectacles qu'il offre. Ils voudraient identifier chaque plante et chaque animal.

L'idée la plus répandue, parmi les hommes, est qu'un désert n'est bon à rien; que rien n'y pousse en dehors de rares buissons d'épines; et que les animaux s'y réduisent à quelques scorpions et à quelques serpents venimeux. Quelle erreur!

Les espèces botaniques, notamment celles du désert central de la péninsule (le désert de Vizcaino, en bordure duquel cheminent les équipiers Cousteau), sont admirables. Elles ont acquis, au cours des âges, une organisation interne et externe originales, une anatomie et une physiologie particulières, qui leur permettent de résister à la sécheresse.

Les plus typiques, les plus étonnantes, les mieux adaptées, sont les cactus. Les plantes de la famille des cactacées se reconnaissent à leurs rameaux épais, élargis, gonflés, protégés par un épiderme recouvert d'une couche imperméable (cuticule) dure, cireuse, qui ne permet pas à l'eau de s'évaporer. Le liquide vital est puisé dans le sol grâce à un réseau complexe de racines et de radicelles disposées juste sous la surface; la moindre goutte de pluie est exploitée.

L'eau recueillie est mise en réserve dans les tissus internes des rameaux, qu'on dit « succulents » — non pas parce qu'ils sont bons à manger, mais parce qu'ils sont riches en sucs. Les feuilles se sont transformées en épines. Elles poussent sur des sortes de plaques laineuses et verruqueuses qu'on appelle aréoles, mamelons ou coussinets. Ces piquants, plus ou moins longs et rigides, portent le nom scientifique de glochides. Leur fonction principale est défensive: ce sont d'efficaces barbelés qui protègent le végétal contre les herbivores. Chez certaines espèces, ils dépassent cinq ou six centimètres de longueur, et peuvent percer les pneus d'une voiture. Chez d'autres, ils sont fins comme des cheveux, mais s'insinuent sous la peau comme des échardes.

Le cactus-cardère, ou cardon, *est un cousin du cactus-cierge des décors de westerns. Il est encore plus grand (jusqu'à dix-huit mètres de hauteur). Avec ses rameaux en obélisques, il ressemble à quelque monument sacrificiel élevé par une civilisation disparue. (Ph. F. Gohier.)*

*Richard Murphy, le biologiste-photographe de l'équipe de l'*Alcyone, *a utilisé son déclencheur à retardement pour s'immortaliser sur la pellicule, en train d'examiner les rameaux d'un cactus-tuyaux d'orgue, ou pitahaya. (Ph. R. Murphy/ Fondation Cousteau.)*

Les cactus, à une exception près (d'ailleurs contestée), sont originaires d'Amérique. Ils croissent naturellement du sud du Canada jusqu'au Chili. On en compte environ mille cinq cents espèces. En Basse-Californie, il en pousse plus de cent vingt, dont cinquante ne se rencontrent que là (ce sont des endémiques). Leur taille varie de celle d'un bouton de culotte à celle d'un arbre.

Un cactus de dix tonnes

Le roi de ces végétaux, qu'il est impossible de ne pas remarquer sur les collines caillouteuses de la Basse-Californie, et qui fascine les hommes de l'équipe Cousteau, est le cactus géant ou cactus-cardère – le *cardon* des Mexicains, scientifiquement *Pachycereus pringlei.* C'est un proche cousin du cactus-cierge, ou candélabre, ou *saguaro* (*Cereus giganteus*) de l'Arizona et du Nouveau-Mexique, dont la silhouette donne leur couleur locale à tant de décors de westerns...

C'est un monstre. Son tronc peut mesurer un mètre cinquante de diamètre à la base. Sa hauteur dépasse quinze mètres (le record est de dix-huit). Il vit deux cent cinquante ans. Sa masse atteint dix tonnes, et elle peut doubler en une nuit: il suffit pour cela qu'il pleuve. Le cactus pompe l'eau qui arrive au sol grâce à son extraordinaire réseau de racines superficielles. Ses tissus se gorgent de liquide. Son épiderme souple lui permet de se gonfler comme une outre.

Chaque printemps, le cactus cardère fait paraître, au sommet de ses colonnes, des fleurs d'un blanc rosâtre, délicatement parfumées, qui ne s'ouvrent que la nuit. La pollinisation est l'œuvre des insectes, du vent, des oiseaux amateurs de nectar et d'une espèce de chauve-souris. Une fois la fécondation faite, les ovaires s'arrondissent, deviennent charnus, se transforment en fruits pulpeux, d'abord dorés, puis rougeâtres et violacés.

Si le cactus cardère est le souverain du désert, d'autres cactacées se proposent à la curiosité de Jean-Michel Cousteau et de ses amis. Voici, sur une pente, un infranchissable peuplement d'oponces, ou *chollas* (*Opuntia*): Jules César n'a pas imaginé plus terrible champ de pointes en assiégeant Alésia! Ces végétaux aux rameaux aplatis en raquettes ont été acclimatés dans toutes les régions chaudes de la Terre: le figuier de Barbarie (*Opuntia ficus-indica*) est le représentant le plus connu du genre. A droite, un groupe d'échinocactus élève au-dessus du sol de formidables massues moyenâgeuses hérissées de clous. A gauche, un cactus *senita*, ou *garambullo* (*Lophocereus schottii*), étale ses branches régulières comme celles d'un chandelier juif; le sommet de ses rameaux est couvert d'une sorte de laine blanche, qui justifie ses noms vulgaires de « tête de vieillard » ou de « vieil homme du désert ».

Plus loin, voici un groupe de pitahayas doux, hauts de plus de quatre mètres; les tiges obliques et serrées de cette espèce expliquent son surnom de cactus-tuyaux d'orgue. Dans un autre endroit poussent des pitahayas amers, ou pitahayas agrias (*Machaerocereus gummosus*), aux rameaux désordonnés, qu'on baptise aussi cactus galopants, et dont le jus toxique est employé par les pêcheurs de la côte pour paralyser les poissons.

Plus d'une fois, les équipiers de l'*Alcyone* doivent enjamber des cactus porte-couteaux. Ahurissants végétaux!... Ils sont armés, dirait-on, de centaines et de centaines de lames affûtées et acérées. Ils rampent sur le sol et franchissent tous les obstacles, à la manière de lents mais inexorables serpents. Leurs tiges atteignent dix centimètres de longueur. Elles s'ancrent de loin en loin dans la terre en émettant des racines adjacentes. Au bout d'un certain temps, les parties anciennes se dessèchent, et les rameaux vivants se séparent de la plante mère. Le cactus porte-couteaux grandit lentement (d'environ deux à trois centimètres par an); mais il n'y a pas de limite théorique à son extension...

Jean-Michel Cousteau et ses compagnons marchent sans se plaindre. Parfois, l'un d'entre eux trébuche. David Brown, un instant inattentif, glisse et pose la main sur un rameau de fouquière, ou *ocotillo* (*Fouquieria splendens*). C'est un des buissons les mieux bardés d'épines de toute la contrée — de toute la Terre!... Nous ne transcrirons pas le juron qui retentit. Il corne encore aux oreilles des coyotes. Mais David Brown est un voyageur curieux: tout en suçant la blessure de sa main, il examine son bourreau. Les rameaux de la fouquière, d'un bizarre gris clair, ont l'air de ronces sèches; ils sont bien vivants... Lorsqu'on les casse, ils pleurent un lait blanchâtre. Ce suc épais nourrit de nombreux insectes. C'est en particulier la plante favorite du monarque (*Danaus plexippus*). Ce grand papillon d'or et de velours brun-noir passe l'été au nord des États-Unis et au Canada, et l'hiver au Mexique. Jean-Michel Cousteau songe avec amusement (et grand respect pour les choses de nature) que les monarques qu'il a observés à la pointe Pelée, sur les bords du lac Erié, au cours de la mission de la *Calypso* sur le Saint-Laurent et les Grands Lacs, étaient peut-être venus se nourrir ici en hiver... Ce genre de réflexions rendent l'homme modeste.

L'arbre loup-garou

La fouquière — l'*ocotillo* — fait partie de la petite famille des fouquiéracées, qui a été créée en l'honneur du botaniste français Fouquier, et qui ne compte que sept espèces propres aux déserts du sud-ouest des États-Unis et du Mexique. Ces végétaux possèdent de longs piquants disposés en spirales sur les tiges. Ils ne se couvrent de feuilles que lorsqu'il pleut (quelques jours par an).

La plus fantastique des fouquiéracées fascine les hommes de l'équipe Cousteau. C'est une géante, une sorte de monstre. On l'appelle *cirio* (« cierge », en espagnol), ou arbre loup-garou (pour les scientifiques: *Idria columnaris*). L'un des premiers botanistes qui la décrivirent la trouva tellement étrange qu'il la surnomma « boujeum » (ou « boojum »), d'après l'appellation de l'animal bizarre et tordu que Lewis Carroll imagina dans *La Chasse au Snark*.

Les agaves, comme l'agave de Shaw (ci-dessus, à gauche), possèdent une rosette basale de grosses feuilles épineuses, au centre de laquelle naît une haute et solide hampe florale. La plante meurt après avoir mûri ses graines. (Ph. F. Gohier.)

Le cactus-baril (ci-dessus, à droite) est l'un des plus étranges du désert de Basse-Californie. Comme chez les autres cactacées, ses rameaux épaissis mettent de l'eau en réserve, et ses feuilles sont transformées en épines. (Ph. F. Gohier.)

L'arbre loup-garou est grand (jusqu'à vingt-trois mètres). Et si surprenant... Il possède un tronc épineux qui peut atteindre soixante-dix centimètres de diamètre à la base, mais qui semble malingre et qui grimpe vers le ciel en s'effilant, de telle sorte qu'on l'a comparé à une racine de carotte qui pousserait la pointe en l'air.

Très souvent, ce végétal renonce à continuer de croître vers le haut. Il se replie en formant au hasard des demi-cercles, des boucles, des vrilles, des hélices, des points d'interrogation... Lorsqu'il a été blessé, le cirio réagit en se partageant. Il se divise. Il acquiert des bras qui se contorsionnent dans toutes les directions. Il a l'air de sortir d'un conte fantastique : on se demande où sont les lutins et les sorcières.

Dans le désert, beaucoup de plantes ne survivent que parce qu'elles se tassent sur elles-mêmes, afin d'offrir la plus petite surface possible aux rayons du soleil — c'est-à-dire de limiter leurs pertes d'eau par transpiration. Le cirio se moque de cette loi biologique. Il grandit comme il veut, parce qu'il possède une écorce de la consistance du papier et un épiderme cireux d'une telle épaisseur (et si imperméable) qu'il conserve son humidité interne quelque élevée que soit la température. Il vit en quasi-léthargie durant la plus grande partie de l'année, mais sitôt que la pluie tombe, il se réveille. Ses courts rameaux se couvrent de feuilles minuscules. Il nourrit en quelques jours un bouquet de fleurs jaune pâle, perchées au sommet de son tronc effilé. Lorsque la fécondation est accomplie, et que les graines ont mûri, les feuilles se détachent et le végétal se rendort jusqu'à la prochaine ondée... Pendant son sommeil, l'arbre loup-garou rêve-t-il de la pluie ?

Voici le végétal le plus étonnant de ces contrées : l'arbre loup-garou, ou cirio, *ou* boujeum. *C'est une fouquiéracée, comme l'ocotillo. Doté d'une écorce imperméable, il vit en léthargie pendant la plus grande partie de l'année. Lorsque la pluie tombe, il se réveille, se couvre de feuilles et fleurit... (Ph. F. Gohier.)*

Jean-Michel Cousteau et ses compagnons contournent plusieurs fois des étendues peuplées d'agaves. Il existe quantité d'espèces de ces végétaux, que les Mexicains désignent sous le nom générique de mescal. La plus répandue est l'agave américain (*Agave americana*). La Basse-Californie en héberge vingt-trois sortes, dont la plus curieuse est l'agave de Shaw (*Agave shawii*).

En arrivant au Nouveau Monde, Christophe Colomb fut intrigué par ces plantes, qui sont essentiellement constituées par une énorme rosette basale de feuilles charnues, parfois longues de deux mètres et épaisses de plus de quinze centimètres, pointues, protégées par une peau dure et armées de redoutables épines sur les côtés. Ces « artichauts » géants croissent au ras du sol pendant des lustres sans fleurir.

Au bout d'une quinzaine d'années (et non pas d'un siècle, comme on l'a longtemps cru), on voit paraître, au milieu de la rosette, une manière de mât de cocagne, une hampe raide qui atteint sept à dix mètres de hauteur, et sur le haut de laquelle s'étalent des rameaux latéraux où s'épanouissent des centaines de fleurs. Celles-ci comportent une corolle verdâtre ou rosâtre et six étamines saillantes. Elles sont divinement parfumées. Elles élaborent des fruits et des graines, puis la plante meurt, épuisée par cet unique don de la vie.

Les yuccas, comme les agaves, font partie de la famille des agavacées. Dans le désert de Basse-Californie, les plus beaux yuccas qu'on rencontre sont le yucca mojave (*Yucca schidigera*) ; le yucca à feuilles d'aloès (*Yucca aloifolia*) ; le yucca à petites feuilles (*Yucca brevifolia*), dans lequel les

Mormons de l'Utah ont cru reconnaître l'« arbre de Josué »; le yucca de Whipple (*Yucca whipplei*), ou cierge de Notre-Seigneur (en anglais: *Our Lord's Candle*); et le yucca-pied d'éléphant (*Yucca elephantipes*), qui est un phénomène.

Les hommes de l'*Alcyone*, toujours marchant et suant avec leurs mules, ont l'occasion d'en observer un peuplement dans un canyon. L'espèce atteint huit mètres de hauteur. Elle possède un tronc dont la base renflée se divise en gros « orteils » (d'où le sobriquet de « pied d'éléphant »). Comme les autres yuccas, elle fait paraître des fleurs odorantes (dont le parfum rappelle celui du fenouil), groupées en énormes inflorescences.

Chaque corolle, en forme de clochette, cache six étamines et un ovaire à six loges. Le mode de pollinisation mérite d'être décrit. Il nécessite une authentique symbiose. Les fleurs sont visitées par un petit papillon de nuit, une noctuelle blanche (*Tegetigula alba*). La femelle de l'insecte possède, derrière les mâchoires, un appendice spécialisé à l'aide duquel elle fabrique une boule de pollen. Munie de ce chargement, elle vole sur une autre fleur. Elle en perce l'ovaire. Elle dépose en même temps dans le gynécée la boule de pollen et ses propres œufs. Le pollen féconde les ovules. Au même moment, les larves éclosent. Les chenilles grandissent dans le fruit en se nourrissant de graines, mais elles ne mangent que la moitié des semences, de sorte que tout le monde est content: le papillon permet la reproduction de la plante, qui rend possible celle de l'insecte. Singulière collaboration!

L'arbre-éléphant

Beaucoup de végétaux du désert de Basse-Californie, quoique moins imposants que le cactus-cardère, le cirio ou le yucca-pied d'éléphant, ont un mode de vie ou des caractéristiques dignes d'être rapportés. Jean-Michel Cousteau et ses amis ne les connaissent pas tous. Ils en identifient quelques-uns. Les plus spectaculaires sont des buissons de trois à quatre mètres de hauteur (parfois davantage), dont le diamètre total peut atteindre dix à douze mètres, et dont les branches se tordent en tous sens, comme les serpents monstrueux qui, d'après la légende grecque, vinrent étouffer Laocoon et ses fils. On nomme ces végétaux arbres-éléphants, parce qu'ils ont la « peau » rude, et surtout parce que leurs branches ressemblent à des trompes de pachydermes. Ils appartiennent à trois genres botaniques différents: *Jatropha*, *Bursera* et *Pachycormus*.

Les jatrophas sont des arbrisseaux que les Mexicains appellent aussi *matacoras* ou *lombois*. Ils ont des tiges charnues et une écorce fort épaisse. On les classe dans la famille des euphorbiacées. Ils ne se couvrent de feuilles qu'à la saison des pluies. Comme les autres euphorbes, ils sécrètent un lait irritant, toxique pour la plupart des herbivores.

Les burseras, localement baptisées *torote*, entrent dans la famille des burséracées, comme les arbres à encens. Ils ont de petites fleurs crème, très discrètes. L'espèce la plus commune est *Bursera microphylla*.

La modestie des fleurs n'est pas le caractère dominant des pachycormus (*Pachycormus discolor*). Vulgairement nommés *colpaquín* (et aussi *torote*, comme les burseras), ces derniers se couvrent au printemps d'une incroyable masse de corolles d'un rose éclatant, lumineux, corallien. Ils font partie de la famille des anacardiacées, comme les sumacs (*Rhus*), les pistachiers et les manguiers. On ne les trouve qu'en Basse-Californie.

Ils possèdent, comme la plupart des plantes du désert, des tiges succulentes. Leur tronc court, d'un diamètre qui atteint soixante centimètres, donne naissance à des fouillis de branches contournées (éléphantrompesques!), qui s'achèvent par des enchevêtrements de brindilles. Ils ont une écorce blanchâtre ou jaunâtre, qui se desquame en larges plaques.

L'arbre-éléphant, au tronc gonflé d'eau et aux rameaux en forme de... trompes d'éléphants, appartient à la famille des anacardiacées. Il pleure un suc rouge sang lorsqu'on le blesse. Après la pluie, il se couvre pendant quelques jours d'un nuage de corolles rose vif. (Ph. F. Gohier.)

Lorsqu'ils sont blessés, ils « saignent » — ils pleurent un lait orangé, rose ou rouge vif qui ajoute à leur extravagance. Ils vivent en quasi-léthargie pendant la longue période sèche. Mais après les ondées, ils se couvrent de feuilles d'un vert vif, qui se dépêchent d'assurer la photosynthèse. La foliaison est immédiatement suivie de cette floraison rose qui enchante le désert. L'arbre-éléphant ressemble alors à quelque improbable bouquet, d'une luminosité inégalable; ou (la comparaison a été faite) au buisson ardent de la Bible...

Quand on aime la botanique, on est heureux partout. Les hommes de l'*Alcyone* vérifient cet adage. On se réjouit en observant les plantes; mais on n'est pas vraiment malheureux en faisant de la zoologie ! Les animaux du désert sont aussi fascinants que les végétaux qu'ils dévorent (directement, ou par herbivores interposés). Au cours de leur marche dans le désert, les équipiers de l'*Alcyone* rencontrent quantité d'espèces zoologiques. Parmi les insectes, ils observent criquets et sauterelles, phasmes en forme de brindilles, colonies de pucerons, punaises masquées, charançons à long rostre, coccinelles voraces et mouches tenaces...

Les myriapodes, ou mille-pattes, sont représentés dans la contrée par plusieurs genres de géophiles et de scutigères. Mais les géants de cette classe d'arthropodes sont d'énormes scolopendres de quinze à vingt centimètres de longueur.

Parmi les arachnides, les scorpions ne sont pas rares. On les débusque facilement en soulevant les cailloux sous lesquels ils cherchent de l'ombre: ils brandissent l'aiguillon venimeux de leur queue avec une conviction qui dissuade l'agresseur... Le plus impressionnant représentant local du groupe est le scorpion poilu, ou scorpion géant du désert (*Hadrurus arizonensis*): il dépasse douze centimètres de longueur.

Le désert de Basse-Californie héberge diverses espèces d'araignées. Les plus redoutables appartiennent au groupe des veuves noires et au genre *Latrodectus*. Mais celles-ci sont rares. Jean-Paul Cornu n'en a observé qu'une seule durant toute l'expédition terrestre de l'équipe Cousteau dans la région. C'était près du robinet d'un bassin d'eau, dans un ranch...

« J'ai parfaitement identifié celle qui passe pour la plus impitoyable des tueuses, raconte Jean-Paul: elle se tenait près de la surface liquide, au milieu de sa toile délicate. J'ai admiré la finesse de ses huit pattes et la beauté de son corps noir, dont l'abdomen ovoïde est orné d'un dessin rouge en forme de sablier. (Symbole du temps qui fuit! La nature a eu l'humour de

Le scorpion poilu, ou scorpion géant du désert, est armé d'un aiguillon caudal acéré, qui injecte un venin actif. L'animal n'est pas agressif; mais il peut se réfugier dans le sac de couchage de l'explorateur, et piquer par réflexe, en se sentant coincé. (Ph. F. Gohier.)

l'inscrire sur le corps d'une espèce à la piqûre mortelle...) L'araignée n'espérait qu'une mouche. Elle n'a pas bougé quand j'ai bu, le nez à quelques centimètres de ses fatals chélicères... »

Aussi bizarre que cela paraisse, on rencontre aussi des batraciens dans le désert. On en trouve dans les oasis et près des ruisseaux vifs: les rainettes de Californie sont communes. Mais certaines espèces se tiennent loin des points d'eau. Des crapauds passent la quasi-totalité de leur existence sous la terre. Ils vivent au ralenti, en léthargie, dans un état d'immobilité qui ressemble à la mort. Lorsque la pluie tombe, ils se réveillent.

Les serpents aiment le désert. C'est un biotope qui leur convient. Ils y vivent nombreux. La plupart d'entre eux sont inoffensifs. Les crotales — serpents à sonnettes — sont les plus redoutables du lot, avec les serpents-corail, ou serpents-arlequins (*Micrurus fulvius*)... Ces derniers appartiennent à la famille des colubridés. Ce sont des cousins des cobras et des mambas. Ils ont une petite tête et le corps fin et délié. Ils sont de taille modeste (rares sont les sujets qui atteignent un mètre de longueur). Mais leurs crochets inoculent l'un des poisons les plus actifs qu'on connaisse.

Les serpents-corail sont beaux: ils sont annelés de noir, de rose vif et de jaune pâle. Ils se nourrissent de rongeurs, de lézards et d'autres serpents.

Les lézards aiment les lieux secs et chauds. Le désert est leur royaume. On en trouve de nombreuses espèces en Basse-Californie, notamment ce lézard à collerette du genre Crotaphytus, *qui chasse les insectes et les scorpions — et redoute les rapaces. (Ph. F. Gohier.)*

Ils chassent au crépuscule ou la nuit. Ils infligent rarement des morsures à des hommes, parce qu'ils sont timides et fuient devant notre espèce. Certaines couleuvres inoffensives (*Anilius scytale*) ont évolué en acquérant des teintes et des anneaux très semblables à ceux des serpents-corail venimeux: cette imitation — ce mimétisme — les protège efficacement contre les prédateurs.

Les lézards chassent les insectes, les scorpions, les petites proies. Certains d'entre eux sont de belle taille, comme le chuckwalla tacheté, aux superbes couleurs ocre, jaune et bleu, qui dépasse soixante centimètres de longueur. Le lézard cornu de San Diego (*Phrynosoma coronatum blainvillei*) et le lézard à collerette (*Crotaphytus collaris*) ont l'air de monstres de l'ère Secondaire — en réduction. Mais le plus étonnant saurien de la contrée reste le monstre de Gila, ou héloderme, ou lézard perlé (*Heloderma suspectum*): ce reptile puissant, trapu, long de 60 centimètres, possède une peau brune, rose et grise, hérissée de petites écailles hémisphériques d'apparence granuleuse. Il habite l'ensemble des déserts nord-américains, depuis l'Arizona jusqu'au Mexique. C'est le seul lézard venimeux du monde: il siffle quand il est en colère, et sa salive blanche dégouline spectaculairement de sa bouche. C'est cette bave qui est toxique.

Certains lézards paraissent encore plus étranges. Ils n'ont que deux pattes minuscules à l'avant; leurs membres postérieurs ont disparu. Ils ressemblent à des vers: d'ailleurs, on les appelle vulgairement lézards-vers. Ils vivent dans des galeries du sol. Pour les herpétologues, ce sont les amphisbènes (l'espèce locale est *Amphisbena fuliginosa*). Ils ont été baptisés de la sorte en référence à un monstre de la mythologie grecque qui, disait-on, avançait tantôt la tête la première et tantôt la queue en avant (amphisbène signifie « qui va dans les deux sens »).

Le coureur de route et les rats-kangourous

Les oiseaux sont rares dans le désert. Ils sont communs dans les montagnes, notamment dans la sierra de San Pedro Martír et dans celle de Juarez, où la pluie tombe davantage. Là volent des oiseaux moqueurs (*Mimus polyglottus*), parfaits imitateurs de tous les bruits; des colibris (oiseau mouche calliope *Stellula calliope*; oiseau mouche de Clémence *Lampornis clemenciae*); des pigeons sauvages; et même des canards.

Dans le désert même, on n'aperçoit guère de passereaux: le roselin familier (*Carpodacus mexicanus*) s'y risque. Le colin de Gambel (*Lophortix gambeli*) est un gallinacé terrestre au plumage gris-brun tacheté, très mimétique. Le pic d'Arizona (*Colaptes chrysoides*) cherche des larves dans les troncs. On voit planer dans les airs des vautours du Nouveau Monde, comme l'urubu (*Coragyps atratus*) et le vautour aura (*Cathartes aura*); d'autres rapaces tournent dans le ciel net, comme le caracara (*Polyborus cheriway*), le faucon des prairies (*Falco mexicanus*), la buse de Harris (*Parabuteo unicinctus*), la buse à queue rouge (*Buteo jamaicensis*) ou, à proximité des rivages marins, l'aigle (ou balbuzard) pêcheur (*Pandion haliaetus*).

L'un des oiseaux les plus remarquables de la contrée est le coureur de route, ou coucou terrestre de Californie (*Geococcyx californianus*). Cet animal, à peu près incapable de voler, dépasse vingt-cinq kilomètres par heure sur ses deux pieds. Il se nourrit surtout de reptiles, qu'il attrape au sprint. C'est lui qui — sous le nom de Bip Bip — donne tant de fil à retordre à certain coyote affamé, dans certain dessin animé...

La Basse-Californie n'héberge pas moins de vingt-huit espèces endémiques de mammifères — auxquelles il faut ajouter celles qu'on trouve aussi ailleurs au Mexique ou aux États-Unis, et celles que l'homme a introduites. Les écureuils arboricoles ou terrestres, ainsi que leurs cousins les tamias, sont communs. Il existe dans l'île Espiritú Santo, au sortir de la baie de La Paz, en pleine mer de Cortez, un lièvre étonnant, sorte de curiosité biologique dont la couleur constitue un défi à la logique du camouflage : dans un environnement gris et ocre de désert, l'animal a acquis un pelage d'un noir luisant, avec un ventre et des bouts d'oreilles rouge cannelle; il se voit comme le nez au milieu de la figure.

Les grands herbivores sont représentés, dans la péninsule de Basse-Californie, par les mouflons de montagne, ou *bighorns* (*Ovis canadensis*), autrefois nombreux, mais qui ont été chassés d'impitoyable manière; et par les cerfs wapitis (*Cervus canadensis*) — ceux-là même que les « Peintres » ont dessinés dans leurs grottes.

Parmi les carnivores, les plus admirables, les plus rapides, les plus puissants, sont le coyote (*Canis latrans*), aux allures furtives, et qui est réellement aussi rusé qu'on le dit; le lynx rouge (*Felis rufa*) à la fourrure d'or et d'orange vif; et le majestueux puma (*Felis concolor*).

Mais s'il fallait décerner la palme de l'originalité à des mammifères de la contrée, elle irait à ces minuscules végétariens qu'on appelle rats-kangourous. Il en existe cinq espèces endémiques dans les déserts de Basse-Californie. Ces animaux de la taille des souris sont des rongeurs ; ils appartiennent au sous-ordre des écureuils (sciuromorphes). On les classe dans la famille des hétéromyidés, et on les répartit en deux genres: *Dipodomys* et *Microdipodops*.

On les affuble du sobriquet de « kangourous » parce qu'ils possèdent de longues pattes postérieures en Z sur lesquelles ils bondissent un peu à la façon des marsupiaux dans les plaines d'Australie. Leurs membres antérieurs sont presque atrophiés: ils les cachent la plupart du temps dans les poils de leur poitrine. Les rats-kangourous passent leur vie sans boire. L'eau de leurs aliments leur suffit. Ils rejettent une urine ultra-concentrée. Ils creusent des terriers profonds. Ils estivent lorsque la chaleur devient intenable.

« Les modalités de l'adaptation des espèces à la sécheresse sont fascinantes, songe Jean-Michel Cousteau. Quand on regarde vivre les rats-kangourous, les crapauds fouisseurs, les arbres-éléphants, les arbres loups-garous, les cactus, bref toutes ces créatures prodigieuses du désert de Basse-Californie, on est stupéfait par l'infinie variété des ruses de l'évolution.

« Et on est d'autant plus frappé par le fait que l'homme, lui, n'économise rien... Il gaspille l'eau. Il gaspille l'air.
Il s'approprie. On rêve que notre espèce arrogante et destructrice change de style, et qu'elle adopte enfin la philosophie du cactus-cardère et du rat-kangourou. »

Le coyote se raréfie, lui aussi, dans les immensités de l'Ouest américain, victime de la chasse, des appâts empoisonnés, de l'expansion humaine, de la concurrence des chiens errants. Il reste commun dans le désert de Basse-Californie. (Ph. F. Gohier.)

Chapitre 8

LES STARS DE CALIFORNIE

L'*Alcyone* promène de nouveau son élégance à la surface de la mer de Cortez. Elle a quitté le port de Santa Rosalia, où l'équipe de terre, au retour de son expédition à la grotte de la baleine rouge, a passé quelques jours avec elle. Elle cingle vers le nord-nord-ouest. Elle passe la baie Santa Ana, la baie San Carlos, le cap San Michel. Elle approche de la pointe San Francisquito. Une sterne élégante se repose sur la turbovoile de devant, un goéland de Heermann sur le cylindre de derrière. Les oiseaux aiment les symboles.

Afin d'explorer la région médiane de la mer de Cortez — l'endroit où le golfe est le plus resserré, où on dirait qu'il a la taille prise dans un corset —, le bateau des Cousteau met le cap à l'est, en direction de l'île de San Pedro Martír. Ici — entre vingt-huit degrés cinq minutes et vingt-neuf degrés cinq minutes de latitude nord —, le golfe de Californie est étroit : à peine cent kilomètres d'une rive à l'autre. Il est encombré d'îles de toutes les dimensions, et parcouru par des courants de marées d'une puissance peu commune.

Navigation. Chaleur. Concentrations de zooplancton rose en surface... L'*Alcyone* est en vue du rocher de San Pedro Martír. Saint-Pierre Martyr... Assommé par les rayons d'un soleil fou...

San Pedro Martír

L'île culmine à trois cents mètres. Elle est hérissée de cactus. Comme on l'imagine, le désert n'y est qu'apparent; il grouille de vie: les oiseaux de mer y nichent en troupes. Ils exploitent la richesse des eaux alentour. Outre les sternes, les goélands et les cormorans, on trouve ici des fous bruns, ou fous à ventre blanc (*Sula leucogaster*): c'est le lieu le plus septentrional qu'ils fréquentent. Ces superbes volatiles au bec en sabre, au dos couleur de chocolat et au ventre de lait, constituent sur la côte occidentale du Mexique une sous-espèce particulière; ils se distinguent de leurs congénères des Caraïbes et de l'océan Pacifique tropical par leur tête grise (et non pas brune), leur bec bleu pâle (au lieu de crème), leur face bleue (et non rougeâtre) et leurs pattes vertes (alors qu'elles sont jaunes chez le « type »). Fantaisies des gènes...

San Pedro Martír constitue la « Grande Station centrale » de migration des poissons de Cortez. Ceux-ci, lorsqu'ils voyagent vers le nord ou vers le sud, suivent en effet deux fosses longitudinales profondes de sept cents mètres environ, qui convergent à proximité de l'île. A certaines époques de l'année (variables selon les espèces), ils s'y concentrent. Le phénomène est connu des pêcheurs, qui prennent ici requins, marlins, thons, bonites, sérioles, barracudas et coryphènes.

Cette jeune otarie (ou lion de mer) de Californie ne craint pas de plonger à la verticale devant l'objectif du photographe. L'espèce, joueuse, intelligente, peu craintive, a été chassée pour sa fourrure — et capturée pour servir d'attraction dans les cirques. (Ph. D. Noirot.)

Jean-Michel Cousteau organise une courte plongée dans les cavernes sous-marines de la pointe ouest de cette terre.

« Nous descendons dans une eau d'un bleu minéral, raconte Jean-Michel Cousteau. Les roches volcaniques prennent, dans la lumière diffuse, des teintes irréelles. Les roux, les bruns et les jaunes disparaissent, "mangés" par l'épaisseur aquatique. Restent les verts et les bleus violacés — dont on dirait qu'ils s'organisent en vastes tentures de théâtre.

« J'admire au passage, sur les parois immergées, des fouillis d'algues rouges ou brunes, des plantations de gorgones, des tapis de bryozoaires fins comme des dentelles. J'aperçois des assemblées de vers spirographes et de sabelles aux tentacules blancs, roses ou rouge vif déployés comme des ombrelles; des congrès d'escargots marins aux coquilles contournées; des réunions de nudibranches sur des buissons de gorgones...

Le poisson-ange et le poisson-chèvre

« Et des poissons, bien sûr... Des dizaines de poissons... Un aquarium de poissons, tous plus colorés, bizarres, baroques les uns que les autres... Un poisson-ballon (*Diodon holocanthus*) que rien n'inquiète, et qui garde ses épines soigneusement rabattues sur son corps. Un poisson-coffre-pintade (*Ostracion meleagris*), parallélépipède rectangle osseux, noir à pois blancs, qui se propulse en ramant avec ses pectorales (c'est une femelle: les mâles sont bleus à taches jaunes). Au moins deux espèces de balistes, ou arbalétriers, avec leur gros bec gourmand: le baliste à flancs oranges (*Sufflamen verres*) et le baliste à museau camus (*Pseudobalistes naufragium*). Un poisson-lézard (*Synodus sp.*) tout en longueur, et décoré d'écailles rouge vif, roses et blanches. Un poisson-perroquet bleu (*Scarus ghobban*), avec ses grosses dents. Des girelles-arc-en-ciel (*Thalassoma lucasanum*) peintes de toutes les couleurs... Une vieille mexicaine (*Bodianus diplotaenia*), au corps mauve et rose deux fois strié de brun dans le sens de la longueur, et à la queue jaune paille. Un poisson-faucon géant (*Cirrhitus rivulatus*), en tenue de camouflage, d'un beau bleu vert, avec des macules bleu sombre et vert véronèse. Des poissons-demoiselles à rayures d'argent (*Chromis alta*). Des sergents-majors de Panama (*Abdudefduf troschelii*). Un beaubrummel (*Eupomacentrus flavilatus*), violet vif sur le dessus et jaune d'or sur les flancs et le ventre. Un poisson-ange de Cortez (*Pomacanthus zonipectus*) adulte, gris-bleu, avec des points bruns et des arcs de cercles transversaux jaunes et noirs...

« Sur un fond de sable, je surprends un poisson-guitare à bandes (*Zapteryx exasperata*): ce cousin des raies — de la famille des rhinobatidés — a réellement la forme que suggère son nom: c'est une guitare vivante de plus d'un mètre, qui s'enfuit dans un nuage de sédiments lorsque j'approche. A quelque distance, je distingue sur un lit de gravier une torpille, ou raie électrique (*Narcine entemedor*). Dans des rochers, à ma droite, une murène verte de Panama (*Echidna zebra*) sort la tête de son trou. Un poisson-œil-de-verre (*Priacanthus cruentatus*), ainsi nommé à cause de ses gros organes de la vue, promène sa silhouette d'argent et de vermillon dans une grotte. Voici encore un mérou-graysby de Panama (*Epinephelus panamensis*), brun et vert clair, et émaillé de blanc; une troupe de lutjans jaunes (*Lutjanus argentiventris*), d'un superbe bleu pâle lavé de jaune paille sur le dos et les nageoires; des grogneurs à rayures grises (*Haemulon sexfasciatum*); un beau poisson-chèvre mexicain (*Mulloidichthys dentatus*)... »

L'enchantement de la plongée prend fin. Jean-Michel Cousteau et ses compagnons regagnent le zodiac. Ils sont subjugués par la variété, l'originalité, la munificence des fonds qu'ils ont visités. Une incursion subaquatique de cette qualité paie des semaines d'efforts.

Le capitaine Jean-Paul Charpentier lance les moteurs pour se dégager des rochers de San Pedro Martír, vers lesquels les courants poussent dangereusement l'*Alcyone*. Il profite ensuite de la brise établie pour marcher de nouveau à la turbovoile.

L'archipel épars qui constitue la « ceinture » du golfe de Californie témoigne du passé géologique agité de la région. Il est composé, d'ouest en est, par les petites îles San Lorenzo et Esteban, et par la vaste terre Tiburón. Il est complété, au nord-ouest, par une série de cailloux nommés Salsipuedes, Raza et Partida, qui mènent à la grande île Angel de la Guarda.

L'île San Lorenzo a la forme d'une lame de couteau et culmine à quatre cent vingt mètres d'altitude: pics et laves, cactus et nuées d'oiseaux de mer; sur les rochers côtiers et sur les plages, des lions de mer... L'île San Esteban possède un contour grossièrement carré, et son plus haut sommet atteint cinq cent quarante mètres: caillasse volcanique, cris des goélands et des sternes; sur les rivages, d'autres otaries... Tout à l'est, touchant presque la côte continentale mexicaine, s'étend la grande île Tiburón (l'île « Requin »), où vivaient de nombreux Indiens Seri; elle culmine à sept cent soixante mètres; c'est un résumé du proche désert de Sonora, avec ses cactus et ses chèvres.

Entre les îles San Lorenzo et Angel de la Guarda, la mer se hérisse de ces îlots dont le nom suffit à décrire l'aridité et la désolation: l'île Salsipuedes (« Sauve-qui-peut »), l'île Raza, ou Rasa (« Rase »), l'île Partida (« Coupée »)... La vaste terre Angel de la Guarda, séparée de la péninsule de Basse-Californie (et notamment de la baie de Los Angeles) par le canal de Las Ballenas (« des Baleines »), possède une épine dorsale montagneuse qui dépasse neuf cent soixante mètres d'altitude.

Les marsouins du Golfe

L'air est chaud malgré la brise. Sur l'*Alcyone*, les hommes transpirent. Il est des après-midi où l'étoile Soleil semble vouloir, par des excès d'infrarouges, se débarrasser des créatures dont elle entretient normalement l'existence... A l'avant du bateau, Louis Prézelin et Richard Murphy jouent les vigies. Ils voudraient voir des otaries en pleine mer. Ils s'immobilisent soudain. Ils ont aperçu à bâbord une succession de zébrures éphémères sur la surface des vagues. Presque rien: ils pourraient croire qu'ils ont rêvé... Quelque chose comme ces trajectoires que dessinent les particules élémentaires dans les chambres à bulles des physiciens... Louis Prézelin et Richard Murphy crient qu'on mette le cap sur la chose.

Le marsouin du Golfe est une espèce devenue rarissime, qui ne vit que dans la mer de Cortez. On ne sait presque rien de son comportement social: aucun humain n'a jamais vu de couple en cours de parade, ou de femelle en train de mettre bas. (Dessin: G. Paccalet.)

Une féérie de nudibranches — ou limaces de mer — du golfe de Californie... Ces mollusques gastéropodes n'ont pas de coquille; leur biologie est complexe; ils ont perdu leurs branchies « normales », et respirent grâce à des branchies secondaires situées sur leur dos...

En haut, un doridien de la famille des chromodorididés et du genre Chromodoris. *En bas, un arminacé de la famille des dironidés et du genre* Dirona.

Certains nudibranches peuvent garder vivantes dans leurs tissus des algues unicellulaires vertes qui les nourrissent, ou « voler » à des coelentérés (anémones de mer, gorgones, etc.) leurs cellules venimeuses (cnidoblastes), afin de s'en servir pour se défendre.

En haut, un doridien de la famille des polycéridés et du genre Polycera. *En bas, à gauche, un doridien de la famille des chromodorididés et du genre* Chromodoris. *En bas, à droite, un aéolidien de la famille des flabellinidés et du genre* Flabellinopsis.

L'équipe est sur le pont en une minute. On empoigne les jumelles. On se crève les yeux à tenter de percer la surface étincelante... On comprend. Ces sillons sur la mer sont produits par le déplacement d'animaux de bonne taille... Ce ne sont pas des otaries: les pinnipèdes ne nagent pas de la sorte. Ce sont des marsouins!

Dominique Sumian crie: « Zodiac! » L'embarcation est à l'eau. Masques, tubas et palmes. Les plongeurs sautent dans le canot pneumatique. Michel Deloire et Louis Prézelin tiennent les caméras sous-marines; il sont accompagnés par Don Santee, Marc Blessington et Jérôme Julienne. Le zodiac fonce. Il rattrape la troupe de mammifères marins. Cinq ou six de ces animaux nagent de conserve.

A quelle espèce appartiennent-ils? Ce pourraient être des marsouins communs (*Phocoena phocoena*). Ces cétacés peuplent toutes les mers. Aristote les connaissait; il savait qu'ils respirent dans l'air et que leurs femelles allaitent leurs petits. Mais non...

Ce pourraient être des marsouins de Dall, ou marsouins souffleurs (*Phocoenoides dalli*). Cette espèce vit dans le Pacifique Nord. Elle est reconnaissable à sa livrée pie: noire sur la tête, le cou, le dos, les battoirs pectoraux et la queue; blanche sur le ventre... Non plus...

Les plongeurs de l'*Alcyone* constatent avec joie que les marsouins qu'ils rejoignent appartiennent à une troisième espèce — la plus rare, la plus secrète, la plus menacée du genre. Ce sont des marsouins du Golfe (*Phocoena sinus*), que les Anglo-Saxons baptisent *gulf porpoises* et les Mexicains *vaquitas* (« petites vaches ») ou *duende* (ce qui signifie à peu près « possédés » ou « esprits »; apparemment que les Mexicains ont été très frappés par la rapidité quasi immatérielle — fantomatique — de ces nageurs).

« Nous nous laissons tomber à l'eau près d'eux, raconte Michel Deloire. Ils nagent lentement sous la surface, et ne semblent pour le moment pas trop se soucier de nous. S'il leur prenait la fantaisie de s'enfuir — en marsouinant en surface, selon l'habitude de leur genre —, il ne leur faudrait que quelques secondes pour nous semer.

« Je me demande à quoi ils sont occupés. Cherchent-ils à circonscrire un banc de poissons ou de calmars?... J'ai déclenché ma caméra en me mettant à l'eau. J'espère un instant avoir la chance de les filmer en chasse. Mais patatras!... A peine ai-je le temps de me réjouir de leur patience qu'ils décident de nous fausser compagnie. Deux coups de reins, deux ondulations du corps, quelques bulles, et pfuit!... Il ne reste plus devant mon objectif que l'épaisseur de l'eau bleue! »

Le marsouin du Golfe est un endémique de la mer de Cortez: il ne vit que là. Il se tient plus volontiers dans la partie septentrionale du bassin. Il devient rare. Les pêcheurs mexicains le prenaient dans leurs filets, avec des thons ou d'autres grands poissons. Ils l'ont massacré — bêtement, par ignorance, parce qu'ils le trouvaient gênant ou voyaient en lui un concurrent sur les bancs de pêche. Beaucoup de ces cétacés sont morts et meurent encore empêtrés dans les filets des thoniers, des crevettiers, des chalutiers. Les marsouins du Golfe sont en outre, depuis que le tourisme se développe, victimes des hélices des bateaux, en particulier de celles des hors-bords. Ajoutons à cela qu'ils sont dérangés dans leurs aires de reproduction par les plaisanciers... Leurs effectifs s'effondrent. Il n'en reste que quelques centaines.

Le marsouin du Golfe est le plus petit de son genre. Il mesure en moyenne un mètre trente-cinq de longueur (au maximum: un mètre cinquante), pour un poids de trente-cinq kilogrammes (au maximum: cinquante-cinq). Les nouveau-nés font une soixantaine de centimètres et pèsent cinq kilogrammes. L'espèce ressemble beaucoup au marsouin commun. Elle a une petite tête ronde sans bec et un museau gentiment retroussé vers le haut. Ses battoirs pectoraux sont larges, et son aileron dorsal en forme de faux. Sa peau est d'un gris moyen avec des reflets bruns sur le dessus du crâne, ainsi que sur le dos, la face supérieure des nageoires et la queue (certains jeunes sont marron). Le menton, la poitrine et le ventre restent blancs.

L'animal fréquente les eaux peu profondes, où il excelle à nager; il est capable de franchir en rampant des hauts fonds où l'eau ne lui arrive qu'à mi-ventre (mais certains sujets s'échouent durant la manœuvre). Il mange des mollusques (calmars, seiches...), des crustacés et des poissons de toutes sortes.

Le destin des tortues de mer

A peine les marsouins disparus, les hommes de l'*Alcyone* aperçoivent une tortue de mer — disons, sa tête et son cou. Elle nage en surface. Elle est venue prendre sa respiration. La scène dure trente secondes: le reptile élève au-dessus de l'eau sa caboche monstrueuse, écailleuse, préhistorique.

C'est une tortue carette, ou caret, ou caouanne (*Caretta caretta*), que les Anglo-Saxons appellent *loggerhead* et les Mexicains *perica* ou *javelina*. Les Indiens Seri en connaissaient deux populations dans la mer de Cortez. L'animal, cosmopolite, se rencontre dans l'ensemble des mers tempérées et chaudes de la planète. Les spécimens du golfe de Californie appartiennent à la sous-espèce du Pacifique (*Caretta caretta gigas*), la plus grande. La carette possède une dossière (carapace dorsale) ambrée, rehaussée de brun-rouge, qui peut atteindre un mètre quarante de longueur.

Quatre autres espèces de chéloniens hantent (ou bien régulièrement, ou bien à l'occasion) les eaux de la mer de Cortez.

La tortue à écaille, ou tortue imbriquée, ou tortue tuilée (*Eretmochelys imbricata*), y est représentée par sa sous-espèce du Pacifique (*E. i. squamata*). Elle est appelée *hawksbill* par les Anglo-Saxons, et *tortuga carey* par les Mexicains. Comme son nom l'indique, et contrairement à ses cousines, elle a les écailles dorsales imbriquées et non juxtaposées. Sa dossière dépasse rarement quatre-vingt dix centimètres de longueur.

La tortue olivâtre, ou tortue bâtarde, ou tortue de Ridley (*Lepidochelys olivacea*), nommée *Ridley* ou *olive Ridley* par les Anglophones et *golfina* par les Hispanophones, est la plus petite: elle atteint au maximum soixante-quinze centimètres de longueur. Elle a la carapace large et courte, taillée en losange, de couleur gris foncé, avec des reflets verdâtres ou olivâtres (d'où son nom). Elle se reproduisait en grand nombre, et pond encore sur les plages de la moitié sud de la mer de Cortez.

La tortue verte du Pacifique oriental, ou tortue d'Agassiz (*Chelonia mydas agassizi*), dont certains auteurs font une espèce à part entière (*Chelonia agassizi*), possède sur le dos des écailles brunes ou verdâtres, souvent marbrées de jaune. Sa carapace dépasse un mètre (parfois un mètre quarante). Du côté Pacifique de l'Amérique du Nord, elle ne niche plus que sur deux plages mexicaines, à Colola et dans la baie de Maruata. A certaines époques de l'année, une partie de la troupe migre en mer de Cortez. Les tortues remontent jusque dans les bouches du rio Colorado. Elles se nourrissent non seulement d'invertébrés planctoniques (méduses, salpes, etc.), comme leurs cousines, mais aussi d'herbes marines, surtout de zostères (*Zostera marina*) et de ruppions (*Ruppia marina*) — et d'algues (ulves, fucus, etc.).

La bizarre et monstrueuse tortue-luth, ou tortue-cuir (*Dermochelys coriacea*), peut dépasser deux mètres; son envergure antérieure atteint deux mètres cinquante; son poids excède la demi-tonne. Elle ne peut être confondue avec aucune autre espèce: chez elle, la carapace typique des chéloniens se trouve remplacée par une peau épaisse, coriace, dans laquelle sont noyées de petites plaques osseuses en mosaïques. La dossière est marquée par cinq arêtes longitudinales, qui rappellent (si l'on veut) les cordes d'un luth... C'est une nageuse puissante, l'une de ces vagabondes infatigables qui sillonnent les océans. On la voit occasionnellement dans le golfe de Californie, où les Indiens Seri de l'île Tiburón lui rendaient un culte.

En mer de Cortez comme ailleurs, les tortues ont été chassées pour leur chair très fine et très goûteuse (tortue verte, tortue olivâtre); pour leur chair — pas très bonne — et leur graisse (tortue carette, tortue-luth); ou pour leur écaille (tortue imbriquée). Les effectifs de toutes les espèces se sont effondrés; d'autant que des générations d'hommes ont parcouru les plages où elles pondent, afin de piller leurs nids.

Désormais, toutes les tortues marines sont menacées; toutes pourraient disparaître... On continue de les tuer pour confectionner la célèbre soupe (dans laquelle on n'utilise que le plastron des victimes: ô gaspillage!). On n'a pas cessé de récolter leurs œufs, et on fabrique encore des objets de demi-luxe avec leur écaille. D'autres dangers s'accumulent sur leur tête. Ces reptiles sont menacés par les pollutions et les saccages. Nombreuses sont les tortues qui meurent d'occlusion intestinale après avoir ingéré des sacs de plastique, qu'elles confondent avec des méduses ou des salpes. Nombreuses sont celles qui finissent noyées dans les filets de pêche...

*Confiantes, les otaries de Californie s'approchent de l'*Alcyone. *Elles paraissent s'amuser, et posent devant l'objectif. Ce sont des stars — les stars de Californie!... Leur trop grande familiarité avec l'homme leur a valu bien des malheurs. (Ph. F. Gohier.)*

Les heures passent. Chaleur accablante. Enfin, à l'horizon, comme un mirage, se profilent les collines grises, brunes et jaunes, infiniment pelées, de l'île San Lorenzo. L'*Alcyone* pique dessus. Le capitaine Jean-Paul Charpentier vise une anse de sable, entre deux promontoires de roche volcanique rougeâtre. Au milieu de la baie, il commande la manœuvre de mouillage.

L'*Alcyone* n'ira pas plus loin, parce que sur le rivage, l'œil marin de Bertrand Sion a aperçu des animaux. Ce sont des otaries — des lions de mer. Depuis longtemps, les équipiers Cousteau voulaient rencontrer ces pinnipèdes. Voilà l'occasion. On en oublie l'heure du repas.

Les rôles sont distribués. La tactique est simple: les plongeurs partent de l'*Alcyone* à la nage, vers la côte. Le zodiac suit à distance. Jean-Michel Cousteau mène la troupe. Il est assisté de Michel Deloire et de Louis Prézelin (à la caméra); de Bertrand Sion; de Marc Blessington; et de Don Santee... En avant pour un petit trois cents mètres nage libre!

« C'est gros un avantage, raconte Jean-Michel Cousteau, que d'arriver sur une troupe d'animaux amphibies par la mer. Les mêmes espèces, lorsqu'on les surprend par la terre, se réfugient rapidement dans l'eau, puis disparaissent en plongée vers le large. En l'occurrence, les lions de mer sont partagés entre deux réactions: l'inquiétude (car certains dangers viennent aussi pour eux de l'eau: pensons aux requins et aux orques-épaulards); et la curiosité bienveillante — la complicité des sujets de Poséidon, en quelque sorte...

*Les plongeurs de l'équipe Cousteau, charmés par les lions de mer, se mettent discrètement à l'eau. Ils veulent les approcher dans leur élément. Insoucieuses, les otaries continuent de s'ébattre à proximité de l'*Alcyone. *(Ph. A.-M. Cousteau/ Fondation Cousteau.)*

« Les pinnipèdes comprennent vite que nous ne sommes ni des grands requins blancs ni des orques noir et blanc à sinistres dents coniques. Ils nous laissent venir. Nous venons donc...

« Nous ne sommes plus qu'à une soixantaine de mètres d'eux, lorsque trois mâles se détachent de la troupe. Ils nagent vers nous. Ils nagent? Ils foncent!... Qu'est-ce que cela signifie? Des sujets de cette dimension peuvent se montrer dangereux. Les otaries sont si vives, si souples, si fortes, dans le royaume de l'océan... Elles sont munies de dents de carnivores si solides, si aiguisées... Les mâchoires d'un lion de mer valent celle d'un chien-loup... Après tout, les trois mâles se figurent peut-être que nous voulons déranger la troupe, blesser ou voler leurs petits, que sais-je?... Séduire leurs femelles!

« Nous ne sommes que de modestes nageurs de l'espèce humaine, et nos dents d'omnivores sont faibles (quand elles ne sont pas plombées ou fausses; sans oublier que nous avons dans la bouche un embout respiratoire)... Déjà, les lions de mer sont sur nous... Amis? Ennemis?... Au dernier moment, ils freinent leur course en se cabrant, les deux battoirs tendus vers l'avant, comme des oiseaux de proie prêts à se poser. Ils s'arrêtent à trois mètres de nos masques.

« On a banalisé — c'est-à-dire déprécié — l'expression de "merveilles de la nature"; elle s'applique à ces amphibies... J'admire leur corps fuselé: une véritable torpille, mais biologique; dotée d'une phénoménale souplesse... Je détaille leur tête au museau pointu et aux minuscules oreilles rondes (la présence des oreilles externes caractérise les otaries, qui constituent la famille des otariidés dans l'ordre des pinnipèdes, et tirent précisément leur nom de ce caractère anatomique: en grec, *ôtarion* signifie "petite oreille"). Je considère leur cou flexible; leurs bras et leurs mains élargis en battoirs expressifs ; leur pelage d'un précieux brun roux, mordoré, plus pâle sur le ventre, et qui prend d'étranges nuances de cuivre ou d'améthyste dans l'eau claire; leurs pattes postérieures aux extrémités aplaties, qui contribuent à la propulsion dans l'eau, mais qui servent également lorsque ces animaux se déplacent sur la côte.

« Les trois mâles nous considèrent de leur œil rond et noir, légèrement exorbité, dans lequel il nous semble maintenant déceler davantage de curiosité que de colère ou de crainte. Ils savent que nous ne sommes ni des orques, ni des requins, ni d'autres lions de mer. Pour qui nous prennent-ils? Ont-ils déjà vu des hommes en habit de plongée?

« Impossible de savoir ce qu'une otarie a dans le crâne. Impossible, même, de dire si elle pense quelque chose... Les lions de mer qui sont venus à notre rencontre nous observent pendant une minute.

« Brusquement, sans que rien le laisse prévoir, pfuit!... Ils disparaissent... En quelques ondulations du corps, et en moins d'une seconde, les trois mâles se sont fondus dans la masse aquatique... La vitesse à laquelle les créatures marines s'évanouissent dans leur environnement me surprendra toujours. Pour notre espèce, ces escamotages sont énervants. Humiliants... Il y a des années que je plonge et que je suis témoin de ces dissolutions incroyables: je ne m'y fais pas.

« Nous continuons d'avancer vers la colonie d'otaries. A présent que les trois pachas, les trois dominants, sont venus nous regarder sous le nez, les autres sujets de la bande semblent moins craintifs. Ils se tiennent à distance prudente, mais nous réussissons à les approcher de plus en plus près au fur et à mesure que nous progressons vers la côte. Une partie du troupeau a rejoint l'élément aquatique; l'autre se prélasse sur le sable et les rochers du rivage. Un jeune, âgé de quelques mois à peine, mais déjà tellement expert dans l'art de la nage, s'enhardit et vient frôler Michel Deloire, avant de s'éloigner de toute la vitesse dont il est capable. Deloire se laisse aller sur le dos, comme s'il se couchait dans le lit bleu de la mer. Le petit, intrigué par cette attitude d'abandon, revient vers le plongeur-cinéaste. Il en fait le tour. Il lui renifle les palmes, puis les mains — pourquoi pas le nez?... Mais oui: le nez!... Rien ne fait plus plaisir aux humains que d'obtenir la confiance d'un bébé d'animal sauvage.

« Le lionceau repart comme une fusée vers la côte: peut-être a-t-il entendu sa mère qui l'appelait... Mais d'autres otaries surgissent. Nous reconnaissons dans leurs rangs quelques mâles adultes, plusieurs subadultes et de nombreuses femelles avec leurs petits de l'année. Les pinnipèdes s'enhardissent. L'effet de curiosité joue. En cinq minutes, l'équipe de plongeurs de l'*Alcyone* se trouve environnée de ces animaux.

Dans leur royaume liquide, les otaries foncent, culbutent, remontent, tournent sur elles-mêmes, enchaînent les figures en gymnastes accomplies... Le spectacle vaut le déplacement. Aucun plongeur ne jurerait que toutes ces figures sont utiles... (Ph. D. Noirot.)

Une démonstration de nage synchronisée

« Des stars... Les stars de Californie: telles sont les otaries!... Belles. Fines. Flexibles. Vêtues de précieuse fourrure (cette peau au poil si doux que d'autres stars leur volaient, naguère, sans penser que leurs manteaux dégoulinaient de sang)... Elles ont un côté cabot qui me charme. Nous les filmons, bien entendu: et c'est plaisir de les regarder se prêter au tournage avec la grâce et les caprices des actrices de la grande Hollywood!

« Regardez-les s'ébattre autour de nous... Elles fusent, elles virevoltent, elles jaillissent, elles dansent dans l'épaisseur de l'eau. Elles se jettent le haut, vers le bas ou les côtés avec une impétuosité étonnante: mais chacun de leurs gestes dégage une impression de légèreté. Une fluidité merveilleuse... Je me surprends à penser que les otaries sont des concentrés de liquide; qu'elles sont nées de l'eau; et qu'elles en ont, d'une certaine façon, conservé les propriétés physiques... Elles exécutent une démonstration de nage synchronisée si parfaite qu'aucune équipe de nageuses olympiques n'en pourra jamais rêver... Elles montent, descendent, foncent sur nous et nous évitent au dernier instant. Elles vrillent. Elles arquent leur corps plus mobile et plus flexible que celui des poissons. Elles font des culbutes dans l'eau claire. Elles enchaînent les figures en gymnastes accomplies.

« Nous sommes subjugués, hypnotisés. Nous cessons quasiment d'avancer. C'est à peine si, de temps à autre, nous nous laissons aller, par mimétisme, à culbuter de plaisir dans l'eau. Vaine tentative d'imitation...

Page de droite: Désormais protégées contre les chasseurs, les otaries de Californie ne sont pas définitivement sauvées. Ces superbes et attachants pinnipèdes sont menacés par les filets des pêcheurs et par les saccages des touristes. (Ph. D. Noirot.)

En surface, le lion de mer adopte une attitude... alanguie. Couché sur le dos, il ne laisse dépasser que sa tête et ses pattes. (Ph. F. Gohier.)

Nous aimerions danser avec les otaries. Nous voudrions acquérir ne serait-ce qu'une fraction de leur substance aquatique... Nous rêvons de louvoyer, de serpenter, de pivoter, de basculer sous la surface avec ces exemples de grâce. Nous n'osons pas nous lancer: la comparaison nous rendrait ridicules. Nous craignons que nos évolutions lourdaudes et pataudes n'effraient les ballerines.

« La danse des otaries dure cinq ou six minutes: autant dire l'éternité. Le spectacle (ou ce que nous avons pris pour tel) n'était peut-être, pour les pinnipèdes, qu'un bref épisode de curiosité ordinaire à l'égard de visiteurs sous-marins — une rencontre sans signification particulière. Les lions de mer ne s'émerveillent pas de leurs propres performances en plongée.

« Tout de même: je ne jurerais pas que tous leurs gestes sont nécessaires, tous leurs mouvements utiles, toutes leurs contorsions indispensables... Je suis convaincu que ces animaux prennent plaisir à faire fonctionner leur organisme. On ne m'enlèvera pas de l'idée qu'ils jouissent de leurs pirouettes, du glissement de l'eau sur leur fourrure, des chatouillis des courants et des algues sur leurs flancs et leurs "moustaches" (vibrisses)... »

Le lion de mer de Californie a reçu le nom scientifique de *Zalophus californianus*. On en distingue trois sous-espèces: la plus commune, *Zalophus californianus californianus*, peuple les rivages pacifiques de l'Amé-

rique du Nord, depuis San Francisco jusqu'au sud du Mexique. De la sous-espèce des îles Galapagos (*Zalophus californianus wollebaecki*), il reste moins de vingt-cinq mille individus. La rarissime sous-espèce du Japon (*Zalophus californianus japonicus*), jadis répandue dans l'archipel nippon, ne subsiste plus qu'en quelques points de Honshu.

Le mâle adulte peut atteindre deux mètres de longueur et peser trois cent cinquante kilogrammes. La femelle mesure moins d'un mètre quatre-vingts et n'excède pas le quintal. Le nouveau-né fait environ quatre-vingts centimètres et pèse sept kilogrammes et demi.

L'otarie de Californie se nourrit surtout de mollusques céphalopodes (pieuvres, calmars et seiches), mais ne dédaigne pas les poissons. Elle fait à l'occasion d'excellents repas de coquillages (ormeaux, palourdes), de crustacés (crabes, langoustes), voire (si l'ordinaire vient à manquer) d'oiseaux de mer. Comme les autres pinnipèdes, elle se charge l'estomac de pierres: ces gastrolithes, comme on les appelle, servent (pense-t-on) à la fois à broyer les aliments durs et à lester les animaux au cours de leurs plongées.

L'otarie de Californie de la sous-espèce type effectue des migrations saisonnières: elle va vers le nord en été et vers le sud en hiver. On sait peu de chose des déplacements de l'otarie des Galapagos et de celle du Japon. Les femelles de *Z. c. californianus* et celles de *Z. c. japonicus* mettent bas en mai ou juin, et celles de *Z. c. wollebaecki* (en raison de leurs mœurs équatoriales) vers novembre ou décembre.

La polygamie est de règle, mais la structure sociale est moins rigide que chez les éléphants de mer. A la saison des amours, les femelles se groupent en harems d'une quarantaine de sujettes. Le mâle dominant — le pacha — patrouille autour de son territoire, qui comprend une plage et le morceau de mer adjacent. L'animal est irascible, colérique, agressif durant toute la période des mises bas et des accouplements. Les vraies bagarres sont exceptionnelles: la plupart du temps, il suffit qu'un mâle se dresse sur ses bras et hisse ses yeux au-dessus du niveau de ceux de son adversaire pour être considéré comme le vainqueur. Lorsque ce duel symbolique n'établit pas la hiérarchie, la violence se déchaîne. Le sang coule, mais le vaincu a la vie sauve: il lui suffit de s'éloigner; le triomphateur ne le poursuit pas. Quelquefois, les concurrents parviennent à une sorte d'entente. On a observé que plusieurs pachas pouvaient se partager les tâches de surveillance d'un harem — et les plaisirs de la transmission du patrimoine génétique.

Les accouplements ont lieu environ deux semaines après la naissance des petits conçus l'année précédente. Comme chez beaucoup de pinnipèdes, la fécondation des ovules par les spermatozoïdes produit un œuf qui ne s'implante pas immédiatement sur la muqueuse utérine; on dit que la nidification est différée. Celle-ci n'a lieu que trois mois plus tard, de manière que l'embryon (dont le temps de gestation réel est de neuf mois) arrive à maturité l'année suivante, juste avant la date des nouvelles amours de sa mère.

L'accouchement donne lieu à des scènes de souffrance et de tendresse qui ressemblent à celles que nous vivons nous-mêmes. Le nouveau-né sort du ventre maternel la tête la première, comme les mammifères terrestres — et non la queue d'abord, à la façon des cétacés (qui voient le jour dans l'eau). Sitôt qu'elle a mis bas, la femelle mange le placenta et les annexes, et lèche son petit. Cet acte est essentiel; il scelle un pacte d'affection et de reconnaissance mutuelles que rien ne peut dissoudre.

Le petit lion de mer tète un lait d'une richesse calorifique extrême: ce liquide nourricier ne comporte quasiment pas de sucres (lactose), mais contient trente-six pour cent de matières grasses et quatorze pour cent de protéines (surtout de la caséine). Il est également très riche en sels minéraux, notamment en sels de calcium. Il est à peu près aussi nutritif que le lait de baleine, c'est-à-dire dix fois plus que le lait de vache ou de femme.

Les jeunes vont à l'eau à l'âge d'une quinzaine de jours, d'abord avec d'infinies réticences. Leur mère les appelle, les encourage, les pousse vers la vague. Ils apprennent les rudiments de la nage en quelques minutes, et deviennent experts en cabrioles aquatiques en quelques semaines. Vers quatre mois, ils commencent de manger les poissons ou les calmars qu'ils réussissent à capturer. Ils perdent leurs dents de lait, et acquièrent leur incisives, leurs canines et leurs molaires d'adultes. Ils ne sont définitivement sevrés qu'à six mois. Les femelles peuvent concevoir à deux ans, mais la plupart d'entre elles ont leur premier bébé à quatre. Les mâles sont nubiles à trois ans, mais il leur faut beaucoup d'années pour devenir forts et participer avec une chance de succès aux combats pour les harems. Certains n'y parviennent jamais... L'espérance de vie de l'espèce est d'un quart de siècle.

Les lions de mer de Californie sont des animaux vifs, actifs, joueurs, folâtres. Ce n'est pas pour rien qu'ils ont servi (et servent encore, hélas!) dans les cirques, où leur sens de l'équilibre et leur adresse naturels, ajoutés à leur capacité d'apprendre des numéros compliqués, font la joie des spectateurs. Ceux-ci ignorent que les otaries captives sont malheureuses, même correctement traitées (ce qui n'est pas toujours le cas; on rapporte des récits désolants d'animaux nourris de déchets de viande ou d'os de poulet...).

L'espèce a surtout fait l'objet d'une chasse acharnée, abominable, entre le XVIIIe siècle et le début du XXe. On l'a traquée pour sa fourrure, qui reste estimée (on en trouve dans les magasins); et pour sa graisse (les baleiniers comptaient trois lions de mer pour une barrique d'huile). Plus récemment, des milliers de lions de mer ont été abattus par des braconniers pour leurs vibrisses et leurs glandes génitales, supposées aphrodisiaques et très prisées pour cette raison en Extrême-Orient.

A cause de ces massacres, les effectifs de l'espèce se sont effondrés. Il est difficile de savoir ce qu'ils étaient avant la tuerie: peut-être comptait-on plusieurs centaines de milliers de lions de mer entre le nord de la Californie américaine et le sud du Mexique. Des études menées par les biologistes (notamment par le Pr Burney J. Le Bœuf, de l'université de Californie) montrent qu'on peut estimer aujourd'hui à cent quarante cinq mille individus la population totale de l'espèce. Un peu plus de soixante-six mille lions (dont vingt-neuf mille immatures) habitent la côte Pacifique mexicaine. Un peu plus de vingt-trois mille otaries (dont sept mille jeunes) peuplent la mer de Cortez. Le reste, soit environ cinquante-cinq mille pinnipèdes, colonise les côtes de la Californie américaine. Depuis que la chasse est prohibée, les effectifs s'accroissent: dans certaines aires de reproduction, les biologistes ont observé une augmentation de trente-cinq pour cent des populations entre 1966 et 1980. Cependant, ces résultats encourageants ne doivent pas faire oublier que d'autres dangers planent sur les lions marins: la pollution, le saccage des côtes et des bancs de pêche, le développement incontrôlé du tourisme, bref l'invasion humaine...

Les vingt-trois mille otaries de la mer de Cortez sont surtout menacées par les filets des pêcheurs et par l'essor du tourisme. L'essentiel des troupeaux se concentre dans la partie médiane du golfe. Les rivages qui en accueillent le plus sont ceux de l'île San Esteban, de l'île Angel de la Guarda (notamment à Los Machos, Granito et Los Cantiles) et de l'île San Pedro Martír. La plupart des lions de mer de la partie septentrionale du golfe ont pour base l'île San Jorge. Il en existe d'autres colonies, mais pratiquement sans couples reproducteurs, sur l'île Salsipuedes, à Cabo Haro, à Roca Vela, sur l'île Patos, à Cabo Lobos, à Punta Lobos... Quelques sujets fréquentent Los Islotes, San Pedro Nolasco et Roca Blanca. Mais les otaries ont disparu de certains des meilleurs sites qu'elles occupaient jadis, comme l'île Coronado, l'île Tortuga, l'île Raza, Los Frailes ou Cabo San Lucas.

Chapitre 9

LES OISEAUX DU CIEL DE RAZA

Cap au nord: l'*Alcyone* s'avance de nouveau dans cette partie médiane de la mer de Cortez où les îles, les écueils, les détroits, les hauts fonds, les courants s'ingénient à compliquer la tâche du navigateur. Mais le capitaine Jean-Paul Charpentier a appris à dompter le pur-sang que lui ont confié les Cousteau.

L'*Alcyone* — ventilateurs des turbovoiles à plein régime — lutte avec vaillance contre un énorme courant de marée. Elle contourne l'îlot Salsipuedes — l'îlot « Sauve-qui-peut », le bien nommé. Le bateau n'est plus très loin, à présent, de ce caillou grouillant d'oiseaux criards qu'on appelle l'île Raza (ou Rasa). C'est le but de l'étape. Un paradis d'ailes, de becs et de pattes palmées. Un univers de nids et de plumes. Une folie aérienne. « Million d'oiseaux d'or... », comme disait le Rimbaud du *Bateau ivre*.

La blanche *Alcyone* se balance sur la vague comme la mouette dans le vent. Une école de dauphins la salue par tribord. Les cétacés folâtres luisent une seconde au soleil quand ils exposent leur dos gris-bleu pour souffler. Soudain, comme s'ils obéissaient au signe d'un chef de ballet, ils se mettent à bondir; ils giclent au-dessus de l'eau; ils retombent dans des éclaboussements: on croirait que l'esprit de la mer pétille en surface. Champagne pour tout le monde!... Puis les animaux serpentent négligemment dans les trois dimensions de leur royaume. Ils viennent vers l'*Alcyone*; ils la dépassent; ils se reprennent à sauter. Ils exécutent cent figures acrobatiques. Ils sont vifs comme le mercure. Ils sont gracieux. Insouciants. Innocents... Ils incarnent le pur plaisir d'exister. Le chaleureux résumé de la féconde agitation des mers tropicales...

Ce sont des dauphins à long bec (*Stenella longirostris*). Ils sont aussi sociables et grégaires que les dauphins communs. Aussi joueurs, aussi facétieux, aussi prestes, aussi fameux bondisseurs, aussi bons surfeurs... Ils mesurent environ deux mètres de longueur, et pèsent en moyenne (à l'âge adulte) soixante-quinze kilogrammes. Ils ont, comme leur nom l'indique, le rostre allongé et effilé. Ils se rapprochent, par ce trait physionomique, des oiseaux qu'ils semblent parfois vouloir rejoindre à l'étage aérien.

Sur le pont de l'*Alcyone*, Dominique Sumian, Michel Deloire, Bertrand Sion, Louis Prézelin, Jérôme Julienne et le chef mécanicien Jo Guillou tentent de les dénombrer. Ils en aperçoivent des dizaines. La bande paraît moins nombreuse que le formidable troupeau de dauphins communs qui a honoré les équipiers Cousteau à leur entrée dans le golfe de Californie. Mais comment en être sûr?

Les dauphins à long bec sont beaux. Spécialement beaux... Ils sont musclés. Ils ont la peau d'un bleu ardoise satiné très sombre. Leur vaste

L'aigle (ou balbuzard) pêcheur revient au nid apporter du poisson à ses aiglons. Lui aussi profite de la richesse biologique exceptionnelle de la mer de Cortez. L'espèce, répandue dans le monde, souffre du saccage des côtes et de la pollution. (Ph. F. Gohier.)

tache ventrale gris clair, souvent presque blanche, se prolonge sur leurs flancs jusqu'à leurs épaules et s'achève en pointe vers l'avant, parfois jusqu'à l'œil.

L'espèce est cosmopolite. Elle chasse les poissons qui vivent en bancs (harengs, sardines, anchois, maquereaux, saumons, etc.). Elle leur préfère probablement les seiches et les calmars.

Les dauphins à long bec ont la vie belle. Comme les autres cétacés, ils ne consacrent à la quête de leur nourriture qu'environ dix pour cent de leur temps. C'est peu: souvenons-nous que nous travaillons nous-mêmes pendant le tiers de notre existence. Ces mammifères ont conquis depuis des millions d'années le *Droit à la paresse* que revendiquait pour le prolétariat le socialiste Paul Lafargue — le gendre de Karl Marx...

Les plongeons des pélicans bruns

L'*Alcyone* est en vue de l'île Raza. Vingt-huit degrés quarante-neuf minutes de latitude nord. Cent douze degrés cinquante-neuf minutes de longitude ouest. Un caillou bas, plat, pelé comme la Lune, çà et là rehaussé de tumulus, avec sur son pourtour, au ras de la mer qui s'y brise, des falaises déchiquettées, des anses étroites, des éboulis, des pierriers et des rocs tordus aux formes étranges... Un fragment de désert de un kilomètre carré, au milieu de l'eau. Avec comme annexes deux petits lagons qui se remplissent à marée haute et qui se vident à marée basse. Un extraordinaire refuge pour tout ce qui a des plumes et qui vole...

Le capitaine Jean-Paul Charpentier dirige la manœuvre. Il lance les moteurs. Il a besoin de la précision des hélices pour s'approcher des cailloux qui affleurent. Il attend, pour ordonner qu'on jette l'ancre, d'être à deux doigts de toucher le fond avec la quille. L'*Alcyone* est un pur-sang: elle en a les réactions.

Jean-Michel Cousteau et Louis Prézelin choisissent de se faire déposer immédiatement à terre par le zodiac. Ils partent en reconnaissance. Ils escaladent les rochers littoraux, qui sont tapissés d'algues glissantes comme du savon noir, hérissés de balanes et de patelles, semés de bigorneaux, piquetés de chitons à la bizarre carapace segmentée, et surtout constellés de déjections d'oiseaux. Attention!... Guano frais!

Dans l'air, ce ne sont que piaillements, sifflements, cris rauques, appels criards, claquements d'ailes ou flips-flaps de plumes. En s'approchant de l'île, l'*Alcyone* avait inquiété les oiseaux, qui s'étaient tenus à distance. Mais à présent que le bateau des Cousteau reste immobile, les rois des airs se proclament chez eux dans le vent du rivage. Ils ne semblent pas particulièrement heureux d'accueillir les hommes. Ils le disent sans fioritures de langage.

Ils sont des centaines. Ils sont des milliers. Ils sont des essaims, des myriades, des nuées. Ils tournoient follement. Ils planent ou battent des ailes. Ils se croisent au millimètre; ils semblent parfois foncer les uns sur les autres, mais évitent au dernier moment la collision; ils exécutent d'incroyables ressources; ils se faufilent dans les couloirs aériens les plus biscornus, les plus étroits, les plus insensés. Certains vont vers la mer, d'autres en reviennent; beaucoup ne paraissent pas vraiment voler vers un but. Mouvement brownien...

« Là!... Là!..., s'exclame Louis Prézelin: des pélicans bruns!... »

Ils sont des centaines. Ils peuplent un petit promontoire de roche rousse et grise, où ils ont établi leurs nids. Certains s'y reposent, tandis que d'autres s'en éloignent pour aller pêcher, et que d'autres encore reviennent du boulot. Ils vivent leur lot quotidien, qui consiste à patrouiller au-dessus des vagues, à y plonger s'il y a du poisson, et à revenir à la côte régurgiter leurs prises dans le gosier de leurs oisillons braillards.

Le pélican brun, ou occidental, pêche en plongeant et avale le poisson (il ne le transporte pas dans la poche de son bec, comme on le croit parfois). Revenu au nid, il régurgite sa proie prédigérée, que ses oisillons vont chercher dans son gosier. (Ph. F. Gohier.)

Le pélican brun est un animal imposant, quoiqu'il incarne le plus petit représentant de la famille des pélécanidés. On l'appelle parfois pélican occidental, et c'est ainsi que les ornithologistes le nomment (*Pelecanus occidentalis*). Il atteint plus de un mètre de longueur (jusqu'à un mètre quarante), et son envergure dépasse deux mètres (jusqu'à deux mètres trente).

Il a l'allure lourde, empruntée, des membres de sa famille: il se dandine quand il marche. Mais il vole de façon admirable, et plonge mieux encore. C'est un casse-cou: il n'hésite pas à se jeter dans la mer d'une hauteur de plus de vingt mètres pour surprendre les bancs de poissons ou de crevettes. Il se laisse tomber comme une pierre, les ailes à demi-fermées. Il franchit la surface dans une gerbe de bulles d'argent. Il prolonge sa trajectoire en nageant sous l'eau pour s'emparer de ses proies.

L'animal a de courtes pattes aux grands doigts palmés; un cou flexible; et le fameux bec en sabre des pélicans — long et large, crochu à la pointe, et doté, sous la mandibule inférieure, d'une ample poche membraneuse. Comme son nom l'indique, l'oiseau est de couleur brune; son cou et sa tête sont plus clairs. En été, sa nuque et son col sont brun clair, alors qu'en hiver ils deviennent blanc jaunâtre. Le crâne reste blanc grisâtre. (La nuque est ornée d'une petite huppe.) Les ailes et la queue sont plus grises que brunes. Les parties de peau nue qui cernent les yeux et la base du bec sont bleuâtres. Le rostre est d'un gris tacheté, et la poche brun verdâtre ou rose. Les pattes sont grises. Les jeunes de l'espèce ont une livrée brunâtre sur le dos et blanche sur le ventre.

Le pélican brun caractérise les rivages tropicaux de l'Amérique. Il peuple les côtes de l'océan Atlantique depuis la Caroline du Nord jusqu'au Brésil; et celles de l'océan Pacifique depuis l'État de Washington jusqu'au Pérou, où il mêle ses populations à celles d'un proche cousin, le pélican du Chili, ou pélican thage (*Pelecanus thagus*), qui lui ressemble par la couleur et les manières, mais qui est beaucoup plus grand.

Les pélicans se posent peu de problèmes d'architecture lorsqu'ils construisent leurs logis. L'essentiel est de se garder des prédateurs. Pour le confort, le fini, le léché, le mignon, le côté « cosy », l'aspect « cousu bec », prière de s'adresser ailleurs... Une vague dépression de roche ou de terre, négligemment garnie de bouts de branches et de fragments d'herbes et d'algues: voilà le travail! Les poussins devront faire avec... C'est ce qu'on appelle une éducation à la spartiate.

Jean-Michel Cousteau et Louis Prézelin réussissent à se faufiler jusque derrière un rocher d'où ils bénéficient d'une vue imprenable sur plusieurs nids. Certains sont encore garnis d'œufs — quatre par appartement, d'un beau blanc rehaussé d'une touche de bleu pâle, avec en surface une couche de calcaire irrégulière striée et lamellée.

D'autres abritent des poussins. Attendrissantes boules de duvet gris-clair!... Chez les oisillons quels qu'ils soient, les deux organes essentiels de la survie sont le duvet, qui les camoufle, et le bec, par où ils font entrer de l'énergie dans leur organisme. Les pélicaneaux ne font pas exception à la règle. La plupart du temps, ils restent immobiles comme des pierres. Mais sitôt qu'un des parents revient de la pêche, ils se dressent sur leurs pattes tremblantes, et béent de toute l'amplitude de leur bec tendre, dont l'intérieur est jaune vif. L'adulte regarde ailleurs. Il se laisse solliciter passivement par les rostres juvéniles qui choquent le sien avec insistance. Puis il ouvre ses énormes mandibules: et le poussin qui a frappé avec le plus d'insistance à la porte du garde-manger plonge la tête dans le gosier béant.

L'infanticide chez les oiseaux

Les cinéastes Jean-Paul Cornu et Michel Deloire rejoignent Jean-Michel Cousteau et Louis Prézelin. Ils sont accompagnés par Raymond Amaddio, Yves Zlotnicka, Jérôme Julienne et Richard Murphy. Tous se mettent au travail. Mais comment filmer et photographier une colonie de pélicans bruns sans en perturber l'ordonnance? La solution est simple: il faut calculer le moindre geste au millimètre. Bouger le moins possible. Eviter de se trouver sur la trajectoire des parents qui reviennent de la pêche. Et surtout ne jamais approcher un nid de si près qu'un adulte soit contraint de quitter son poste, ou qu'un oisillon pris de panique s'enfuie.

Jean-Michel Cousteau exige que ces précautions soient observées. Les pélicans bruns pullulaient naguère. Ils sont partout en voie de raréfaction. Ils pâtissent du saccage des côtes et des activités des hommes — ces barbares qui s'approprient chaque espace disponible, ces envahisseurs sales et bruyants, ces ravageurs d'environnement... Ils subissent les conséquences de la surpêche: les bancs de poissons et de crustacés où leurs ancêtres banquetaient rapetissent ou disparaissent. Par ailleurs, chaque jour dans le monde, un nombre indéterminé de ces oiseaux trépassent, prisonniers des filets de pêche dans les mailles desquels ils se noient.

Les effets des pollutions sont connus: les marées noires sont fatales aux espèces plongeuses, qui s'engluent dans le pétrole et s'empoisonnent en voulant nettoyer leurs plumes souillées d'hydrocarbures. Les métaux lourds (mercure, plomb, chrome, cadmium...), les isotopes radioactifs (strontium 90, iode 131, césium 137...), les P.C.B. (polychlorobiphényles) se concentrent dans les tissus et y causent des lésions. Les insecticides (D.D.T., parathion, malathion...) rendent les coquilles des œufs fragiles, et les parents les cassent en couvant.

Tous ces dangers — saccage des côtes, surpêche, pollutions — existent en mer de Cortez. Ils n'y prennent pas toujours un caractère aigu. Ils sont localement préoccupants... Mais d'autres périls guettent ici les oiseaux. On veut parler de la chasse pour la plume et du ramassage des œufs.

Les aborigènes du golfe de Californie, notamment les Indiens Seri des bordures du désert de Sonora et de l'île Tiburón, capturaient ces animaux pour leurs plumes, et récoltaient leurs pontes au printemps. Ces prélèvements annuels demeuraient modestes. Mais les colons qui vinrent ensuite se livrèrent à des massacres insensés. A la saison des nids, ils arrivaient en canots, et ne repartaient que les embarcations remplies de sacs de plumes et de paniers d'œufs...

Les colonies de pélicans bruns de la mer de Cortez sont encore populeuses. Mais elles ont souffert des dénicheurs. Elles restent menacées par le tourisme, par la concurrence des pêcheurs et par l'accumulation des polluants dans les chaînes alimentaires. (Ph. F. Gohier.)

Un certain nombre de Mexicains continuent de « faire la plume » et de collecter les œufs au printemps. Mais dans la plupart des endroits, cette activité est devenue illicite ; elle est assimilée au braconnage. En effet, grâce à l'action d'hommes comme le Dr Bernardo Villa (directeur du Département de la Vie sauvage et professeur à l'Institut de Biologie de Mexico), ou comme le Dr Louis Wayne Walker (directeur du musée de Sonora, en Arizona), le gouvernement mexicain a pris conscience du problème. Il a fait un pas. Dans le *Diario Oficial* (« Journal officiel ») du 2 août 1978, le président Lopez Portillo signait une loi qui transformait en réserves pour la vie sauvage, notamment pour la faune ornithologique, quarante-sept îles et îlots de la mer de Cortez. L'île Raza, le caillou au « Million d'oiseaux d'or », constitue le haut lieu, la pièce centrale de cet archipel sauvegardé.

Une loi seule n'a jamais résolu un problème. Celle du 2 août 1978 protège un espace. Elle ne permet pas de corriger l'ensemble des facteurs qui concourent à la dégradation du milieu. De nouveaux périls viennent s'ajouter aux anciens. Outre la destruction mécanique des rivages, la surpêche et les pollutions, les oiseaux de Cortez subissent les effets néfastes d'un mal paradoxal : la mode de la nature.

Les fous à pieds bleus visitent les îles de la mer de Cortez, qui constituent la limite septentrionale de leur aire. Lors des parades nuptiales, les mâles se dandinent en exposant l'azur de leurs palmes leur principal argument de séduction. (Ph. F. Gohier.)

L'environnement sauvage manque aux citadins, qui sont prêts à payer cher pour en jouir de nouveau, fût-ce quelques jours par an. Hélas!... Même animés des meilleures intentions, les vacanciers causent des dégâts. Ils piétinent ce qu'ils ne connaissent pas. Ils détruisent par ignorance. En venant trop près des nids pour photographier le manège des adultes qui donnent la becquée, ou pour réussir la vidéo-cassette de l'envol des poussins, ils dérangent. On a vu des couvées abandonnées par leurs parents après qu'un contingent d'« amis de la nature » les eut « étudiées ». On a vu des bébés pélicans effrayés s'embrocher sur des épines de cactus. On a vu des couples de reproducteurs tellement affolés par les visiteurs qu'ils crevaient leurs œufs d'un coup de bec ou éventraient leur progéniture... L'infanticide existe chez les oiseaux, même lorsqu'ils ne sont pas effrayés; on en ignore les raisons; mais sa fréquence augmente de façon significative avec l'accroissement des perturbations.

Les pieds bleus des fous

Richard Murphy est pourvu d'un esprit des plus systématiques (on ne change pas un scientifique; l'université donne le pli; la curiosité naturelle tire dans le même sens). Il veut se faire une idée plus précise de la diversité des espèces ornithologiques qui fréquentent l'île Raza. Il a l'intention d'explorer le caillou en le parcourant en tous sens. Il convainc Michel Deloire et Jérôme Julienne de l'accompagner.

Le premier oiseau qu'il identifie, outre le pélican brun, est un puffin des Anglais (*Puffinus puffinus*), plus exactement un représentant de la sous-espèce locale *Puffinus puffinus opisthomelas*: le puffin opisthomèle. L'animal est long d'environ trente-cinq centimètres, pour une envergure de soixante-quinze. Il a les ailes aiguës et le dos d'un noir fuligineux. Il se distingue des autres puffins des Anglais par son duvet sous-alaire et sous-caudal non pas blanc, mais gris et brun. Il vole dans le Pacifique, au large de l'Amérique tropicale, mais ne niche que sur les rivages de la mer de Cortez.

Les jumelles aux yeux, Richard Murphy repère ensuite, sur les vagues, de petits groupes de pétrels nains (*Halocyptena microcosma*). Ce sont les Lilliputiens de la tribu des pétrels-tempêtes. Ils mesurent quinze centimètres de longueur. Ils ont la queue cunéiforme. En vol, ils papillonnent.

Le pétrel noir (*Loomelania melania*), dos de suie, ventre brun sombre et queue noire profondément fourchue, est lui aussi un endémique de la contrée. Il niche uniquement dans les îles de la Basse-Californie, mais va chercher sa nourriture jusque sur les côtes du Pérou.

Un autre pétrel hante le ciel pur de Raza: le cul-blanc (*Oceanodroma leucorhoa*). Il a le dessus noirâtre, le dessous brun fumée, la queue fendue et, sur le croupion, cette tache ovale blanche qui lui vaut son nom vulgaire.

Les hommes de l'*Alcyone* continuent de marcher sur la caillasse. Une épreuve pour les pieds; un régal pour les yeux — et pour l'esprit. L'île Raza est un rêve d'ornithologiste...

Ici vivent quelques-uns de ces oiseaux admirables qu'on appelle les fous à pieds bleus (*Sula nebouxii*). L'espèce compte parmi les plus curieuses et les plus séduisantes que l'évolution ait jamais fabriquées (et il y a le choix!). Elle peuple les rivages occidentaux de l'Amérique tropicale, depuis la Basse-Californie jusqu'au Pérou et à l'archipel des Galapagos.

Les fous à pieds bleus sont puissants: quatre-vingt dix centimètres de longueur et plus d'un mètre cinquante d'envergure. Ils ont la tête, le cou et le poitrail d'un superbe brun cannelle moucheté de blanc, et les ailes et la queue brunes. Les rectrices centrales sont blanches, ainsi que le ventre. Le bec est pigmenté d'un étonnant bleu-vert, et la peau nue de la face teintée d'un lumineux ardoise. Le plus bizarre, ce sont les pattes et les palmes:

Le cormoran à double aigrette (ou à double crête) est un oiseau rusé. Comme les autres cormorans, il possède un plumage qui n'est pas imperméable. C'est un avantage en plongée; mais lorsqu'il remonte, l'animal doit se sécher longuement au soleil. (Ph. F. Gohier.)

d'un azur parfait... Les Primitifs de la Renaissance italienne n'ont pas peint de bleu plus céleste.

L'animal se sert de ses membres postérieurs pour marcher et pour nager, bien sûr, mais pas seulement. Il en use au cours de ses parades nuptiales. Le mâle amoureux danse une sorte de lente bourrée pataude et attendrissante devant la belle qu'il veut séduire. Il lève alternativement les gambettes, en montrant avec insistance comme elles sont bien faites et bien peintes. Don Juan aux beaux pieds... Cette démonstration un rien fétichiste est indispensable pour que la dame accepte le reste des hommages, qui consistent en des présents de branchettes ou d'algues, et en de petits tapotements de bec. L'accouplement même est bref — le mâle sur le dos de sa dulcinée, et cloaque contre cloaque, comme à l'ordinaire chez les oiseaux.

Le nid, établi dans les buissons ou les rochers, est fait de branchettes, et intérieurement tapissé d'herbes et d'algues. La femelle y dépose deux œufs bleu clair (l'azur, toujours l'azur!), enveloppés d'une couche inégale et translucide de calcaire. L'incubation dure quarante-cinq jours. Les parents s'installent sur la ponte en la couvrant de leurs larges pieds bleus. A l'éclosion, les petits sont nus et noirs: il leur faut une semaine pour s'habiller de duvet blanc. Ils engraissent, nourris par leurs deux parents. Parfois, l'un des poussins, plus costaud que son frère, s'approprie tout le poisson régurgité par le père et la mère. Les adultes ne font rien pour réparer cette « injustice ». La nature ne les a pas programmés pour la

« pitié ». Ils alimentent le jeune qui les sollicite avec le plus d'insistance. Le poussin faible ne compte plus. C'est un cercle vicieux: moins l'oisillon mange, moins il a de force pour réclamer. L'épisode finit en drame. La nature n'a aucun sens moral.

Cormorans et goélands

Richard Murphy, Michel Deloire et Jérôme Julienne sont fascinés par la diversité des existences sur ce fragment de désert. Ils s'avancent à présent parmi les rocs en direction d'un petit cap qui appartient aux pélicans bruns, aux alques et aux cormorans.

Les alques sont des cousins des petits pingouins (ou pingouins alques), des macareux, des guillemots et des mergules (ou marmettes), avec lesquels ils forment la famille des alcidés. Ces oiseaux trapus et courts de bec ont l'allure un peu lourde, mais volent vite et plongent admirablement. L'espèce locale (dessus gris ardoise, ailes et flancs brun velouté, dessous blanc), a reçu le nom d'alque de Craver (*Brachyramphus craveri*). Elle niche uniquement sur les falaises de la mer de Cortez, et s'en éloigne peu. Petits oiseaux discrets, farouches, difficiles à approcher.

Les cormorans assurent le spectacle. Deux de leurs espèces volent et plongent communément dans le golfe de Californie: le cormoran à double aigrette et le cormoran de Brandt. Ils sont puissants (quatre-vingt-dix centimètres de longueur et un mètre vingt d'envergure). Leur plumage est d'un noir précieux rehaussé de reflets de jade et de bronze. Le premier (*Phalacrocorax auritus*) a sur la face et la gorge des zones de peau nue d'un lumineux orange; en période nuptiale, on lui voit aussi, de chaque côté de la tête, une touffe de plumes frisées noires ou blanches (ses aigrettes). Il peuple les deux rivages du continent nord-américain. Le second (*Phalacrocorax penicillatus*) se caractérise par sa gorge d'un fauve flamboyant, et par la coloration bleue de la peau nue de sa face. Il ne fréquente que les parages occidentaux de l'Amérique du Nord, depuis l'Alaska jusqu'à la mer de Cortez.

Les cormorans sont les plus malins et les plus imprévisibles des oiseaux de mer. Ils se laissent voir, mais pas approcher. Ils se méfient des hommes: qui pourrait leur donner tort? Ils pêchent non pas en piquant comme des kamikazes depuis les airs, à la façon des pélicans et des fous, mais en s'enfonçant sous l'eau depuis la surface. Ils restent une ou deux minutes en apnée.

Leurs nids, volumineux, sont faits de branchettes, d'algues et d'herbes. Chaque ponte comprend deux, trois ou quatre œufs d'un bleu pâle, avec une pellicule calcaire blanche irrégulière. L'incubation dure un mois. Les petits éclosent nus et noirs, puis se couvrent de duvet brun sombre. Ils prennent leur nourriture dans la gorge de leurs parents jusqu'à douze semaines.

Indifférents aux préoccupations des hommes, les oiseaux du ciel de Raza tournent, tournent, dans l'azur... Michel Deloire, la caméra sur l'épaule, tourne, tourne des images de ces nuées criardes... Richard Murphy tourne, tourne les pages de son guide d'identification ou de son carnet de notes... Quand il n'écrit pas, il photographie...

L'île Raza appartient aux pélicans, aux puffins, aux pétrels, aux fous, aux alques, aux cormorans — oui. Mais davantage encore aux goélands et aux sternes... Ceux-là sont innombrables. Ceux-là pullulent. Ceux-là donnent une idée des surabondances de la vie — de ce qu'elle fut avant l'âge industriel des hommes; de ce qu'elle demeure dans les lieux protégés; et de ce qu'elle pourrait redevenir si on la laissait pulser librement.

Le goéland d'Audubon, qu'on appelle aussi goéland occidental (*Larus occidentalis*), est le plus agressif des emplumés locaux. Il picore les invertébrés du sable et de la vase, et mange des détritus comme la plupart des goélands du monde. A l'occasion, il se comporte en prédateur. Il s'attaque aux œufs et aux poussins des autres oiseaux.

C'est un animal qui dépasse cinquante-cinq centimètres de longueur et un mètre quarante d'envergure. Il a la tête, le cou, le ventre, la queue et le bout des rémiges blancs, le dos et le dessus des ailes d'un gris de plomb. Le bec est jaune vif avec, à l'extrémité de la mandibule inférieure, la fameuse tache vermillon des goélands...

Un autre laridé remarquable s'est établi sur la côte Pacifique de l'Amérique du Nord: le goéland (ou mouette) de Heermann (*Larus heermanni*). Cet oiseau devient rare. Ses populations diminuent depuis le début des années soixante-dix. On le rencontrait depuis San Francisco jusqu'à Panama. Aujourd'hui, il ne niche plus que sur les bords de la mer de Cortez. Mieux: quatre-vingt-quinze pour cent des couples construisent leur nid sur l'île Raza... Celle-ci héberge environ trois cent mille représentants de l'espèce. Cette concentration est extraordinaire, mais aussi inquiétante.

Les goélands de Heermann sont beaux. Ils sont longs d'un peu plus de quarante centimètres. Ils ont la tête et le cou blancs (en hiver, gris-brun), le ventre gris pâle, le dos et les ailes d'un ardoise velouté très doux, qu'on voudrait caresser. Leur queue foncée paraît noire. Leur bec est ensanglanté et leurs pattes charbonneuses. Les immatures sont brun sombre, avec un semis de taches fauves.

Ces oiseaux établissent leurs quartiers dans les falaises et les rochers escarpés. Leurs logis sont sommaires: quelques brindilles, des herbes, des algues grossièrement arrangées en coupes... La parade nuptiale est brève.

*Le goéland à pieds jaunes est une variété géographique du goéland de Californie. Certains auteurs en font une espèce à part (*Larus livens*). Il est propre à la mer de Cortez, où il vit de petites proies du rivage et de toutes sortes de déchets organiques. (Ph. F. Gohier.)*

Le goéland de Heermann ne niche plus que sur les rivages de la mer de Cortez. Quatre-vingt quinze pour cent des couples se reproduisent sur l'île Raza. Au total, cette dernière héberge trois cent mille sujets de l'espèce – qui est heureusement protégée. (Ph. F. Gohier.)

Le mâle sautille un peu sur place, hoche la tête, se retourne, bat des ailes pour montrer comme il est costaud, et hop!... Tout de suite l'escalade!... La femelle pond trois œufs de couleur crème, maculés de brun. Les adultes couvent en alternance pendant trois à quatre semaines. A l'éclosion, les poussins sont vêtus d'un duvet gris fauve, moucheté de marron.

L'élégance des sternes

Le temps passe vite au paradis des oiseaux. Les équipiers de l'*Alcyone* se retrouvent au bateau pour un repas de midi qu'ils prennent à cinq heures. (« Tiens?... Déjà?... ») Ils jubilent. Ils se sentent en harmonie avec la richesse biologique de ce caillou marin qui paraît si loin de l'univers des hommes, des cités fumantes, des autoroutes, des aéroports vrombissants et des dépôts d'ordures.

La collation est avalée. Tout le monde retourne à terre. Jean-Michel Cousteau constitue deux équipes. L'une, avec Dominique Sumian, Michel Deloire, Jérôme Julienne, Richard Murphy et Clay Wilcox, continuera d'explorer l'île, en essayant d'en dresser l'inventaire écologique. L'autre, qu'il dirigera, comprendra Jean-Paul Cornu, Louis Prézelin, Raymond Amaddio, Guy Jouas et Marc Blessington. Elle aura pour mission d'étudier et de filmer les plus beaux oiseaux de Raza: les sternes.

Les sternes... Ce sont les reines de ces lieux. Elles ont réquisitionné des hectares de rocailles pour y établir leurs nids. Elles sont si nombreuses que, lorsqu'elles s'envolent à l'aube, elles obscurcissent le ciel. C'est par dizaines de milliers qu'elles sillonnent le fluide atmosphérique; qu'elles descendent frôler les vagues; qu'elles prélèvent leurs proies en surface d'un bref coup de bec, sans même se mouiller les pattes.

Voici les plus fins, les plus longilignes, les plus délicats, les plus vifs des oiseaux des océans. On les appelle aussi hirondelles de mer à cause de leur queue profondément fourchue, de leurs ailes pointues comme des poignards, et de leur vol d'une précision et d'une vitesse ahurissantes. Sur l'île Raza, on en admire trois espèces différentes.

La sterne naine, ou sterne à front blanc (*Sterna albifrons*), se reconnaît à son bec jaune à bout noir, à son front immaculé (« *albifrons* »), à son dos gris, à son ventre et à sa queue blancs, à ses pattes jaunes. Sa petite taille (vingt-deux centimètres de longueur, cinquante d'envergure) permet de la distinguer sans erreur parmi les sternidés. Elle bat des ailes à une vitesse incroyable. C'est un animal cosmopolite, qui fréquente les parages tempérés et chauds de l'océan mondial.

La sterne royale (*Thalasseus maximus*) peuple les côtes tropicales des deux Amériques et de l'Afrique occidentale. En dépit de son qualificatif latin de « *maximus* », elle est de taille moyenne (environ cinquante centimètres de longueur et un mètre d'envergure). Elle a le front noir ou blanc, la calotte et la nuque d'un noir d'encre (avec une huppe), le dos gris, le ventre et la queue blancs. Ses pattes sont charbonneuses, et elle arbore un long bec droit, du rouge le plus éclatant. L'espèce compte plus de dix mille sujets à Raza.

Mais la reine d'entre les reines, c'est la sterne élégante (*Thalasseus elegans*). Elle mérite son adjectif. Elle possède la simple beauté des créatures parfaites. Rien à ajouter ni à retrancher... Plus petite que la sterne royale, elle lui ressemble, avec sa calotte noire, son dessus gris perle et son dessous immaculé. Elle a le bec orange vif. L'encoche de sa queue est encore plus profonde que celle de sa cousine. Elle fréquente les côtes occidentales de l'Amérique, depuis Los Angeles jusqu'au Chili; mais elle niche uniquement en Basse-Californie; et l'essentiel de ses colonies (environ quarante mille oiseaux) est à Raza.

Elle est dans ses domaines, sur ce caillou au-dessus duquel ses troupes se donnent en spectacle. C'est l'un des plus étonnants ballets atmosphériques qui se puissent contempler. Les équipiers Cousteau ne se laissent pas impressionner facilement. Mais la prestation des sternes élégantes les subjugue... Partout, dans l'éther, des essaims d'ailes et de plumes qui ne cessent de s'entrecroiser, de tournoyer, d'éclater, de se rassembler... Partout, à terre, sur les rochers et le sol nus, le guano gris et blanc répandu... Dans les moindres fissures, les nids, les œufs, les poussins...

Les sternes prennent leur envol comme on imagine que les âmes montent au ciel. Elles paraissent ne rien peser. En une esquisse de coup d'ailes, elles se posent sur le courant d'air qui les porte, et sur lequel elles palpitent...

Le moins qu'on puisse dire est qu'elles sont grégaires. Sur l'île Raza, leurs nids sont étonnamment proches les uns des autres. Les sternes les établissent simplement de telle sorte que deux reproducteurs voisins puissent couver sans se toucher du bec. Ces logis sont sommaires: un creux de roche convient; il est le plus souvent laissé nu, parfois enjolivé d'algues ou d'herbes... Les œufs (deux ou trois) sont olivâtres et maculés de brun sombre. Camouflage réussi: ils sont difficiles à voir. L'incubation dure trois semaines. Les poussins, couverts de duvet gris clair pointillé de noir, sont de faux nidifuges: ils quittent rapidement le refuge familial, comme les vrais nidifuges; mais c'est pour aller se blottir dans une anfractuosité de roche du voisinage, où ils attendent avec crainte et patience la becquée.

Oui: la colonie de sternes élégantes de l'île Raza vaut le détour! Jean-Michel Cousteau et ses compagnons en ont plein les yeux et les oreilles. Jean-Paul Cornu prétend que sa vue et son ouïe « saturent ». (Ne disons rien de l'odorat, rapport au guano...) Les flips-flaps feutrés des coups d'ailes, les disputes des adultes, les piaillements des jeunes, les cris

L'île Raza est le paradis des sternes, ou hirondelles de mer. Sternes naines, ou sternes à front blanc; sternes royales (ci-contre); sternes élégantes... Superbes oiseaux, qui nichent en énormes colonies et aiment à faire le Saint-Esprit au-dessus de la mer... (Ph. F. Gohier.)

d'horreur des couples quand un goéland d'Audubon s'intéresse de trop près à leur ponte: tout cela compose un tableau sonore superbe et confus, une symphonie concrète assourdissante, mais belle à mourir. Le spectacle de la multitude engendre l'ivresse. C'est un alcool, une drogue euphorisante. Le voilà, le bonheur à l'île aux Oiseaux!

Les scientifiques, notamment sous la direction du Dr Enriqueta Varlarde (de l'université de Mexico), ont étudié ces attroupements gigantesques. Ils ont bagué des milliers de jeunes pour connaître les migrations de l'espèce. Ils ont tenté de comprendre le fonctionnement de ces mégacolonies. Ils n'ont pas résolu beaucoup des énigmes qu'elles posent... Qu'est-ce qui pousse certains animaux à s'agglutiner de la sorte? On a invoqué l'existence d'un « instinct grégaire »; on parle d'« effet de groupe ». Mais, bien entendu, ce sont là des explications verbales aussi convaincantes que la fameuse « vertu dormitive » de l'opium.

Comment la colonie est-elle structurée? Existe-t-il, en son sein, une hiérarchie? Les emplacements des nids sont-ils occupés au hasard, ou bien les meilleurs (les mieux abrités du soleil, du vent, des prédateurs) reviennent-ils à des couples dominants? Les oiseaux comprennent-ils les attitudes et les cris de leurs voisins?

La question la plus passionnante est peut-être celle-ci: comment les parents reconnaissent-ils leur nid, leurs œufs, leurs poussins, parmi des myriades d'autres qui leur ressemblent? On ne peut pas nier qu'ils les identifient sans erreur: l'expérience a été faite. Si l'on intervertit les jeunes de deux logis voisins pendant que les adultes sont à la pêche, lorsque ces derniers reviennent, ils attaquent les poussins. Ils les tueraient, si on les laissait faire. Ils savent que ce ne sont pas les leurs... Quels sont donc les informations sensorielles qui leur permettent de distinguer leur maison et leur progéniture? Utilisent-ils des messages visuels? Savent-ils de façon infaillible la situation géographique de leur nid au sein de l'immense colonie? Peut-être... L'hypothèse de certains spécialistes est différente. Elle prétend que les sternes reconnaissent leurs oisillons à l'oreille. (Et vice versa: les poussins sont « imprégnés » — c'est le mot du Pr Konrad Lorenz — par la voix de leurs parents alors même qu'ils n'ont pas éclos.) Les adultes, conditionnés à réagir aux émissions sonores de leurs petits, et à elles seules, volent vers eux avec détermination et ne consentent à nourrir qu'eux... Si cette explication est correcte, elle suppose tout de même une incroyable finesse auditive: allez distinguer les piaillements d'un nouveau-né dans cette assourdissante cacophonie de dizaines de milliers d'appels simultanés!

Chapitre 10

LE VENTRE D'ARGENT DES RORQUALS

L'*Alcyone* se laisse bercer par les vagues, devant la pointe méridionale de l'île Angel de la Guarda, juste à l'entrée du canal de las Ballenas — le « canal des Baleines », le bien nommé —, qui sépare cette terre allongée de la péninsule de Basse-Californie. L'atmosphère est limpide.

Les deux équipes Cousteau, celle de mer et celle de terre, se sont rejointes. Jean-Michel Cousteau et le capitaine Jean-Paul Charpentier sont dans la salle des cartes, l'œil sur les sondeurs. Dominique Sumian, à la proue du navire, contemple l'horizon. Jean-Paul Cornu, Michel Deloire et Louis Prézelin savourent leur café. Raymond Amaddio et Jérôme Julienne chargent les caméras. Bertrand Sion vérifie les bouteilles de plongée. Chacun vaque à sa tâche particulière. Chacun sent confusément qu'il se prépare quelque chose.

Les eaux, par places, sont gorgées de plancton animal d'un rose tendre, presque incarnat. Les petites crevettes pélagiques fourmillent, grouillent, palpitent dans l'élément liquide. Elles vivent intensément leur courte existence. En immergeant un hydrophone, l'ingénieur du son Guy Jouas entend crisser leurs carapaces chitineuses.

Là où le plancton abonde, là aussi se concentrent les prédateurs. Par centaines et par centaines, les oiseaux marins festoient. Les goélands d'Audubon et les goélands de Heermann becquètent en surface. Les sternes royales et les sternes élégantes cueillent délicatement les animalcules du bout de leur bec rouge. Les cormorans plongent comme des marsouins et jettent un coup d'œil étonné lorsqu'ils remontent. Les pélicans et les fous se laissent tomber du haut du ciel dans cette immense assiette. La mort des uns entretient la vie des autres: c'est la loi (*Dura lex...*), depuis que la vie est inventée.

Elle souffle!

La grande bouffe du rorqual commun... L'animal prend dans sa bouche une quantité prodigieuse d'eau et de plancton, puis fait fonctionner sa langue: l'eau inutile se trouve chassée à travers le filtre des fanons. Les animalcules sont avalés. (Ph. A.M. Cousteau/ Fondation Cousteau.)

L'ancien cri des baleiniers a retenti. Dominique Sumian s'agite à l'avant de l'*Alcyone*. Il répète trois fois: « Elle souffle! » Il a le bras tendu. Il montre, à tribord, un secteur de la mer. Et « pfouf! » — le bruit de forge du cétacé qui vide ses poumons se fait entendre. Un double panache en V s'élève très haut au-dessus des lames, à cinq ou six mètres dans l'atmosphère. Il semble s'immobiliser une fraction de seconde, comme un ballon translucide, puis retombe en aérosol très fin.

C'est le souffle d'un rorqual... D'un rorqual commun (*Balaenoptera physalus*), qu'on appelle aussi dos-en-rasoir, que les Anglo-Saxons baptisent *fin whale*, *finback* ou *razorback*, et que les Espagnols nomment

*« Elle souffle ! » Le vieux cri des baleiniers a retenti. Sur l'*Alcyone, *branle-bas de combat... Raymond Amaddio passe acrobatiquement une caméra à Jean-Paul Cornu, qui a pris place dans l'hélicoptère* Félix, *piloté par Bob Braunbeck. (Ph. A.M. Cousteau/ Fondation Cousteau.)*

ballena fin ou *ballena boba*... Après son cousin le rorqual bleu, ou baleine bleue (*Balaenoptera musculus*), le rorqual commun incarne le plus grand animal que notre planète ait jamais porté. Les femelles, qui sont plus puissantes que les mâles, dépassent parfois vingt-cinq mètres de longueur, et peuvent peser plus de soixante-dix tonnes.

Une sorte de vibration s'empare de l'*Alcyone*. En deux minutes, l'équipe est sur le pont. Le capitaine Jean-Paul Charpentier demande qu'on mette la barre au deux cent soixante-dix — cap sur le souffleur. L'excitation augmente encore lorsqu'il devient évident qu'il n'y a pas seulement un rorqual, à l'horizon des lames, mais deux. Mais trois. Mais quatre, cinq, six... Six colosses du grand large nageant de conserve... Six montagnes de graisse et de muscles...

Jean-Michel Cousteau donne ses ordres. Mobilisation générale. On prévient par radio Mike Sullivan, le pilote de l'hydravion *Papagallo*, et Bob Braunbeck, celui de l'hélicoptère *Félix*. Ils attendent sur un petit aéroport de la côte. Qu'ils décollent immédiatement... Jean-Michel coordonnera les opérations depuis l'hydravion. Anne-Marie Cousteau, son épouse, qui a rejoint l'équipe pour quelques jours, grimpera dans l'hélicoptère : elle prendra des photographies aériennes des Léviathans à table. Puis Jean-Paul Cornu la remplacera pour filmer le festin des mysticètes.

Le zodiac est prêt. Les plongeurs ont enfilé leur combinaison. Michel Deloire empoigne sa caméra sous-marine — la très grand angle (T.G.A.). Dominique Sumian, le chef plongeur, distribue les affectations. Louis Prézelin a lui aussi sa caméra. Marc Blessington et Jérôme Julienne seront les sujets humains du film. Don Santee aura l'éclairage. Clay Wilcox sera le porte-câble. Yves Zlotnicka enregistrera les bruits subaquatiques des cétacés.

Quant à la conduite à tenir face aux baleines, tout le monde connaît la consigne : on ne les ennuie pas. On s'abstient de les harceler. On ne les effraie pas avec des bruits de moteurs. On ne trouble pas leur grande bouffe. En un mot, on les respecte et on tente de se faire oublier.

Richard Murphy, le biologiste de l'équipe, a lui aussi pris place dans le zodiac. Il n'a pas de combinaison de plongée, seulement un gilet humide, un masque, des palmes, un tuba — et un appareil de photographie sous-marine. L'embarcation s'éloigne. Elle ne pique pas droit sur les baleines. Elle s'en écarte au contraire en demi-cercle, pour ne pas les alerter prématurément : elle doit couper la route des cétacés loin devant. Les plongeurs tenteront de se mettre à l'eau de façon que les mammifères nagent tout naturellement vers eux, sur leur lancée.

« Je demande au zodiac de me déposer à environ deux cents mètres de l'*Alcyone*, raconte Richard Murphy. Je meurs d'envie de me retrouver seul au milieu de cette mer, sur le chemin des rorquals, au cœur de leur festin. Je veux vivre cette aventure comme personne ne l'a jamais vécue. Du moins depuis Jonas; et en espérant qu'à la différence du prophète, je ne passerai pas trois jours et trois nuits dans le ventre du Grand Poisson!

« L'eau est glacée, à cause des courants verticaux qui, dans cette zone, amènent en surface des masses liquides profondes, froides mais riches en sels minéraux et en substances nutritives. Ces *upwellings*, comme les appellent les océanographes, expliquent l'abondance du plancton; celle-ci conditionne à son tour la présence des baleines. Mais pour le corps de l'être humain, mal protégé, mal isolé thermiquement, et si mal conçu pour la nage, c'est une souffrance...

« Je baigne dans des nuages frôleurs de krill. Une impression bizarre... Cela ressemble un peu à un vol de criquets, mais en plus doux, en plus silencieux... Pour autant que je puisse en juger, dans cette soupe vivante où la visibilité reste médiocre, il s'agit bien de petits crustacés, notamment d'euphausiacées et de copépodes. Les populations de ces arthropodes, qui ne dépassent pas cinq centimètres de longueur, sont si incroyablement denses que, par places, la mer en est teintée de rouge brunâtre.

« Tandis que je nage, je regarde croiser sous moi des bancs argentés de sardines et d'autres petits poissons grégaires, qui vont et viennent frénétiquement. Chaque groupe comprend plusieurs centaines d'animaux, mais se déplace avec un ensemble parfait, comme s'il ne composait qu'un seul et même organisme. Je suis fasciné par le comportement collectif des bancs de poissons: qui commande la manœuvre? Comment les individus perçoivent-ils les "ordres", si "ordres" il y a? Comment réussissent-ils, en une fraction de seconde, à tourner tous ensemble dans la même direction, à monter, à descendre avec une harmonie parfaite, sans fausse note, sans la moindre erreur? Une partie du secret réside probablement dans la finesse de leur perception des pressions de l'eau, qu'ils analysent grâce aux organes récepteurs de leur ligne latérale.

« Quoi qu'il en soit, les sardines gobent le plancton avec voracité. Elles festoient la gueule ouverte; à peine chacune d'entre elles a-t-elle gobé une crevette frétillante qu'elle repart au banquet... Par moments, tout le banc rompt la surface dans un concert de clapotements qui évoquent une averse. Quelle histoire: j'entends dîner les sardines!

« J'écoute surtout respirer les baleines, et mon cœur bat très vite. "Pfouf!" Une courte mais énorme expiration, suivie d'une inspiration plus courte et plus énorme encore... Un peu moins d'une minute s'écoule, et "pfouf!", un nouveau souffle... J'aperçois l'un des cétacés géants à une centaine de mètres devant moi. Il ne m'a pas vu, ou il me considère comme une quantité négligeable. Je palme à toute vitesse pour tenter de couper sa route. Je pense que je vais y parvenir.

« En plein effort, je prends conscience de ma situation. Je pèse dans les soixante-dix kilogrammes, la baleine dans les soixante-dix tonnes. Mille fois plus... Je suis seul, à plusieurs encablures du bateau le plus proche, dans une eau où la visibilité est presque nulle, dans une région de la mer où je plonge pour la première fois... Mais je suis réellement une quantité négligeable! Je continue de nager vers le rorqual parce que mon orgueil me le dicte; mais j'éprouve une furieuse envie de regarder derrière moi — et de revenir à l'*Alcyone*...

« L'excitation de la rencontre l'emporte. Je tire sur tous mes muscles. Je voudrais être dauphin pour avancer plus vite. Je fonce. Je donne tout ce que j'ai... Ridicule! Consternant!... J'espérais venir frôler la baleine: elle passe loin devant moi, négligemment, sans avoir accéléré son allure.

« Je m'arrête. Je reprends haleine. Je regarde autour de moi. Rien... Vraiment rien? Mais si!... Un grand souffle tout près... Un deuxième rorqual commun pique sur moi, et je ne le soupçonnais même pas!... Il est à trente mètres... A dix mètres... "Pfouf!" L'énorme expiration retentit. Les retombées pulvérulentes de l'aérosol m'aspergent... La baleine est là! Sa tête surgit en surface, à moins de trois mètres de distance... Imaginez que vous êtes à pied sur une route étroite, dans un virage, et qu'un camion arrive à toute allure en face: telle est l'impression...

« Le rorqual aurait pu m'écraser sous sa masse, mais il ne me touche pas. Je regarde défiler comme en un rêve son interminable organisme. Il me présente le côté droit de son corps. J'ai le temps de deviner, dans sa gueule à demi ouverte où une *Renault 5* pénétrerait sans peine, ses fanons luisants, gris fumée vers l'arrière et immaculés vers l'avant. J'entrevois sa mâchoire blanche. (Je sais qu'elle est grise du côté gauche: la coloration du rorqual commun n'est pas symétrique. Le Picasso de l'évolution des espèces est passé par là.)

« Je prends conscience que l'impressionnante gorge blanche qui défile devant mon nez s'est gonflée d'une eau chargée de plancton. Pour la première fois, j'examine sur le vif comment fonctionnent les sillons des balénoptères, ces sortes de bandes de peau, de muscles sous-cutanés et de graisse qui ressemblent à des rails de chemin de fer, et qui vont du menton au ventre. Lorsque le cétacé remplit sa bouche de soupe planctonique, afin de filtrer sa nourriture à travers ses fanons, ces plis se distendent comme un accordéon qu'on étire. Ils donnent un incroyable volume à la cavité buccale. Ils permettent les festins des grandgousiers de l'onde.

Trois rorquals communs dans le canal des Baleines... L'espèce est, après la baleine bleue (rorqual bleu), le plus grand animal que la Terre ait jamais porté. Jusqu'à vingt-cinq mètres de longueur et soixante-dix tonnes... (Ph. A.M. Cousteau/ Fondation Cousteau.)

Le souffle de la baleine... On a longtemps cru qu'il s'agissait d'un jet d'eau. En vérité, c'est un aérosol très fin, contenant des gaz respiratoires qui se détendent, de la vapeur d'eau et des particules de mucus graisseux.
(Ph. A.M. Cousteau/ Fondation Cousteau.)

Les hommes de l'équipe Cousteau savent quelle attitude adopter en présence des baleines: on ne les harcèle pas; on ne trouble pas leur repas; on ne perturbe pas leur comportement. On les respecte.
(Ph. M. Zonza/ Fondation Cousteau.)

« Le ventre du rorqual n'en finit pas de s'offrir en spectacle. Les deux bras battoirs gigantesques, en forme de faux, m'évitent en dessinant dans l'eau des mouvements sinusoïdaux d'une élégance parfaite. Les géants de l'onde ont des grâces de ballerines. Je devine la fente génitale de la bête: mais je suis incapable de dire si, dans ce long sillon, il y a un pénis ou une vulve. Mâle ou femelle? En pleine mer, le sexe des baleines est à peu près aussi difficile à déterminer que celui des anges!

« Je renonce à décrire l'impression que laisse la queue du rorqual. C'est une voile vivante, une invention de la nature qui défie l'imagination — un mélange de souplesse, de beauté primitive et de force brutale... La puissance qu'elle développe est de l'ordre de cinq cents chevaux. Mais on ne le dirait pas. Cette double lame luisante déployée, tumultueuse et douce à la fois, paraît presque liquide. Elle participe de la substance de la mer. Elle caresse, apprivoise et subjugue cette eau bleue dans laquelle moi, pauvre *Homo sapiens* à palmes de plastique, je patauge...

« À peine ai-je entrevu l'ultime coup de godille de la queue qui s'éloigne, qu'un nouveau souffle retentit. Le premier rorqual est revenu... Sans même réaliser le degré de ma chance, je me retourne, et j'essaie de couper la route du cétacé. J'y parviens, ou plutôt il y consent. Il est là... Enormité de la gueule... Monstruosité de la gorge arrondie par le bol d'eau... Cataractes écumantes aux commissures des lèvres, lorsque l'animal expulse le liquide inutile entre ses fanons...

« Durant un court instant, l'œil de la baleine me regarde. Il brille. Il est gros comme un pamplemousse, mais il paraît si petit, et placé si bizarrement, au bas de cette tête de géant... Le rorqual me voit-il? J'en ai la conviction. Mais s'il me voit, que pense-t-il que je suis?

« L'esprit scientifique ne perd jamais ses droits. Revenu de mon ébahissement, je tente de faire des photographies de la bête. Son œil. Ses fanons. Ses évents. Son aileron dorsal. Sa caudale déployée... J'espère que les cétologistes qui étudient et recensent les rorquals de la mer de Cortez m'en sauront gré. Mes clichés les aideront à identifier les animaux: il est en effet possible de dresser le signalement précis de chaque baleine d'un troupeau en se basant sur des détails de couleur de sa peau ou de sa morphologie. Le rorqual que j'ai croisé tout à l'heure avait la dorsale abîmée; celui qui passe maintenant présente des entailles aux évents.

« Et voilà... C'est déjà fini... Les deux baleines disparaissent dans l'eau trouble comme des locomotives dans la brume. Elles me laissent seul sur la mer, abasourdi, vidé de toute énergie, mais tellement heureux...

« Je me couche sur le dos, les yeux perdus dans le bleu du ciel. Je suis machinalement du regard un goéland qui passe. Je viens de côtoyer, à les caresser, deux des plus vastes créatures de notre planète. (Je saurai, en regagnant notre bateau, que l'un des rorquals, mesuré par notre équipe, atteignait vingt-deux mètres cinquante.) Les cétacés étaient tellement monstrueux que, sur le coup, je n'ai pas eu l'impression qu'ils étaient réels. A aucun moment, je n'ai pu les contempler dans leur totalité...

« Ils sont maintenant loin de moi. Je les regarde souffler à un bon demi-mille vers l'est. L'hydravion *Papagallo* survole la scène. Mes amis du zodiac continuent leurs manœuvres d'approche: ils ont choisi d'observer un autre petit groupe de cétacés, sur la droite. L'hélicoptère piloté par Bob Braunbeck vrombit comme une libellule jaune et noire au-dessus de ces animaux, qui ne paraissent guère le craindre. Je suis épuisé. J'attends l'*Alcyone*, qui fait route vers moi.

« Je me demande ce que les baleines ont pensé de ma modeste personne. Je suis sûr qu'elles ont été conscientes de ma présence. Elles m'ont regardé. Elles ont soigneusement évité de me toucher. Et elles ont continué de vaquer à leurs occupations sans me prêter autrement d'importance. C'est à la fois vexant et curieux. C'est vexant, parce que nous autres, hommes, nous nous considérons comme les rois de la Création. Nous avons l'habitude de voir les animaux nous redouter et nous fuir. Or, les Léviathans nous négligent. Et c'est curieux, parce que les baleines devraient tout de même se méfier de notre engeance, après les crimes de sang que nous avons perpétrés contre elles durant des siècles...

« Lorsqu'il nous est donné, à nous autres, chefs-d'œuvre autoproclamés de l'évolution, de croiser une bête inconnue, nous nous arrêtons. Nous essayons de la capturer, nous l'examinons sous toutes ses coutures, nous nous évertuons à la troubler pour tester ses réactions, et nous finissons souvent par l'exécuter dans la noble intention d'étudier ses viscères. Les cétacés diffèrent de nous sur ce point fondamental: ils respectent les organismes qu'ils ne mangent pas. Qu'aurais-je pensé si les deux rorquals que j'ai rencontrés avaient eu une seule réaction humaine "normale" en me voyant? S'ils s'étaient amusés à me "tester"?... Je serais mort de peur — dans la meilleure hypothèse!

« Les baleines sont belles. Les baleines ont été conçues à une autre échelle que la nôtre. Elles nous font rêver. Mais surtout, elles nous obligent à nous mettre en question. Elles nous contraignent à réfléchir sur nos propres comportements, sur nos arrogances, sur nos certitudes. Elles nous invitent à méditer sur ce que nous croyons être, et sur ce que nous sommes réellement. »

Le travail de la langue

Tandis que l'*Alcyone* récupère un Richard Murphy grelottant mais heureux, l'hélicoptère survole la table liquide où banquettent les cétacés. A bord de *Félix*, Anne-Marie Cousteau, l'appareil de photographie crépitant, puis Jean-Paul Cornu, la caméra neuf millimètres à l'épaule, occupent les places d'honneur. Bob Braunbeck vole vers les rorquals. Il arrive sur eux avec une telle finesse de trajectoire, avec une telle délicatesse, qu'en dépit du bruit des rotors, les cétacés ne bronchent pas. Ils se contentent de jeter un coup d'œil vers le haut, en se couchant sur le côté en surface, pour observer cet oiseau bizarre qui pétarade dans l'atmosphère.

*Le plongeur de l'*Alcyone*, immergé dans un nuage de plancton, entend crisser les carapaces des petits crustacés copépodes et euphausiacés dont les baleines se régalent. La mer de Cortez, avec ses mélanges d'eaux froides et chaudes, permet cette surabondance. (Ph. R. Murphy/ Fondation Cousteau.)*

Le rorqual commun, couché sur le côté droit, se jette vers l'avant, la gueule béante; ses sillons de gorge s'écartent, il filtre son repas.
L'animal engloutit plus d'une centaine de kilogrammes de crevettes à chaque gorgée.
(Ph. A.M. Cousteau/ Fondation Cousteau.)

Bob Braunbeck est un pilote d'hélicoptère exceptionnel. C'est peu de dire qu'il maîtrise sa machine : il fait corps avec elle. Il la considère comme le prolongement de son cerveau, de ses bras et de ses jambes. Il la commande avec une telle dextérité qu'elle semble vivre. Bob prétend, du reste, que les animaux aiment son engin.

« Je l'ai constaté mille fois, explique-t-il. Les bêtes ne sont effrayées par mon hélicoptère que lorsque je me présente à elles de face, dans une attitude agressive. Alors elles s'enfuient. Mais lorsque je viens par derrière, et que je me maintiens à leur hauteur sans chercher à les dépasser, elles cessent de paniquer. Elles ne craignent plus *Félix*. Mieux, même : elles acceptent de jouer avec lui. Elles avancent plus vite si j'accélère, elles ralentissent avec moi et elles s'arrêtent si je fais du sur-place. A tous les coups ça marche ! »

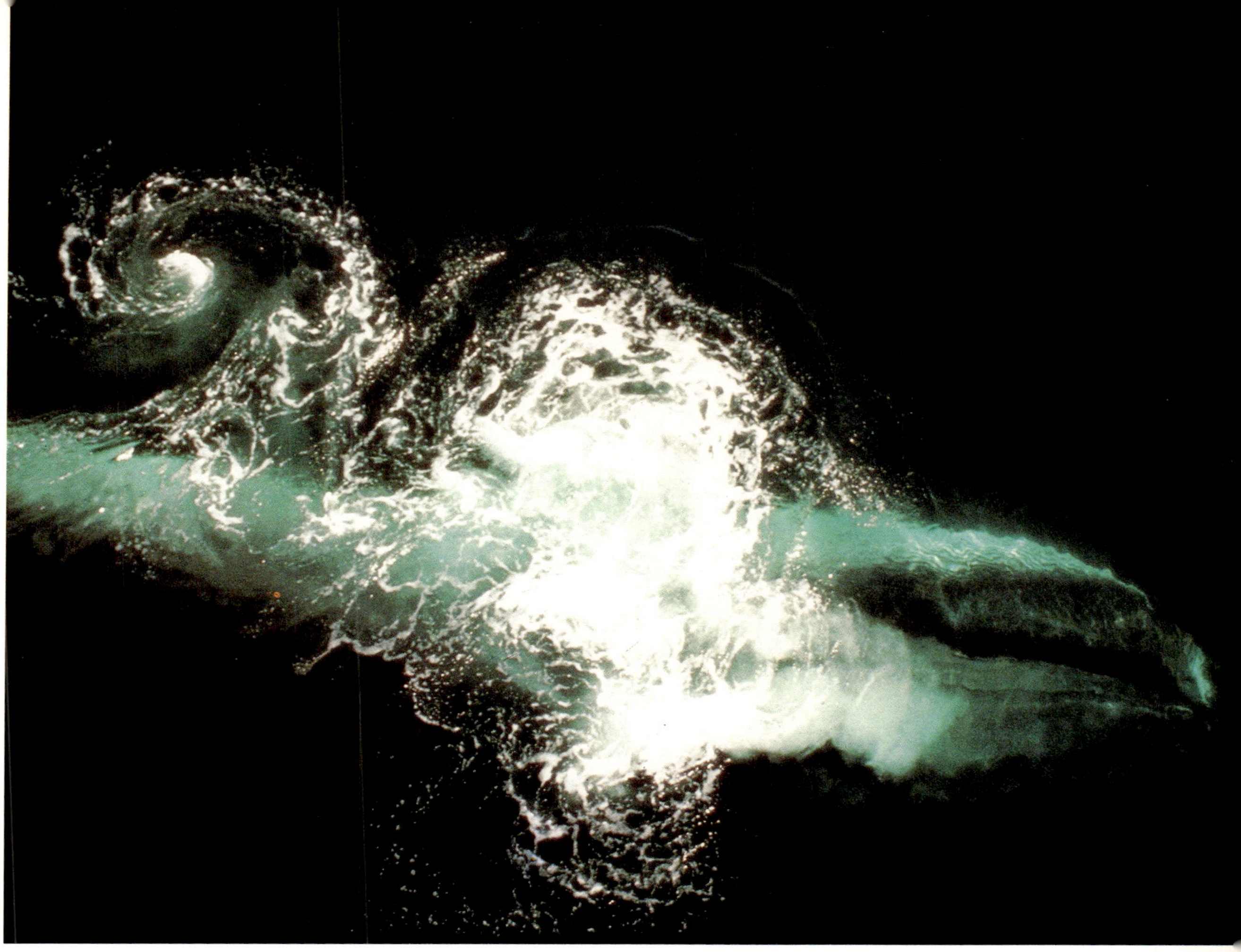

Page de droite: Cette grande anémone de mer de la famille des aliciidés et du genre Alicia *ne déploie que la nuit ses longs tentacules blancs, dotés de cellules urticantes (cnidoblastes) au venin très actif. (Ph. R. Murphy/ Fondation Cousteau.)*

Jean-Paul Cornu n'adhère pas forcément aux déclarations enthousiastes de Bob Braunbeck sur la passion des animaux pour l'hélicoptère. Un moteur restera toujours un moteur... Mais il reconnaît à notre pilote une prodigieuse habileté dans l'approche des espèces sauvages. Et il trouve mérité le seul titre de gloire que Bob revendique: celui de « metteur en scène d'images aériennes ».

« Les rorquals de l'île Angel de la Guarda, raconte Jean-Paul Cornu, sont de toute façon bien trop occupés à bâfrer pour faire attention à nous. Ils offrent, vus de haut, un incroyable spectacle de puissance et de grâce. Leur dos gris sombre porte un chevron plus clair, qui part de leurs yeux, passe au-dessus de leurs battoirs et dessine une pointe vers l'arrière, à la hauteur de leurs omoplates. Leur ventre d'argent brille dans l'écume, où la lumière du grand soleil de Cortez ne cesse de se dissocier en arcs-en-ciel éphémères.

« Nous survolons l'une de ces créatures titanesques. Elle croise à moins d'un demi-mille de l'*Alcyone*. Elle est longue comme les trois quarts de notre bateau. Elle barbote, elle ondule, elle se vautre dans son assiette, qui consiste en un nuage de krill ovale, de plus de deux cents mètres de grand diamètre. Elle dévore. Elle n'est plus que gosier et que ventre. L'allégorie de la Grande Bouffe... Le symbole de la dévoration...

« Je filme comme un forcené. Non seulement la scène est admirable, du point de vue de l'esthétique, mais je sais que c'est la première fois qu'on aura fixé sur la pellicule la séquence complète du repas d'un grand cétacé. Les scientifiques seront satisfaits. Ils analyseront ces images une à une. Je les connais. Ils dissèquent tout. Ils y trouveront de quoi alimenter des pages et des pages de publications.

« La baleine avance puissamment en surface. Elle souffle très fort, très haut, puis elles se couche sur le côté et se jette en avant, la bouche béante,

*Jo Guillou, le mécanicien de l'*Alcyone, *se transforme à l'occasion en cuistot. Il réussit aussi bien la viande au barbecue que le bricolage de moteur de zodiac récalcitrant. C'est ce qu'on appelle la polyvalence. (Ph. R. Murphy/ Fondation Cousteau.)*

pour engouffrer une tonne d'eau chargée d'animalcules. Ses sillons de gorge s'écartent, se dilatent, laissent paraître la chair rosâtre de leurs creux. La partie antérieure de son torse se gonfle de façon monstrueuse. On dirait une bulle formidable — un ballon dirigeable!

« La gueule se referme. Aussitôt après, on devine le travail de la langue. En se relevant vers le palais, ce muscle énorme, à lui seul aussi lourd qu'un éléphant, pousse l'eau et le plancton vers les bords de la bouche, vers les fanons qui pendent de la mâchoire supérieure et qui sont alignés comme des palissades. Ces lames cornées sont garnies d'un réseau serré de filaments (les barbes, ou franges) gris pâle. Ils font leur office. Ils retiennent les proies dans la cavité buccale, tandis que le liquide superflu jaillit de part et d'autre des lèvres en torrents écumants. Alors seulement, le cétacé déglutit: une cinquantaine de kilogrammes de crevettes et de de sardines (les petits prédateurs sont devenus proies) descendent dans l'étroit œsophage (moins de quinze centimètres de diamètre), vers le jabot, la première des quatre poches de l'estomac.

« Bob Braunbeck conduit successivement notre hélicoptère à la verticale des six rorquals du troupeau. La façon de manger de tous ces colosses est identique. Ils se couchent sur le côté droit lorsqu'ils ouvrent la gueule pour engloutir. Sur le côté droit... Jamais sur le gauche. C'est, je crois, l'une des raisons de la différence de coloration des deux mâchoires, chez cette espèce. La mâchoire gauche étant gris sombre et la droite blanche, lorsque le cétacé se met sur sa dextre, les proies situées au-dessous de lui se trouvent prises au piège de ce qu'on appelle la "contre-ombre". Elles confondent le rorqual clair et la vive lumière de la surface. Elles décèlent moins vite le danger que si quelque chose de noir les survolait. L'efficacité de la collecte alimentaire du Léviathan s'en trouve améliorée. Mais où l'évolution va-t-elle chercher tout ça? »

Depuis l'hélicoptère, Jean-Paul Cornu s'émerveille. Dans le zodiac, les plongeurs peinent davantage. Les grands cétacés ont beau nager lentement, occupés qu'ils sont à bâfrer, ils taillent la route.

« Pour nous, raconte le chef opérateur Michel Deloire, c'est la galère! Richard Murphy a eu une chance incroyable: il a sauté, et les rorquals sont venus... L'hydravion et l'hélicoptère volent d'un cétacé à l'autre. Mais nous, nous sommes ballottés sur les lames comme les bouteilles d'une célèbre boisson à l'orange (publicité gracieuse). Nous n'y avons gagné que des bleus aux fesses... Et ça dure!... Mais ça va changer!

« Dominique Sumian nous amène en position stratégique, un peu en avant d'une de ces montagnes de chair à la peau luisante. Nous basculons l'un après l'autre dans la mer. Louis Prézelin, Marc Blessington et Jérôme Julienne palment devant moi, très vite, vers le rorqual qui écrème. Don Santee me côtoie avec le projecteur. Clay Wilcox me suit en portant le câble. Je déclenche ma caméra. J'ai dix minutes de pellicule de réserve, et aucune chance de passer un aussi long moment avec une baleine. Par conséquent, j'arrose!... Tout ce qui bouge sera filmé... Bien content s'il en reste un plan potable de vingt secondes...

« Ce qui frappe, au sein de cette mer, dans ce canal des Baleines, c'est la densité exceptionnelle de la vie. Tous les étages de la pyramide alimentaire sont représentés dans un volume d'eau limité. Le plancton végétal (les algues unicellulaires) donne à l'élément liquide des reflets verdâtres. Le plancton animal (les euphausiacées et les copépodes qui constituent le krill) luit de tous ses pigments roses. Les petits carnivores sont incarnés par des volées de sardines et de poissons de taille médiocre ou moyenne. Les grands consommateurs, en dehors des pélicans et des fous, des otaries qu'on soupçonne, des marlins et des thons qu'on devine, sont les baleines qui poursuivent leurs agapes. Bruyamment.

« Nous les entendons clair et net dans leur royaume. Elles soufflent.

Elles font de grands gargouillis lorsqu'elles filtrent (on dirait des cascades). Elles s'appellent, aussi, de temps à autre: elles poussent des mugissements, des grognements, des meuglements, des miaulements bizarres, d'une intensité sonore considérable. Mais qu'est-ce qu'elles se disent?

La gueule comme un four

« Nous n'avions rien vu jusqu'à présent?... Eh bien, nous allons voir!... Un rorqual, l'un des plus grands (une femelle?), s'approche en soufflant de notre petite troupe. Il bondit de dix ou quinze mètres vers l'avant chaque fois qu'il prend une nouvelle gorgée d'eau. Le genre bulldozer, si l'on veut; mais nerveux!... Nous avons cette chance, aujourd'hui, que le plancton se trouve en surface: les mysticètes nous offrent à l'air libre et au grand soleil un spectacle qu'ils réservent normalement aux locataires des profondeurs.

« J'essaie de diriger l'objectif de ma caméra vers la gueule du Léviathan. Cette bouche-là, c'est quelque chose! On y ferait entrer une voiture, oui: c'est-à-dire plusieurs opérateurs de cinéma dans mon genre... La baleine engloutit avec une telle frénésie, un tel appétit, que la pensée me vient: elle pourrait ne pas me déceler, dans cette soupe épaisse ; et je subirais le sort de la sardine.

« Je sais qu'une baleine n'a jamais avalé un homme; que son œsophage est trop étroit; et que Jonas, s'il a existé, et s'il a vécu les aventures qu'on raconte, a plutôt séjourné dans un mérou géant que dans un cétacé. Mais tout de même... Il suffirait d'une seule erreur!

« Soudain, le rorqual bâille comme un four à deux mètres de moi. Je ne pensais pas qu'il était si près! Je détaille ses fanons et leurs franges. Je distingue sa langue rose — mammouthéenne — et son palais ridé. Je devine, tout au fond de la caverne, l'orifice rond de sa gorge... Cette fois, c'est sûr, il va me manger! Je serai l'exception, le premier cas prouvé de disparition humaine dans un ventre de cétacé... Un honneur discutable!

« Tout se brouille. Je sens l'eau qui tourbillonne avec une force incroyable. Des nuages de bulles éclatent autour de mon corps. Je suis balayé, emporté cul par-dessus tête, éjecté comme un brimborion dans la tempête... J'ai fermé les yeux. Lorsque j'ose les rouvrir, je constate que je flotte encore, que je ne suis pas dans le ventre du monstre, et que la baleine s'éloigne paisiblement. Elle m'a évité, à la dernière seconde, d'une torsion majestueuse de la tête et du corps. Ce sont les remous créés par sa nage qui m'ont fait faire la culbute.

« Je n'ai ni une égratignure ni une contusion... Je cherche sur les vagues mes compagnons d'aventure. Ils sont là, Louis Prézelin, Marc Blessington et Jérôme Julienne à droite, Don Santee et Clay Wilcox à gauche. Aussi ahuris que moi. Aussi stupéfiés par l'épisode... Dominique Sumian nous récupère. Il rit, le bougre! Il se moque... On voit qu'il n'a pas contemplé de près l'antre du Léviathan!

« Tandis que nous revenons vers l'*Alcyone*, et que *Félix* et *Papagallo* continuent de tourner dans l'atmosphère pour permettre aux équipiers Cousteau d'observer les rorquals, et de noter les moindres détails de leur comportement, il me trotte dans la tête ces deux vers de la Bible, qui figurent au *Livre de Job:*

Léviathan passe et son sillage brille:
C'est comme si les gouffres avaient des cheveux blancs. »

Chapitre 11

LA DANSE D'AMOUR DES GRUNIONS

La mer de Cortez est fertile en mystères. Elle a des splendeurs cachées. Elle ne se révèle pas d'emblée. Elle est le théâtre d'événements physiques ou biologiques étonnants, qui ne se produisent que de temps à autre, et qui lui donnent son caractère exceptionnel.

Naguère, quelques personnes seulement connaissaient ces représentations sublimes, qu'il fallait mériter parce que tout était loin, parce qu'il n'existait aucune route, parce que c'était le désert. A notre époque d'invasion touristique massive, hélas! de tels épisodes sont menacés sitôt qu'ils deviennent fameux...

La parade d'amour des grunions fait partie de ces actes de vie essentiels que la nature soumet à notre admiration, qu'elle semble avoir inventés pour nous plaire, et que nous nous ingénions à perturber dès qu'ils sont à portée de nos automobiles, de nos bateaux ou de nos avions.

Une petite équipe Cousteau, composée du chef de mission Dominique Sumian, du chef opérateur Jean-Paul Cornu, des plongeurs Don Santee et Marc Blessington, du scientifique Richard Murphy et de l'ingénieur du son Gary Holland, rejoint en fourgon et en voiture tout-terrain les plages du golfe de Santa Clara, au nord de la mer de Cortez, là où s'achève le rio Colorado. Jean-Michel Cousteau est déjà sur place. Il est venu avec l'hydravion *Papagallo*, que pilote Mike Sullivan.

Les véhicules franchissent le rio Colorado au pont de Victoria. Ils roulent dans l'État de Sonora. Ils traversent une portion de désert hérissée de collines grises et ocre, et semée de cactus-cierges monumentaux. Ils roulent vers le littoral jusqu'au petit village de pêcheurs d'El Golfo de Santa. C'est sur les plages de cette contrée, à l'est de l'embouchure du Colorado, de l'île Montague et de l'île Gore, que les grunions dansent le plus activement. C'est là qu'ils interprètent, en hiver et au printemps, de janvier à mai, leur étrange ballet d'amour.

Les grunions, qu'on appelle aussi athérines, sont de petits poissons effilés qui ressemblent à des anchois. Ils atteignent dix-huit à vingt centimètres de longueur. Leur corps fusiforme est brun-verdâtre sur le dessus et argenté sur le ventre, avec une ligne médiane longitudinale plus sombre qui sépare nettement les deux zones pigmentaires. Leur bouche est peu puissante. Leurs dents, minuscules, manquent parfois complètement. Leur première nageoire dorsale est épineuse. Ils se nourrissent de proies planctoniques (larves, crustacés...) et d'animaux divers du benthos.

Ils appartiennent à la famille des athérinidés (ou prêtres), qui fait elle-même partie de l'ordre des mugiliformes (comme les barracudas et les muges), et qui regroupe au total plus de cent cinquante espèces. Ils pourraient passer pour des animaux d'une grande banalité, n'étaient leurs ahurissantes mœurs sexuelles.

Les vagues rejettent, sur les plages de la mer de Cortez, des quantités de débris d'animaux: coquilles de mollusques, tests d'oursins, etc. C'est une preuve que cette étroite dépendance de l'océan Pacifique reste biologiquement très riche. (Ph. F. Gohier.)

Deux espèces — proches parentes — hantent les rivages de la Californie : le grunion du Pacifique (*Leuresthes tenuis*), qu'on trouve sur les côtes du Grand Océan, depuis le sud de San Francisco jusqu'à la péninsule de Basse-Californie ; et le grunion du Golfe (*Leuresthes sardina*), propre à la mer de Cortez, qui vient surtout frayer dans la partie nord de celle-ci. Les différences entre ces deux formes sont peu évidentes, sauf aux yeux des ichthyologistes (le grunion du Pacifique est en général un peu plus grand et plus coloré que l'autre).

Les hommes de l'équipe terrestre retrouvent Jean-Michel Cousteau et Mike Sullivan à la nuit tombée. La Lune, encore pâle, semble accrochée au-dessus de l'horizon. Elle est ronde. Elle est pleine. La Lune... L'un des acteurs essentiels de cette histoire...

Les équipiers Cousteau bivouaquent sur la plage. Le sable est tiède et doux sous leur corps. La brise véhicule les parfums mélangés de la mer et des herbes des dunes. Sommeil léger comme un parfum... Réveil enchanté à l'extinction des étoiles...

La Lune a changé de place au firmament, mais elle est toujours là, ballon gris pâle suspendu sur les vagues.

Pondre dans le sable

Jean-Michel Cousteau, Dominique Sumian et leurs compagnons partent en reconnaissance. Ils arpentent le sable. Dans les flaques laissées par le reflux, ils découvrent des clams gros comme des bols de soupe ; des vers serpulidés d'un étrange émeraude ; des crabes à la carapace tellement bardée d'épines qu'elle décourage les plus intrépides prédateurs ; des crevettes rapides comme des étoiles filantes ; des bernard-l'hermite qui vaquent à leurs affaires dans leur coquille de location...

Le soleil s'élève dans le ciel. Il brille comme il sait le faire dès le premier printemps dans les contrées tropicales. La mer s'est retirée très loin, à plus de quatre cents mètres de la ligne moyenne des marées hautes. Elle commence à remonter. Des goélands de Heermann et des sternes royales piaillent en tournoyant dans l'air. Des pélicans bruns se dandinent. Des cormorans font sécher leurs ailes. Un huîtrier américain (*Haematopus palliatus*) au long bec rouge vif cherche des vers ou des mollusques dans un lac de vase. Une barge marbrée (*Limosa fedoa*) s'avance sur ses hautes et fines pattes grises, et picore le sable en quête des invertébrés de la faune enterrée (infaune). Les coquillages abandonnés sur la grève forment des lignes parallèles onduleuses étranges (comme si les vagues avaient voulu écrire quelque chose ; mais qui pourrait déchiffrer ce message ?). Ici ou là, des paquets d'algues jettent sur le sédiment beige et gris pâle des taches de couleur vertes ou brunes. Des centaines et des centaines de dollars des sables (clypéastres) éparpillés évoquent des écus d'or tombés de quelque bourse magique. Des oursins, des étoiles de mer, des os de seiches, des petits poissons morts de mort naturelle, témoignent qu'ici le monde des eaux reste généreux, et qu'il féconde jour après jour la terre comme il le fait depuis que la vie est inventée.

Le Dr Donald Thomson, ichthyologiste réputé, professeur à l'université de l'Arizona, a lui aussi fait le voyage. Il étudie la migration des grunions depuis près de dix-huit ans. Il s'en émerveille comme au premier jour. Il se joint aux membres de la mission Cousteau. Il devient naturellement leur guide.

« Vous allez assister à un spectacle que vous n'oublierez jamais, dit-il. Aujourd'hui même... Vous allez observer la cour d'amour des grunions...

« Les grunions, explique-t-il, sont des poissons bizarres. Ils ont besoin de pondre dans le sable. Ne me demandez pas pourquoi : personne ne peut répondre honnêtement à cette question. Pas plus que nous ne connaissons

Pourquoi des poissons comme les grunions, ou athérines, viennent-ils pondre dans le sable? Telle est l'énigme que les équipiers de l'Alcyone *aimeraient résoudre au fond du golfe de Californie, sur les plages d'El Golfo de Santa... (Ph. R. Murphy/ Fondation Cousteau.)*

les raisons qui poussent les anguilles à aller frayer à huit cents ou neuf cents mètres de profondeur dans la mer des Sargasses, ou les saumons à remonter jusqu'au ruisseau de leur naissance pour y déposer leurs œufs... Au sein de la famille des athérinidés, les grunions de l'ouest de l'Amérique du Nord sont les seuls à agir de la sorte. Les athérines d'Europe, d'Asie, d'Afrique ou des autres parties du Nouveau Monde se comportent "normalement": elles fraient en pleine eau. Dans l'état actuel de la science, nous ne pouvons que constater. Les œufs des grunions n'incubent bien que dans le sable des plages où, chauffés par les rayons du soleil et sans cesse humidifiés par les infiltrations aquatiques, ils passent deux semaines.

« L'intérêt de pondre dans le sable, pour les animaux du genre *Leuresthes*, tient peut-être au fait que, dans ce biotope difficile, les prédateurs sont moins nombreux que dans l'eau (même si certains crabes ou certains oiseaux limicoles s'en donnent à cœur joie). Quoi qu'il en soit, les grunions s'accrochent à leurs habitudes ancestrales. En termes plus savants, disons qu'ils vont frayer sur les plages parce que c'est inscrit dans leur patrimoine génétique, comme la couleur de leurs écailles et la forme de leur queue.

« Pondre dans le sable n'est pourtant pas une sinécure. Premièrement, les poissons sont mal conçus pour ramper hors de l'élément aquatique; ils n'y parviennent que sur de courtes distances, à force de contorsions pathétiques. Deuxièmement, il ne servirait à rien de déposer des œufs en un endroit que la mer viendrait balayer et rebalayer à peine le frai achevé.

« Voilà pourquoi la seule époque favorable à une entreprise aussi bizarre est celle des grandes marées de vive-eau. La seule stratégie praticable consiste, pour les grunions, à se laisser porter par les vagues du flot, le plus haut possible sur la plage; à déposer — vite, vite! — les œufs arrosés de laitance dans le sable humide; et à repartir vers le large avec le jusant... L'incubation s'effectue durant la période des marées de morte-eau, c'est-à-dire pendant quinze jours. Aux marées de vive-eau suivantes, les alevins éclosent. Ils sont extraits du sable par la force érosive des vagues. Ils se laissent entraîner par le reflux vers les eaux profondes, où ils vivront leur destin hasardeux. »

Le Dr Donald Thomson, le nez à la hauteur des poissons... Il surveille la migration reproductrice des grunions depuis dix-huit ans. Et il s'en émerveille comme au premier jour — fasciné par la complexité de cette adaptation. (Ph. R. Murphy/ Fondation Cousteau.)

Le nez à la hauteur des poissons

Le grand jour !... Quarante-huit heures exactement après le début de la pleine Lune... La marée sera haute, très haute — un marnage de près de dix mètres, l'un des plus forts coefficients de l'année. Les grunions sont là, dans la mer, tout près, venus du large. Ils se sont rassemblés, guidés par cet instinct que nous ne comprenons pas, mais qui nous fascine. Ils sont excités. Fous de désir. Ils vont débarquer.

« Sur cette plage, face à la mer de Cortez, nous sommes prêts, raconte Jean-Paul Cornu. Nous avons déployé notre quincaillerie — je veux dire une partie de notre matériel cinématographique et scientifique. Nous attendons.

« La marée monte avec cette obstination et cette indifférence qui caractérisent les phénomènes physiques du globe. Les vagues mangent la plage. Elles dépassent les traces humides des flux précédents. Elles recouvrent les lignes d'algues, de coquilles et de méduses abandonnées. Elles se brisent à nos pieds.

« Nous scrutons l'eau qui fouette nos chevilles. Les courtes lames qui déferlent sur la grève sont chargées de sable et de débris divers. Mais pas seulement... On a l'impression qu'elles grouillent. Qu'elles palpitent. Qu'elles brassent des centaines et des centaines de tortillons argentés. On jurerait qu'elles sont vivantes.

« Bien sûr, ce sont les grunions !... Les premiers de la troupe. Les pionniers... Ils frétillent. Ils se frôlent. Ils se frottent. Ils arquent convulsivement leur colonne vertébrale. Ils vibrent de toute la longueur de leur corps. Ils accompagnent en nageant le mouvement des vagues qui les propulsent vers le haut de la plage — toujours plus haut.

A perte de vue, sur la plage, les corps scintillants des petits poissons venus donner la vie... Quel instinct dicte leur conduite aux grunions? Comment « connaissent »-ils les phases de la Lune et le moment du déclenchement des grandes marées? (Ph. R. Murphy/ Fondation Cousteau.)

Les accouplements durent le temps de l'étale de haute mer. Les femelles, dressées sur la queue, creusent un sillon dans le sable, où elles déposent leurs œufs. Les mâles s'enroulent autour d'elles, et lâchent leur laitance sur la ponte. (Ph. R. Murphy/ Fondation Cousteau.)

« Ils sont prêts. Mâles et femelles assemblés ont émis dans l'eau tiède les messages chimiques, les hormones externes (phéromones) qui disent leur état physiologique. Ils se trouvent soumis aux mêmes pulsions, à la même excitation organique. Leurs corps ne sont plus que désir de sexe. Déjà, ils entament leur parade. Elle est aussi rapide que curieuse. Lorsqu'ils se trouvent à découvert, hors de leur élément naturel, ils se contorsionnent avec frénésie. Les femelles se plantent dans le sable, à la verticale, sur la queue. On se demande comment elles conservent leur équilibre... En se tortillant, elles creusent dans le sédiment mou un petit sillon de cinq ou six centimètres de longueur et de quatre ou cinq de profondeur: ce sera leur nid... Elles se servent de leur tête comme d'une sorte de sémaphore. Les mâles n'ont pas besoin qu'on leur explique longtemps le message. Ils se jettent sur elles, souvent à deux, trois, quatre ou cinq, et tentent de s'enrouler autour du ventre offert.

« Lorsque l'un d'entre eux y parvient, lorsque son corps forme un symbolique et efficace anneau nuptial autour de l'abdomen de la belle, l'acte d'amour s'accomplit. La femelle lâche ses ovules, en longs chapelets... Plusieurs centaines de petits grains blanchâtres, de la taille d'une grosse tête d'épingle, jaillissent spasmodiquement de son orifice génital... Au fur et à mesure qu'elle pond, le mâle arrose le frai avec sa laitance, qu'il répand en une succession d'éjaculations spectaculaires... Orgasme !... Privilège des vivants !

« Les femelles s'agitent encore après la crise. Elles enfouissent leur ponte dans le sable. Elles rebouchent leur nid en se tortillant. Il arrive qu'au bout d'un moment, elles recommencent à se dresser sur la queue — nouvel appel aux mâles — parce qu'elles n'ont pas achevé de confier au sédiment les ébauches de vie qui ont mûri dans leurs entrailles. Mais la plupart du temps, elles se laissent emporter vers l'arrière par le retrait d'une grosse vague, et elles gagnent l'eau profonde.

Jean-Michel Cousteau et Dominique Sumian examinent les pontes des grunions et les cadavres des adultes épuisés, qui n'ont pas réussi à retourner à la mer. Comment l'espèce en est-elle venue à « choisir » ce mode de reproduction ? (Ph. R. Murphy/ Fondation Cousteau.)

« Les mâles essaient de s'accoupler plusieurs fois, en se rapprochant comme ils peuvent de partenaires au ventre gonflé d'ovules, et debout dans l'écume. Mais la concurrence est rude. Heureux sont ceux qui réussissent en une occasion à perpétuer leur patrimoine génétique... Ces animaux à sang "froid" se fatiguent vite. Ils se laissent emporter par les vagues qui refluent. La mer les reprend.

« A présent, la frénésie sexuelle des grunions du golfe est hallucinante. Des bancs entiers de ces corps aux écailles luisantes, verdâtres et argentés, grouillent dans les vagues et sur le sable trempé. Ils imprègnent l'eau comme le plancton des mers polaires en été ; ou comme les calmars que les hommes de la *Calypso* avaient filmés non loin d'ici, dans les parages de l'île de Guadalupe, voici une quinzaine d'années ; ou comme les capelans dans les eaux de Terre-Neuve, au moment du frai. Ils ne sont plus des centaines, mais des milliers, des dizaines de milliers à vouloir tous ensemble pondre et lâcher leur laitance. Millions de millions d'ovules. Millions de milliards de spermatozoïdes. Incalculables surabondances !

« La mer est pâteuse de poissons. Elle ressemble à une soupe épaisse, vibrionnante, saturée de corps fuselés qui s'entrecroisent et se télescopent. Le mucus qui suinte des écailles donne à l'eau des reflets argentés, et à l'écume des vagues d'étranges irisations. La vie se déploie follement dans ce théâtre liquide et de sableux. Elle étale ses richesses. On voudrait composer un poème — fût-ce un modeste haiku :

La mer jette
des pelletées de poissons
sur le sable

« La frange inférieure de la plage ressemble à une écharpe brillante de grunions frétillants. Les poissons excités s'y succèdent, vague après vague (littéralement !...), pour accomplir l'acte reproducteur. Nous ne nous lassons pas une seconde du spectacle. Nous allons de groupe de poissons en groupe de poissons. tête. Ainsi s'accomplit le rite charnel des petites athérines de Basse-Californie, ces animaux lunatiques, au sens premier du terme.

« Les accouplements durent le temps de l'étale de marée haute. Lorsque l'eau commence de descendre, les poissons cessent de se porter en avant, de surfer sur les lames. Ils ne se confient plus à la force des vagues, comme s'ils avaient "conscience" que leurs œufs, pondus trop bas sur la plage, n'auraient aucune chance d'incuber et d'éclore. Quand la mer se retire, ils nagent vers le large.

« Ils reviendront à la prochaine marée de vive-eau. Quand la Lune sera de nouveau amicale... Ils reviendront... Eux ou d'autres grunions : personne ne sait, en effet, si les mêmes animaux effectuent plusieurs migrations reproductrices successives à la saison favorable, ou si des individus différents entreprennent chaque mois, entre janvier et mai, le stupéfiant voyage de noces de l'espèce. »

Les phases de la Lune

Jean-Michel Cousteau et ses compagnons ne voient pas le temps passer : et comment s'apercevraient-ils que les heures s'envolent, alors qu'ils sont témoins de l'accomplissement d'un mystère vieux de plusieurs millions d'années ? Il est des scènes devant lesquelles on s'incline et on se tait, simplement.

Le Dr Donald Thomson connaît mieux que quiconque les modalités de la migration amoureuse des grunions. Il les a observées une fois de plus dans sa position favorite, c'est-à-dire allongé sur le ventre, perpendiculairement

Sur les côtes basses et sableuses du nord de la mer de Cortez, un grand nombre d'oiseaux limicoles profitent de la migration des grunions. Les barges marbrées s'invitent au banquet; ces échassiers charadriiformes se goinfrent d'œufs. (Ph. F. Gohier.)

à la mer, le nez à la hauteur des poissons. Mais, dit-il, « la magie demeure, aussi prenante qu'au premier jour »...

« On peut comprendre, ajoute le biologiste, que l'espèce ait intérêt à pondre dans le sable, parce que cela constitue une forme de protection de ses œufs contre les prédateurs — même si l'efficacité du stratagème est loin d'être parfaite.

« On peut s'émerveiller de la parfaite correspondance qui existe entre le temps nécessaire à la maturation des embryons dans le sable, et le délai qui s'écoule entre deux grandes marées successives. Deux semaines, exactement... Pas une et demie ni deux et demie!... Voici une adaptation évolutive complexe, qui pose un sérieux problème théorique: comment rendre compte de l'apparition de cette coïncidence idéale en n'employant que les outils conceptuels de l'hypothèse néo-darwiniste de l'évolution, c'est-à-dire la mutation au hasard et la survie des plus aptes? On suppose qu'à l'origine les grunions pondaient dans très peu d'eau, à la limite inférieure de la plage. Les sujets qui, par hasard, déposaient leurs œufs le plus haut sur la grève auraient survécu en plus grand nombre que les autres: ils auraient été les "mieux armés", les "plus aptes". Ils se seraient imposés...

« Ce qui demeure le plus inexplicable, dans le comportement migratoire des grunions, c'est leur précision d'horloge. Leur sens du temps, des dates, du calendrier, des échéances... Leur ahurissante "connaissance" des tables horaires et des coefficients d'amplitude des marées... Comment "choisissent"-ils le moment où ils vont se laisser porter par les vagues vers le sommet de la plage? Comment "savent"-ils qu'il s'agit bien d'une grande

marée de vive-eau, et non pas d'une marée ordinaire, qui ne conviendrait pas à la survie et au développement de leurs œufs ? A quels stimuli obéissent-ils lorsqu'ils se rassemblent non loin des côtes, afin de se confier au flux qui les rejettera très haut sur le sable ? Force est d'avouer que, sur ces questions essentielles, nous n'avons pas le moindre début de réponse. Dire que les grunions sont sensibles aux phases de la Lune tient davantage de l'explication verbale que de la science. Bien entendu, qu'ils le sont. Mais nous ignorons quels organes interviennent dans cette appréciation. Est-ce la vue ? Cela paraît peu probable... L'odorat ? Ce serait étonnant... La ligne latérale, c'est-à-dire le centre nerveux de détection des ondes de pression de l'eau ? Peut-être... »

L'huîtrier américain, comme ses cousins d'Eurasie et des îles du Sud, possède un long bec rouge, comprimé, qui lui permet de fouiller les fissures des rochers, la vase et le sable, en quête de petits invertébrés — ou d'œufs de grunions ! (Ph. F. Gohier.)

Le festin des limicoles

Les interrogations du Dr Donald Thomson font le bonheur des hommes de l'équipe Cousteau, qui n'aiment rien tant que les énigmes du vivant. Mais tout le monde, sur la plage, ne voue pas aux grunions un intérêt purement spéculatif ou esthétique. Le frai constitue aussi une aubaine pour certaines espèces piscivores, auxquelles on reprocherait en vain de céder à la tentation.

Dès que les athérines sortent de l'eau, les pélicans bruns (*Pelecanus occidentalis*), les cormorans à double aigrette (*Phalacrocorax auritus*), les goélands de Heermann (*Larus heermanni*) et ceux d'Audubon (*Larus occidentalis*) passent à table. Pour eux, c'est jour de banquet. Pas de sentiment : ils bâfrent !... Voyez ce gros pélican, à la limite des vagues et du sable : il lui suffit d'entrouvrir le bec dans l'écume pour avoir un grunion dans la poche... Le goinfre en a déjà avalé sept ou huit... Regardez ce cormoran : le plus rusé des oiseaux plongeurs n'a même plus besoin de descendre sous la surface ; juste la peine d'agiter les mandibules de son bec à pointes courbes... Considérez ces goélands criards : eux qui se contentent si souvent de débris et de charognes font bombance de chair fraîche...

Cependant, dans la nature, même les banquets sont réglés. Ils obéissent à de subtils équilibres. Les équipiers Cousteau constatent, non sans surprise, que les prédateurs emplumés dévorent les grunions lorsque ceux-ci se trouvent encore dans l'eau ou y retournent. Mais qu'ils interrompent leur repas au moment des accouplements... En refrénant leur appétit pour un temps, ils préparent l'avenir. On dirait qu'ils « comprennent » qu'en laissant s'accomplir la fécondation des œufs de leurs proies, ils assurent leur manger de demain... Cela paraît extraordinaire !... En réalité, ce « sage » comportement résulte probablement d'une inadaptation des pélicans et des cormorans (c'est moins vrai des goélands) à becqueter sur le sable. Mais la nature, comme on dit, fait bien les choses.

À y regarder de près, d'ailleurs, tous les oiseaux ne sont pas aussi « prévoyants ». Les limicoles (les gravelots, les chevaliers, les bécasseaux, les pluviers, les barges, les huîtriers...) ne gobent pas les grunions adultes, trop gros pour leur œsophage. Mais ils se régalent d'œufs frais... Ils repèrent l'emplacement des nids à leurs petits orifices ourlés d'eau. Ils piochent le sable humide à coups de bec précis, et se gobergent. Ils s'emplissent le jabot de ce caviar très pâle.

Les oiseaux, qu'ils soient piscivores ou limicoles, même en bâfrant comme des affamés, ne mettent pas un instant en péril l'avenir de l'espèce. Ils gobent du grunion depuis des millénaires sur les plages de la contrée, et ils n'ont jamais fait descendre au-dessous d'un seuil critique les populations de leurs proies. Cette remarque vaut pour l'ensemble des prédateurs naturels des athérines, qu'ils vivent dans la mer (comme les carangues, les barracudas, les thons, les marlins, les otaries, les baleines) ou sur le sable, comme les crabes amateurs d'œufs.

Il existe, hélas ! un prédateur bien plus dangereux que tous ceux-là réunis, qui est aussi un fieffé saccageur et un pollueur impénitent. Nul besoin de le présenter : c'est l'homme...

Le plus dangereux prédateur

Jean-Michel Cousteau et ses compagnons parcourent la plage immense sur laquelle ils ont observé le frai des grunions. Elle a attiré du monde... Des groupes de Mexicains, hommes, femmes et enfants, vêtus de ponchos ou de robes aux couleurs vives, sont arrivés des villages alentour. Ils se sont munis de pelles, de seaux, de cageots, de sacs de plastique. Ils remplissent aussi vite qu'ils le peuvent leurs récipients de poissons frétillants : la chair des grunions constituera pour eux un complément de nourriture, une source de protéines animales. Ils sont pauvres. Ils ne mangent pas tous les jours de la viande. Qui pourrait leur reprocher cette cueillette ?

L'ennui, c'est que le ramassage s'effectue sans souci de l'avenir de l'espèce. On prend tout ce qu'on trouve... Sur les rivages de la Californie américaine (où se reproduit *Leuresthes tenuis*), la récolte des athérines est mieux conçue : les amateurs de friture viennent également nombreux avec leurs seaux. Mais ils n'ont pas le droit d'employer autre chose que leurs mains nues pour remplir leurs récipients. Ce règlement limite le pillage.

Sur les grèves de la mer de Cortez, cependant, le principal facteur de destruction n'est même pas la cueillette des autochtones. Les équipiers

Cousteau ne mettent pas longtemps à comprendre: une fois de plus, ce qui menace au premier chef la mer vivante, c'est le saccage — la destruction mécanique directe. Et les responsables de ce gâchis, ce sont les nantis. En l'occurrence, les touristes — presque tous nord-américains... Les touristes, insouciants, égoïstes, jouisseurs de l'instant présent, qui méprisent à peu près tout ce qui bouge, qui ne sont préoccupés que de leur satisfaction immédiate, qui semblent incapables de contempler les beautés qui les entourent — et qui les assassinent...

Venus de la Californie, de l'Arizona, du Nouveau-Mexique, du Texas, les riches Nord-Américains se comportent ici comme en pays conquis. Certains d'entre eux font de la friture avec les grunions. Beaucoup d'autres n'entreprennent le voyage que parce que c'est un prétexte à beuveries. Ils ne respectent rien. La plage constitue leur terrain de jeu. Ils s'y promènent avec leurs voitures. Ils y font pétarader des buggys, des motos, des trois-roues. Ils foncent sur le sable, à toute allure, le plus près possible des vagues. Si les grunions se reproduisent quand ils lancent leurs engins sur le rivage, ils les écrabouillent. Ils dévastent les nids fragiles. Ils éparpillent les œufs et tuent les embryons. Ça les fait rire... Ils trouvent ça « amusant »... Ils recommencent, pour le simple plaisir de faire du bruit ou de faire jaillir des gerbes de sable et d'eau à l'arrière de leurs roues. Pour le plaisir... Mais quel plaisir, grand Dieu?...

Le pis, c'est qu'ils imaginent, en agissant de la sorte, qu'ils « renouent » avec la nature — qu'ils s'y « replongent », qu'ils s'y « ressourcent »!

Les touristes sont les Attila des temps actuels. Sous leurs pieds, nulle herbe ne repousse. Nul vivant ne leur résiste — ni les algues, ni les fleurs, ni les coraux, ni les papillons, ni les poissons, ni les oiseaux, ni les tigres, ni les baleines, ni les trois ou quatre millions de merveilles végétales et animales de la terre et de la mer... La seule différence qui existe entre eux et des hordes de Huns déchaînées, c'est qu'ils effectuent leurs dévastations à des dates prévisibles — pendant les fins de semaine et les vacances.

La chance des grunions de la mer de Cortez, l'espoir qui leur reste d'échapper aux saccages des Barbares de notre époque, c'est que les grandes marées de vive-eau ne se produisent pas forcément pendant les congés ou les week-ends. Aucun syndicat d'initiative, aucune agence de loisirs, n'a encore réussi à programmer les phases de la Lune.

Depuis des millénaires, les prédateurs attendent les grunions sur les plages; jamais ils n'ont mis l'espèce en péril... L'homme pourrait l'anéantir. Il pêche trop. Il saccage la côte. Il piétine les œufs et détruit les nids avec ses véhicules. (Ph. R. Murphy/Fondation Cousteau.)

Chapitre 12

LES BOUCHES DU COLORADO

L'équipe terrestre de la mission Cousteau a laissé l'*Alcyone* et son équipage dans la baie de San Felipe. Elle est partie vers les Etats-Unis — vers San Diego —, afin de compléter ses approvisionnements en carburant, pellicule vierge, batteries d'accumulateurs, etc. Elle revient dans la péninsule. Elle franchit la frontière à Tijuana. Au lieu de continuer vers le sud, le long de l'océan Pacifique, en direction d'Ensenada, elle prend la route de l'est, vers Tecate et Mexicali. Le fourgon et la voiture tout terrain marqués de la nymphe et du dauphin verts roulent sur l'excellente chaussée goudronnée qui conduit à la plaine alluviale et aux bouches du rio Colorado.

Jean-Michel Cousteau plaisante au volant de la voiture. Il est accompagné de Dominique Sumian, le responsable de cette mission terrestre; de Jean-Paul Cornu, le chef opérateur de cinéma; et de l'ingénieur du son Yves Zlotnicka. Dans le fourgon ont pris place le biologiste Richard Murphy; le plongeur Clay Wilcox; et le plongeur Marc Blessington.

La route est agréable, quoique le soleil ne cherche pas à se faire oublier. Au loin, les brumes de chaleur jettent un voile léger, presque irréel, sur l'étendue des steppes à la végétation raréfiée qui annoncent le désert. Ce voyage doit mener les équipiers Cousteau sur les rives mêmes du rio Colorado. Les jours qui viennent seront consacrés au grand fleuve qui descend des montagnes Rocheuses, à son débit, à son régime, à ses alluvions, aux misères que les hommes lui font subir, et aux conséquences qui s'ensuivent pour la faune et la flore de la mer de Cortez.

Tandis que roulent les véhicules, Jean-Michel Cousteau songe au destin de cette péninsule de Basse-Californie, qui était si difficile à pénétrer voici un quart de siècle et qui se trouve désormais sillonnée de routes carrossables... Il y a quelques décennies, celui qui voulait atteindre le bout de ce doigt de terre partait à l'aventure. Il devait effectuer une grande partie du trajet à dos de mule. Il mettait deux mois pour aller de la Californie américaine au cap San Lucas, à l'extrémité de l'« ongle ». Il parcourait deux mille cinq cents kilomètres de méchantes pistes et de sentiers approximatifs. Il perdait quelquefois une bête de somme (quoique les mules aient le pied assuré...). Il devait étudier son itinéraire pour ne pas risquer de manquer de points d'eau. Il pouvait redouter la piqûre du scorpion ou la morsure du serpent à sonnettes. Il rencontrait le puma rugissant. (Remarquons bien que le puma rugissant n'a jamais constitué un vrai danger pour l'homme. Les premiers colons espagnols le surnommaient *el amigo del Cristiano*, « l'ami du Chrétien », à cause de son caractère accommodant.)

Les véhicules Cousteau filent vers l'est, passent Tecate et grimpent les côtes de la sierra de Juarez en direction de Mexicali. Le paysage est éblouissant. Les cactus-cierges enchantent les pentes des collines sèches et

Symbole de l'union de la terre et de la mer: l'aigle (ou balbuzard) pêcheur se repose sur un cactus-cardère avant d'aller patrouiller sur les vagues. Ce superbe rapace fonce sur ses proies lorsqu'elles sont en surface, et les « cueille » du bout des serres. (Ph. F. Gohier.)

montent à l'assaut des sommets bleuâtres, près desquels poussent des bouquets de pins et de petits chênes.

On entre dans Mexicali. C'est un gros bourg sans style, standardisé, dépourvu de pittoresque. Un exemple de la vulgarité des endroits touchés par la civilisation: maisons sans architecture, rues sans charme, hangars aux toits de tôle ondulée... Mais les responsables mexicains ont autre chose à faire que de songer à l'esthétique urbaine. Ils doivent résoudre les problèmes du développement, parer au plus pressé, donner du travail et un logement à tous... Mexicali, capitale de l'État de Baja California, attire du monde: les paysans ruinés des environs y convergent. Ils y forment l'ordinaire lumpen proletariat des cités du tiers monde.

Les hommes de l'équipe Cousteau couchent à l'hôtel et repartent à l'aube. Ils ne roulent plus vers l'est, maintenant, mais vers le sud — dans la direction de San Felipe, où l'*Alcyone* est ancrée. La chaussée est asphaltée. Elle traverse l'immense plaine alluviale du rio Colorado en longeant longuement le rio Hardy. L'ultime affluent du fleuve le grossit sur sa droite, après avoir drainé la vallée Impériale (Imperial Valley) américaine et la mer de Salton (Salton Sea).

Le désert... Il n'est pas sans séductions. Mais s'il possède une beauté, c'est celle dont l'Enfer parfois se drape. La lumière peut y être prodigieuse, avec des couchers de soleil d'or et de sang ou des aurores d'un rose à rendre fou n'importe quel appareil de photographie. Lorsque les rayons de l'abrupt midi tombent sur cette terre sèche, craquelée, stérile, il n'y a plus de mots pour exprimer le sentiment d'abandon qu'on éprouve. En parcourant ces immensités désolées, Jean-Michel Cousteau et ses compagnons se taisent. Quelques espaces irrigués, autour de rares ranches, jettent des taches vertes dans le paysage, et mettent de la douceur au cœur des hommes. Mais les oasis sont l'exception. Durant des dizaines de kilomètres, ce ne sont qu'infinis de sable gris et ocre ou plaines de boue durcie que les bras morts du rio Hardy découpent.

Vers l'est, l'immensité des sables et des alluvions sèches, avec parfois le reflet d'un bras de fleuve où l'eau coule, et sur les rives duquel poussent de maigres alignements de saules. Vers l'ouest, les sommets en dents de scie gris et bleus de la sierra de los Cúcapas. Droit devant, la Laguna Salada — la lagune Salée. Ici, la désolation dépasse ce qu'on imagine.

Un galion chargé de perles noires

La Laguna Salada n'est nullement un lac, sauf durant quelques jours de l'année (et encore: pas chaque année), lorsqu'il a plu. Le reste du temps, c'est une étendue d'environ mille trois cents kilomètres carrés de dépôts alluvionnaires arides comme le sol de la lune, qui luisent sous le soleil sans pitié... La lagune Salée fut autrefois une baie peu profonde de la mer de Cortez. Elle a été remblayée par les matériaux que le rio Colorado et ses affluents ont arrachés aux Rocheuses.

Il semble qu'elle était encore accessible aux bateaux à l'époque des conquistadores espagnols. On chuchote qu'un galion s'y serait aventuré à la fin du XVIe siècle; qu'il s'y serait échoué avec une fabuleuse cargaison de perles noires; et qu'il y aurait été recouvert par une tempête de sable. On murmure que celui qui creusera au bon endroit sera riche... On raconte tant de choses, sur les déserts... Les mirages les plus trompeurs naissent dans le cerveau des hommes. De temps à autre, un véhicule tout terrain s'arrête au beau milieu de la lagune Salée; des hommes en descendent, munis de pelles et de pioches. Ils ont dans les yeux la lueur de folie des chercheurs de trésors.

Le rio Hardy fut nommé de la sorte en l'honneur d'un officier britannique qui explora la contrée entre 1820 et 1830. La rivière unit ses rares eaux à celles du Colorado par l'intermédiaire d'un fouillis de canaux dont la plupart ne convoient qu'un filet de liquide.

Non loin de la jonction des rivières, vers l'ouest, sur les contreforts de la sierra del Mayor, s'élève une bourgade de quelques masures qui s'appelle Camporio El Mayor. C'est là que vivent les derniers Indiens Cúcapas, qui sont aussi les ultimes aborigènes de la péninsule. Leurs habitations, jadis en roseaux, sont désormais faites de matériaux hétéroclites. Ces hommes se nourrissent de tortillas et travaillent dans des clubs de pêche pour touristes nord-américains. Jadis, les Cúcapas étaient un peuple fier et libre. Ils connaissaient les animaux et les plantes du désert. Ils accomplissaient de grands voyages. Une fois dans l'année, ils allaient faire provision de pignons de pins dans la sierra. A un autre moment, ils partaient vers la mer de Cortez. Ils traversaient cent kilomètres de désert, jusqu'aux environs de San Felipe. Sur la côte, ils ramassaient des coquillages (huîtres, moules, clams...). Ils pêchaient et boucanaient leurs prises. Eux aussi dépendaient de la générosité de la mer.

Jean-Michel Cousteau et ses amis continuent de rouler. Ils parviennent à l'ancien port de La Bomba, aujourd'hui ensablé. Il ne subsiste pas grand chose de ce havre, aussi dépourvu d'habitants que les villes fantômes de la Californie américaine après la ruée vers l'or. Au XIXe siècle, La Bomba constituait le point extrême où les navires de mer pouvaient remonter dans le golfe de Californie. Sur ces quais que foulent Dominique Sumian et Yves Zlotnicka, et dont il ne subsiste que des pieux et des planches pourries, les dockers déchargeaient les marchandises, qui étaient réembarquées sur des chalands et des vapeurs à fond plat. Ces derniers parcouraient le rio Colorado vers l'amont, jusqu'à la ville américaine de Fort Yuma. Le port de La Bomba périclita en quelques saisons lorsque, en 1877, le chemin de fer atteignit lui aussi Fort Yuma.

Les voitures de la mission Cousteau roulent... Ici, le désert est plat comme une table de billard, et semble franchement hostile. Cet espace trop égal, trop uniforme, qui paraît se répéter lui-même au-delà de plusieurs horizons, dégage un je-ne-sais-quoi de bizarre, comme s'il avait été frappé d'une sourde malédiction. Il n'est pas impossible que cette impression soit due à la couleur de la terre et du sable — ce gris-brun obsédant qui se différencie en mille nuances de beige, d'ocre, de jaune ou de mauve. L'eau des embruns et celle qui remonte en surface par capillarité est soumise à l'action du soleil. Elle s'évapore et abandonne son chlorure de sodium. Celui-ci cristallise en se déposant. Il forme tantôt de grandes plaques translucides, fines comme des vitres; et tantôt des efflorescences, des roses, des arborescences d'un blanc lumineux, dont on jurerait qu'elles ont été semées sur le sol par quelque magicien.

La tragédie des pauvres Chinois

Le désert impitoyable qui borde la mer de Cortez, sur la rive occidentale du delta du Colorado, a servi de décor à des drames. Ici ou là, le long de la route, des cairns signalent les endroits où des voyageurs ont péri. La plus grande de ces tragédies toucha de misérables immigrants chinois. C'est la raison pour laquelle on appelle cette contrée le « désert des Chinois »; et le principal bourg des environs El Chinero. Voici l'histoire.

En 1900, un groupe de Cantonais arriva dans le port de Mazatlán (oui: celui d'où l'*Alcyone* est partie pour cette mission). Mais le travail manquait, et ils s'embarquèrent sur un bateau à vapeur pour San Félipe (là où est maintenant le bateau des Cousteau). Il n'y eut pas non plus d'embauche à San Felipe. Les Chinois continuèrent vers Mexicali. Mais à pied... Ils payèrent cent dollars-or un certain José Escobado, qui se disait guide,

Le crabe violoniste (ou appelant) Uca princeps *possède, lorsqu'il est de sexe mâle, une pince droite hypertrophiée, qu'il agite à la façon d'un archet. Il espère ainsi convaincre une femelle de venir pondre dans son trou. (Ph. R. Murphy/ Fondation Cousteau.)*

prétendait connaître les points d'eau et se faisait fort de faire franchir à n'importe qui deux cents kilomètres de désert. Ils partirent quarante-trois, au mois d'août 1902, en pleine canicule, par une température de plus de cinquante degrés centigrades. Ils étaient vêtus de blouses noires, et n'avaient d'autres réserves d'eau qu'une ou deux gourdes, ou un bidon attaché à la taille. Ils marchaient la tête et les pieds nus. Folie de ceux qui n'ont rien... Un homme mourut après trente kilomètres. Les autres ne découvrirent jamais le premier point d'eau que le guide assurait bien connaître. Ils continuèrent. Trois d'entre eux périrent peu après de déshydratation et d'insolation. Puis ce fut l'hécatombe. Lorsqu'ils parvinrent au lieu théorique de la deuxième oasis, ils ne la trouvèrent pas davantage. La plupart de ces malheureux se découragèrent. Ils se couchèrent sur le sol en attendant la mort. Elle ne fut pas longue à venir. Seuls José Escobado et six Chinois gagnèrent finalement la rive du rio Hardy, où ils purent boire, après neuf jours et neuf nuits de calvaire.

Les équipiers Cousteau ont moins de mérite. Ils voyagent sans risque dans leurs confortables véhicules à moteur équipés de radios. Ils n'ont qu'à appuyer sur le champignon pour arriver plus vite. S'ils tombaient en panne, ils appelleraient l'hydravion *Papagallo* au secours...

Enfin, les voilà au bord de la mer... Infini des horizons et des ciels... Splendeur sauvage !...

Souvent, sur cette côte, les éléments se déchaînent. Le cul-de-sac septentrional du golfe de Californie se trouve soumis à des régimes de marées d'une grande amplitude. Les flux envahissent des superficies considérables de terres. Les reflux dégagent des milliers d'hectares de sable et de vase. Les alternances de hautes et de basses mers remodèlent jour après jour la ligne de rivage, que rien de « solide » (caps rocheux, falaises, etc.) ne vient jamais fixer.

Aucun être humain ne se sent à l'aise dans ce genre d'endroit. C'est un biotope que nous abandonnons volontiers aux autres espèces — jusqu'à ce que nous décidions de le « rectifier », de le « stabiliser », de le « rentabiliser ». Ici, heureusement, personne n'a encore eu l'idée de construire un port artificiel, avec des immeubles « pieds dans l'eau ». Les végétaux et les animaux vivent en paix. Les vers arénicoles et les autres annélides fouisseuses soulèvent des tortillons de sédiments. Des légions de petits bivalves se cachent dans le matériau meuble. Comme tous les organismes des côtes basses, leur existence est rythmée par le balancement des marées.

Les hommes de l'équipe Cousteau se passionnent pour cette faune des marges marines, si discrète mais si parfaitement adaptée... Ils observent les dollars des sables qui constellent le sédiment mouillé. Ces oursins ronds, aplatis comme des monnaies, d'un brun doré et d'un diamètre d'environ dix centimètres, n'ont pas volé leur nom vulgaire. Ces échinodermes échinides appartiennent à l'ordre des gnathostomacés. Leur test (coquille) rigide, avec une forte ligne de démarcation entre la face supérieure et la face

Les alluvions et l'eau douce du rio Colorado ont contribué à créer un biotope original dans le nord de la mer de Cortez. Mais les hommes, en construisant des barrages pour l'électricité et l'irrigation, ont perturbé ce système. (Ph. A.M. Cousteau/ Fondation Cousteau.)

inférieure, porte sur le dessus une zone ambulacraire en forme de fleur. Certains dollars des sables de la mer de Cortez sont des clypéastres, comme le rare clypéastre rond (*Clypeaster rotundus*). D'autres sont des encopes, en particulier l'encope de Californie (*Encope californica*) et le grand encope (*Encope grandis*). Tous se nourrissent de particules organiques. A marée basse, lorsqu'ils ont peu d'eau sur le corps, ils se tiennent couchés à plat sur le fond; mais à marée haute, ils se dressent tous ensemble sur leur rebord étroit, perpendiculairement au courant.

Plusieurs espèces de crabes s'égayent sur la plage ou s'enfouissent dans le sable trempé lorsqu'ils se sentent en danger. Les plus étonnants sont les crabes violonistes. Ces crustacés décapodes appartiennent à la famille des ocypodidés (ou crabes appelants, ou crabes héleurs), et font partie du genre *Uca*. Ils sont superbes. Ils ont, sur la carapace, des nuances de jaune, de rouge et de brun magnifiques; ou bien leur armure est parée de teintes célestes — de camaïeux d'azur et de bleu roi d'une richesse et d'une subtilité que les mots ne sauraient rendre... Les violonistes bleus (*Uca princeps*) sont les plus abondants. Ils atteignent six ou sept centimètres de longueur. Ils passent l'essentiel de leur existence hors de l'eau (où ils ne vont que pour humidifier leurs branchies). Ils ont un territoire qu'ils défendent contre leurs congénères, et au centre duquel ils creusent un trou qui leur sert de refuge. Lorsqu'ils s'y précipitent, ils obturent derrière eux cet antre avec une boule de vase.

Les crabes violonistes ont été baptisés de la sorte parce que les mâles du genre possèdent une pince hypertrophiée — monstrueuse, trois ou quatre fois plus grosse que l'autre : cet appendice leur sert peu à se défendre contre leurs agresseurs, mais beaucoup à séduire les femelles. Quand une belle passe près de son terrier, Roméo s'excite; il lui barre la route et agite frénétiquement sa pince devant elle, un peu comme on use d'un archet. Si la femelle est réceptive et si le spectacle du prétendant « mélomane » constitue pour elle une stimulation suffisante, elle vient pondre dans le trou de l'élu, qui féconde les ovules.

Les véhicules de Jean-Michel Cousteau et de ses amis suivent la ligne de côte qui va vers le nord-est, vers l'embouchure du rio Colorado. Ils franchissent des canaux morts. Ils manquent s'enliser dans des fondrières. Plus d'une fois, leurs roues patinent, enfoncées jusqu'aux moyeux dans les sables mouvants: mais avec deux moteurs et un treuil, sans compter la musculature d'un Dominique Sumian, on s'en sort.

A chaque halte, le biologiste Richard Murphy étudie les algues, les fleurs, les animaux de la plage. Il tourne à toute vitesse les pages de ses multiples *Guides du naturaliste*. Il exulte chaque fois qu'il identifie une espèce qu'il n'a jamais vue. Les plus étonnés de ce manège ne sont pas les hommes de l'équipe Cousteau; non: ils ont l'habitude. Les plus intrigués sont les oiseaux limicoles — les chevaliers, les gravelots, les huîtriers, les barges (telle la belle barge marbrée *Limosa fedoa*). Ils jettent des coups d'œil en coin. Ils hochent la tête. On dirait qu'ils cherchent à comprendre quel est ce gros concurrent bizarre qui déterre des vers et des coquillages, mais qui ne les mange pas...

Le barrage du Boulder Canyon

« Nous y sommes! raconte Jean-Paul Cornu. La voici enfin, cette embouchure tant attendue... C'est peu de dire que je suis déçu!... Le seul nom de Colorado me faisait rêver. Je gardais à l'esprit l'image du fleuve impétueux qui taille sa route au Grand Canyon. Or, ce n'est ici qu'une rivière paresseuse et méandreuse, presque à sec, encombrée de bancs de sable et de boue... »

Les destins du Nil et du Colorado sont similaires. Ces cours d'eau sont plus puissants près de leur source qu'à leur embouchure... Ils perdent trop de substance en route. Leur eau s'évapore et s'infiltre dans les déserts qu'ils doivent traverser. Et, dans les deux cas, celui qui leur « vole » l'essentiel de leur fluide, c'est l'homme. L'homme constructeur de barrages. L'homme qui a besoin d'électricité pour ses maisons et ses usines, et d'eau douce pour irriguer ses cultures. Sur le Nil et ses affluents, les barrages se succèdent — jusqu'au colosse des colosses, le haut barrage d'Assouan, le Sadd al-Aali. Sur le Colorado, le géant, c'est le barrage de Boulder Canyon, ou barrage Hoover.

Le rio Colorado (qui, aux États-Unis, jusqu'en 1921, s'appelait Grand River) fut baptisé de la sorte par le jésuite Eusebio Francisco Kino, qui atteignit le premier son embouchure en 1701. En langue espagnole, *colorado* signifie « rouge », et cette dénomination est méritée. Les sédiments que le fleuve charrie en abondance prennent une teinte rouille ou brique si prononcée qu'ils en paraissent sanguinolents.

Le fleuve naît au cœur des montagnes Rocheuses, dans l'État qui porte son nom, plus précisément sur le versant occidental de la Front Range, qui culmine à plus de quatre mille deux cents mètres (aux pics Longs et Grays). Il mesure au total deux mille trois cent cinq kilomètres de longueur, et draine un bassin de six cent quatre-vingt quatre mille kilomètres carrés, qui intéresse sept États américains (le Colorado, le Wyoming, l'Utah, le Nouveau-Mexique, le Nevada, l'Arizona et la Californie) et deux États mexicains (la Basse-Californie et le Sonora). Son débit varie énormément — entre une centaine de mètres cubes par seconde à l'étiage et plus de cinq mille cinq cents lors de la crue. (Le débit moyen est d'un peu plus de six cents mètres cubes par seconde.)

Dans sa partie supérieure, le Colorado est une rivière de montagne exemplaire; son régime dépend des neiges et des glaces, comme celui de son principal affluent, la Green River, qui vient du Wyoming. Mais le fleuve accède au vedettariat mondial en sculptant, avec ses tributaires locaux (le Paria, le Little Colorado, le Kanab, etc.), de prodigieuses gorges, qu'il entaille dans un vaste plateau. Le plus long de ces défilés (près de trois cent cinquante kilomètres), et le plus profond (jusqu'à mille huit cents mètres), a reçu le nom mérité de Grand Canyon. Est-il nécessaire de décrire cette merveille de la nature que tous les guides touristiques présentent; qui a servi de décor à tant de westerns; et que de modernes « aventuriers » descendent en radeau ou en doris, affrontant d'énormes remous d'eau brune chargée de sédiments? Les roches du Grand Canyon (tantôt des marnes, tantôt des grès tendres) sont colorées d'oxydes et de sulfures.

En Californie américaine, à l'ouest du cours inférieur du rio Colorado, s'étend un désert connu (il fallait s'y attendre) sous le nom de désert du Colorado, et qui comporte en son centre une dépression appelée bassin de Salton. Cette immensité constitua jadis la baie la plus extrême, la partie la plus septentrionale de la mer de Cortez. Les alluvions que le fleuve convoie l'ont coupée du reste du golfe de Californie. L'eau résiduelle qui s'y trouvait s'est évaporée. La zone est à soixante-dix mètres au-dessous du niveau de la mer.

En 1905, à cinq kilomètres de la frontière américano-mexicaine, une brèche s'ouvrit dans la rive droite du lit du fleuve, et le flot du Colorado commença de couler en direction du bassin de Salton, qu'il remplit en partie. Voilà comment naquit la Salton Sea — la mer de Salton. Celle-ci est longue de quatre-vingts kilomètres, et large de vingt-quatre; elle couvre sept cent soixante-dix kilomètres carrés et elle est profonde de vingt-quatre mètres au maximum. L'inondation de 1905 menaçant de submerger la vallée Impériale et de couper d'importantes voies de communication, les autorités américaines décidèrent de colmater la brèche et de construire des digues pour forcer le fleuve à rester dans son lit. Ces travaux furent les premiers d'une longue série d'aménagements.

*Double page suivante: Le poisson-faucon du corail (*Cirritichthys oxycephalus*) est un des joyaux de moitié méridionale la mer de Cortez. Il vit parmi les rochers côtiers, jusqu'à vingt-cinq mètres de profondeur. (Ph. R. Murphy/ Fondation Cousteau.)*

En 1922, les autorités fédérales américaines arbitrèrent un étrange partage des eaux entre les États que le fleuve et ses affluents arrosent. Il y eut des querelles de chiffonniers, notamment entre la Californie et l'Arizona. On parvint à s'entendre. En 1928, le président Herbert C. Hoover signa l'autorisation de construire la pièce maîtresse du système de domestication du cours d'eau, le barrage du Boulder Canyon. L'ouvrage fut achevé en 1936, sous la présidence de Franklin D. Roosevelt. Il mesure deux cent dix-huit mètres de hauteur. Il est composé de deux millions trois cent soixante mille mètres cubes de béton. Il retient un lac (le lac Mead) de cent quatre-vingt-dix kilomètres de longueur. L'usine hydro-électrique qui en dépend possède une puissance installée de mille trois cent vingt-deux mégawatts. L'eau mise en réserve est envoyée par des canalisations à des centaines de kilomètres: elle irrigue des milliers d'hectares de cultures.

Le barrage du Boulder Canyon, rebaptisé barrage Hoover en 1947, a été complété par d'autres ouvrages, tant sur le Colorado lui-même (barrages de Glen Canyon, en amont du Grand Canyon; de Davis; de Parker; d'Imperial; de Laguna) que sur ses affluents (en particulier sur le Gila). Ces aménagements pharaoniques permettent de produire de l'électricité et d'arroser des terres. Mais ils n'ont pas que des effets positifs.

Le fleuve asservi

Le delta du Colorado, par ses dimensions, témoigne de la puissance érosive du fleuve, qui arrache en moyenne chaque jour quatre-vingt mille tonnes de sable et de limon à la montagne. Ces alluvions, entassées depuis des millénaires dans la plaine terminale, atteignent par endroits plus de cinq mille mètres d'épaisseur... Mais ce delta est fragile. Il se modifie sans cesse. Il y régnait naguère un équilibre dynamique, une sorte de balance entre l'apport de matériaux nouveaux et l'érosion due au vent et aux attaques de la mer. Cet équilibre est rompu, parce qu'une partie essentielle des graviers, du sable et de la boue se trouve désormais retenue derrière les barrages. Ici, les chiffres parlent. Dans les années 1930, avant la mise en service du barrage Hoover, le Colorado apportait à son embouchure cent cinquante millions de tonnes de sédiments en suspension par an. Cette contribution n'a cessé de diminuer au fur et à mesure que de nouvelles retenues ont été construites. Aujourd'hui, le fleuve ne déverse plus dans le golfe de Californie que cent mille tonnes de limon en douze mois. Mille cinq cents fois moins qu'à l'origine... Un bouleversement!

Tout aussi grave est la modification de la salinité du sol et des nappes souterraines. En dépit des irrégularités de son débit, le rio Colorado rechargeait généreusement en eau douce les réservoirs phréatiques de son delta. Seules les parties qui se trouvaient tout près de la mer étaient « contaminées » par le sel. Aujourd'hui, le fleuve n'apporte plus à l'océan mondial que les deux tiers (souvent moins) du liquide qu'il lui donnait avant l'édification des barrages. L'eau salée triomphe. Elle s'infiltre. Elle gagne chaque année davantage vers l'intérieur des terres.

Le sel ne se contente pas de rester en profondeur, dissous dans l'eau phréatique. Il remonte par capillarité. Il se dépose en surface et forme de vastes glaçages stériles. Il tue les plantes, même celles qu'on dit halophiles (« amies du sel »). Les animaux disparaissent.

Parce que le fleuve n'apporte plus assez d'eau douce à son embouchure, la mer est en train de tuer le delta. Le processus est encore aggravé par le fait que les marées sont fortes, et qu'elles donnent lieu à un puissant mascaret. Les mascarets sont communs. La Seine en a un, l'Amazone aussi (c'est le *pororoca*, le « Grand Mugissement », que les équipiers de la *Calypso* ont également étudié). Les Mexicains ont baptisé le mascaret du Colorado *el burro* (l'« âne », c'est-à-dire l'animal capricieux).

Dans le cul-de-sac de la mer de Cortez, les grandes marées dépassent dix mètres d'amplitude. Lorsque l'onde de flux se présente au large, l'eau se soulève sous la forme d'une vague qui n'a que quelques centimètres de hauteur. Mais cette crête ne tarde pas à prendre des dimensions impressionnantes. Elle enfle au fur et à mesure qu'elle force les bouches du fleuve : elle atteint bientôt deux, puis trois mètres de hauteur, et se précipite vers l'amont à plus de vingt kilomètres par heure, en bousculant tout sur son passage. Elle ronge les rives, elle arrache rageusement les rares arbres des berges...

Le phénomène a impressionné les explorateurs — et causé des dégâts. Francisco de Ulloa, qui atteignit le premier le fond de la mer de Cortez, en 1539, le décrivait de la sorte : « Nous vîmes la mer en furie se précipiter à l'intérieur des terres. » En 1826, un trappeur nommé James Ohio Pattie, qui campait au bord du fleuve, fut surpris par *el burro* : il perdit tout, fors la vie, et raconta son aventure. En 1922, un petit vapeur qui transportait des passagers sur le cours d'eau chavira à cause du mascaret : il y eut quatre-vingt-huit morts.

Aujourd'hui, les marées continuent d'envoyer dans le lit du fleuve des ondes énormes. Mais le débit du rio Colorado a été amputé. Conséquences : le mascaret remonte de plus en plus haut ; il détruit de plus en plus les rives ; et le phénomène de l'accroissement de la salinité du sol et des nappes phréatiques s'accélère. Situation inquiétante.

La salinité s'accroît aussi dans la mer. Toute la portion septentrionale du golfe de Californie est touchée par ce phénomène. Les eaux douces du rio Colorado avaient créé là un biotope original, moins chargé en chlorure de sodium que le reste de la mer de Cortez. Ce milieu aquatique est en train de changer de caractéristiques. Les plantes et les animaux en pâtissent. La preuve ?

La triste histoire du totoaba...

Menaces sur le totoaba

Pour enquêter sur ce problème, Jean-Michel Cousteau, Dominique Sumian, Jean-Paul Cornu, Yves Zlotnicka, Richard Murphy, Clay Wilcox et Marc Blessington repartent vers le sud. Ils roulent sur la plage, puis sur de mauvaises pistes, puis sur la route goudronnée, en direction du port de San Felipe. Ils y parviennent après bien des heures de conduite, coupées par une nuit de bivouac. Ils y retrouvent l'*Alcyone* et son équipage.

San Felipe est situé à quatre-vingt-quinze kilomètres des bouches du Colorado, en un point où la mer de Cortez atteint environ cent dix kilomètres de largeur. C'est un port de pêche moins actif qu'il ne fut, protégé au nord par une presqu'île rocheuse, et soumis à un marnage de près de sept mètres lors des grandes marées. Aujourd'hui, San Felipe vit de la pêche touristique — au « gros » — et de la pêche à la crevette. Mais plus de la capture traditionnelle du totoaba.

Le totoaba, ou courbine, ou cynoscion, est un géant menacé. Il fut longtemps le roi de la partie septentrionale de la mer de Cortez. Trop pêché, il a failli disparaître. Il est protégé, mais les grands travaux de l'homme continuent de détruire son environnement. (Dessin : G. Paccalet.)

Au marché aux poissons de San Felipe, Jean-Michel Cousteau et Dominique Sumian se font présenter le totoaba par un pêcheur. Notre espèce, si elle continuait ses saccages, pourrait signer l'arrêt de mort de ce véritable fossile vivant. (Ph. R. Murphy/ Fondation Cousteau.)

Au marché, de bon matin, Jean-Michel Cousteau et ses compagnons se font présenter le fameux poisson. On en trouve encore quelques-uns sur les étals, bien qu'en principe l'espèce soit protégée depuis 1975.

Le totoaba est superbe. Il s'agit, si l'on peut dire, d'une sorte de dinosaure à écailles. C'est un survivant des anciens âges, une rareté, un rescapé des fantaisies de l'évolution... Il appartient à l'ordre des perciformes et à la famille des sciénidés, qui réunit environ quatre-vingts genres et deux cents espèces, presque toutes marines (à une exception près: le tambour américain, *Aplodinotus grunniens*). On donne souvent aux sciénidés le nom vulgaire de grogneurs, parce qu'ils émettent des sons variés, très audibles dans l'eau (et même hors de l'eau), grâce à leur grande vessie natatoire dotée de muscles puissants.

Le totoaba, ou courbine, ou cynoscion, a été baptisé scientifiquement *Cynoscion macdonaldi* (*Totoaba macdonaldi*, selon d'autres ichthyologistes). C'est un des géants de la famille. Il atteint deux mètres du museau à la queue, pour un poids maximal de cent cinquante kilogrammes: mais aujourd'hui, on ne prend plus qu'exceptionnellement des individus de ce calibre. L'espèce ne vit que dans le golfe de Californie. Imaginez un énorme fuseau musclé, avec deux nageoires dorsales molles (la deuxième plus longue que la première), des pectorales pointues, une caudale en trapèze, des yeux ronds, une bouche aux lèvres épaisses, et des écailles larges d'une superbe nuance de bleu noir... Voilà l'animal que les Mexicains pêchent depuis plusieurs décennies dans le nord de la mer de Cortez, et dont la survie devient problématique.

Les dinosaures ont disparu voici soixante-cinq millions d'années: l'homme n'y est pour rien. Mais depuis qu'il existe, il a mis les bouchées doubles! Il détruit. Il fait passer de vie à trépas. Il élimine...

Voici moins d'un siècle, le totoaba régnait sur toute la partie septentrionale de la mer de Cortez. C'était un monarque débonnaire, doublé d'un grand voyageur. A l'âge adulte, il ne craignait aucun prédateur: n'était-il pas presque aussi grand et aussi fort que les requins, les espadons et les marlins? Lorsqu'il avait faim, il engloutissait n'importe quel autre poisson, y compris de jeunes squales, des bonites, des carangues et des sérioles. Il appréciait les invertébrés, surtout les vers, les crustacés et les mollusques. Chaque individu de l'espèce pouvait espérer nager, se goinfrer et se reproduire en paix pendant une quarantaine d'années.

Avant que les êtres humains ne colonisent les rivages du golfe de Californie, chaque printemps, des millions de totoabas migraient vers les eaux peu salées du nord du bassin — là où le Colorado déversait son flot généreux. Les troupes de ces puissants poissons étaient si compactes, si populeuses, qu'elles effrayaient les autres créatures. Les totoabas dévoraient au passage des bancs entiers de sardines, de grunions, de calmars ou de krill. Frénésies alimentaires!... La surface de la mer écumait.

Les totoabas redescendaient en été vers les eaux plus claires et riches en nourriture de la partie médiane de la mer de Cortez, notamment dans les parages de l'île Angel de la Guarda. (Oui: là où les rorquals communs viennent manger, eux aussi.) Les cynoscions occupaient un étage marin plus profond que les baleines: ils ne quittaient guère les isobathes de cent à trois cents mètres. Lorsque la fin de l'hiver arrivait, ils repartaient pour un nouveau périple. Ils nageaient d'abord vers l'est, puis (guidés par quel sens, par quel instinct mystérieux?) ils infléchissaient leur course vers le nord. Ils étaient attirés par les bouches du Colorado comme par un aimant. Ils y parvenaient en février-mars.

Les eaux de l'estuaire, saumâtres, boueuses, riches en sédiments et en particules organiques, convenaient à leur mode de reproduction. C'est dans les zones les moins profondes et les plus troubles du golfe que les femelles pondaient et que les mâles arrosaient les œufs de leur laitance. Chaque reproductrice de l'espèce lâchait plus d'un million d'œufs, de petite taille, à peine plus gros que des têtes d'épingles.

Après quelques jours d'incubation, ces œufs éclosaient, libérant dans la masse aquatique des alevins fragiles. La plupart des larves finissaient leur existence dans l'estomac d'un prédateur. Mais les eaux turbides et riches du nord du Golfe permettaient la croissance rapide des survivants. Ceux-ci trouvaient à profusion autour d'eux leurs proies favorites, d'abord des organismes unicellulaires et des larves d'invertébrés (coelentérés, vers, mollusques, crustacés, échinodermes...), puis des éléments du plancton intermédiaire (crustacés amphipodes, isopodes et euphausiacés; alevins de sardines, de mulets, de grunions, etc.).

Un autre danger pèse sur le totoaba: les bateaux crevettiers sillonnent le nord du golfe de Californie. C'est une activité subventionnée... Les filets raclent sans cesse les fonds et y détruisent tout ce qui bouge. Notamment les jeunes totoabas... (Ph. F. Gohier.)

Lorsque les hommes s'établirent sur les rivages de la mer de Cortez, ils découvrirent cette fabuleuse ressource halieutique. Ils l'exploitèrent: et comment le leur reprocher? Il faut préciser que la chair du totoaba est succulente, de quelque façon qu'on la prépare...

Les aborigènes de la contrée ne mirent pas un instant l'espèce en péril. L'entière responsabilité de la destruction revient aux colons européens. Toujours la même histoire...

Jusque vers 1920, le prélèvement demeura raisonnable. Les pêcheurs réservaient leurs prises à leur famille ou en exportaient des quantités minimes vers l'Extrême-Orient: les Chinois en faisaient une de leurs soupes les plus fines. Mais le mets commença d'être apprécié aux États-Unis. Ce fut le début du carnage. Les totoabas se vendirent cher, de plus en plus cher, de l'autre côté de la frontière. Bientôt, toutes les prises partirent pour San Diego... Les flottilles de trois villages côtiers se disputèrent les bancs: celle de San Felipe (dans l'État de Baja California), celles de Golfo de Santa Clara et de Puerto Penasco (dans l'État de Sonora). Les hommes perfectionnèrent le matériel. Ils armèrent des chaloupes spécialement conçues pour cette pêche. Ils employèrent des filets de plus en plus grands et de plus en plus solides — bientôt en nylon. Ils tendirent des réseaux de mailles grands comme des terrains de football. Ils pratiquèrent aussi, hélas! la pêche à la dynamite.

Le chiffre maximal des captures fut atteint en 1942: cette année-là, deux mille deux cent soixante et une tonnes de totoabas furent jetées sur le marché. Les prises décrurent régulièrement ensuite: on en était à moins de quatre cents tonnes en 1957... Les pêcheurs réagirent (comme toujours) en augmentant la taille de leurs filets et la puissance de leurs bateaux. Il y eut une petite amélioration en 1965.

Puis ce fut l'effondrement. Brutal. Consternant... Si inquiétant qu'en 1975 (cinquante-huit tonnes de captures!), le gouvernement mexicain fut contraint d'interdire l'exploitation de l'espèce.

La surpêche est une plaie universelle. Elle compte parmi les pires saccages de l'océan. Elle fait partie de ces destructions mécaniques directes de la nature que les équipiers Cousteau ne cessent de dénoncer partout où ils passent, parce qu'elles existent partout, et parce que leurs effets sont plus pervers encore que ceux des pollutions. La surpêche a provoqué des dégâts difficilement réparables dans les populations de *Cynoscion macdonaldi.* Mais elle n'est pas seule en cause.

Voilà plus de dix ans que la pêche au totoaba a cessé. Or, les effectifs de l'espèce continuent de baisser de manière alarmante. Que se passe-t-il?

Le grand spécialiste du totoaba, le Dr John R. Hendrickson, s'est penché sur ce mystère. Il en a donné deux clés. La première est la suivante: depuis que les pêcheurs ne prennent plus de totoabas dans la partie septentrionale du golfe, ils ont développé une activité (provisoirement) florissante de capture des crevettes. Et où vont-ils chercher ces crustacés? Comme par hasard, dans les eaux que fréquentent les juvéniles des totoabas... Lorsque leurs filets remontent, ils sont chargés non seulement de décapodes à carapace rose, mais de toutes sortes d'autres créatures. Parmi celles-ci, beaucoup de petits totoabas... Les bébés poissons ne survivent pas à ces chalutages. Ils meurent par milliers, alors qu'ils ne mesurent encore qu'une douzaine ou une quinzaine de centimètres de longueur — et qu'ils seraient de toute façon invendables sur les marchés.

Les équipiers de l'*Alcyone* accompagnent en zodiac un bateau crevettier de San Felipe. Le patron pêcheur a accepté qu'ils examinent le contenu de ses filets. Il ne faut pas longtemps à Jean-Michel Cousteau et à ses compagnons pour s'apercevoir que l'hypothèse du Dr Hendrickson est fondée. Les Mexicains, lorsqu'ils vident leurs poches de nylon sur le pont, trient soigneusement leurs captures. Ils ne gardent, de chaque coup de chalut, que quelques poignées de grosses crevettes roses. Le reste —

quatre-vingt-dix pour cent des prises -- est jeté par-dessus bord, gâché, gaspillé de façon lamentable... Or, nombre de totoabas juvéniles comptent parmi ces « déchets ».

Ce n'est pas tout. Ce n'est pas le pis... Le Dr Richard Murphy a enquêté à San Felipe, et calculé qu'environ mille cinq cents bateaux traînent leurs chaluts dans la partie nord-ouest de la mer de Cortez. Chiffre énorme... Or, en interrogeant le capitaine mexicain, Jean-Michel Cousteau apprend avec effarement que la saison des crevettes est terminée!... Le chalutage ne se poursuit que parce que les pêcheurs, en revenant au port, sont assurés de recevoir de leur coopérative (elle-même payée par le gouvernement) des indemnités égales aux revenus d'une campagne normale! En d'autres termes, les crevettiers sont subventionnés par l'État pour perturber l'habitat benthique des crustacés et des autres animaux bien plus longtemps qu'ils ne l'auraient fait s'ils avaient été livrés aux lois des rendements immédiats... Les chaluts passent dans certaines zones entre sept et vingt fois de suite: inutile d'être diplômé d'écologie pour comprendre qu'il s'agit d'une insupportable destruction.

La seconde explication du Dr Hendrickson se réfère aux bouleversements de l'hydrologie locale. Le cycle de migration et de reproduction du totoaba était en harmonie avec les conditions de salinité, de température, de turbidité, etc., qui régnaient dans le nord de la mer de Cortez. Les eaux douces du rio Colorado, riches en particules minérales et organiques, étaient indispensables à l'accomplissement normal de la vie du poisson.

Le fleuve, par la faute des hommes, de leurs insatiables besoins en énergie électrique et en eau d'irrigation, bref de leur indécrottable égoïsme, ne joue plus le rôle écologique essentiel qu'il tenait depuis des millions d'années. Il a été domestiqué, barré, vidé de sa substance. C'est la marque du progrès tel que nous l'entendons. Mais c'est, pour le plus étonnant poisson de la mer de Cortez, l'équivalent d'un arrêt de mort.

Voici un demi-siècle, le totoaba — *Cynoscion macdonaldi* — pullulait dans le golfe de Californie. Personne n'imaginait qu'un jour l'espèce serait menacée d'extinction. C'est cependant ce qui risque de se produire. Avant l'an 2000.

Sur le pont d'un crevettier, Jean-Michel Cousteau examine la récolte. Seules, quelques grosses crevettes roses seront conservées par les pêcheurs. Le reste (y compris des totoabas juvéniles) sera rejeté. Désolant gaspillage... (Ph. R. Murphy/ Fondation Cousteau.)

Chapitre 13

LA FAILLE DE SAN ANDREAS

A cinq heures treize du matin, le 18 avril 1906, la ville de San Francisco subit le plus violent tremblement de terre de son histoire. Les secousses ne durent au total que quarante-huit secondes. Mais les dégâts dans l'agglomération sont affreux. La frayeur est si vive qu'une institutrice londonienne qui se trouve dans la ville, et qui échappe à la mort en s'abritant sous un porche de l'Opéra, fera dire des prières d'actions de grâces chaque matin pendant trente-deux ans après la catastrophe !

Il y a, à l'époque, beaucoup de maisons de bois dans la ville. Elles « encaissent » le choc. Mais les édifices de pierre et d'acier sont jetés bas. L'hôtel de ville, imposant immeuble un peu kitsch rehaussé de colonnes et de tours, et dont les habitants de San Francisco sont plutôt fiers, est transformé en tas de ruines. Les théâtres, les hôtels, les usines et nombre d'habitations sont brisés, défaits, fissurés, effondrés.

Les plus terribles destructions ne sont pas provoquées par les secousses telluriques. Elles ont pour cause les incendies qui s'allument de toutes parts. Le séisme coupe les canalisations d'eau et vide les réservoirs de la cité, ce qui réduit les sapeurs-pompiers à l'impuissance. Chaque petit feu allumé par un réchaud ou par un fourneau renversés, ou par des fils électriques dénudés, tourne à la catastrophe. Beaucoup de maisons de bois ont résisté aux secousses, mais flambent comme des torches. Des milliers de personnes se retrouvent sans abri. Elles vont se réfugier sur la plage ou dans le parc du Golden Gate. La loi martiale est décrétée à neuf heures. L'armée est mobilisée. Pour arrêter la propagation des incendies, on fait sauter à la dynamite de nombreux bâtiments épargnés.

Le séisme cause environ sept cents morts. Les dégâts matériels qu'il occasionne sont considérables. On les évalue à un chiffre compris entre trois cent cinquante et mille millions de dollars de l'époque.

Le tremblement de terre de 1906, à San Francisco, fut un séisme d'une grande puissance absolue — l'un des plus brutaux que la Terre ait subis aux époques historiques. Il atteignit la magnitude de huit virgule trois sur l'échelle de Richter. Son épicentre était situé dans le nord-ouest de la ville, non loin du pont actuel du Golden Gate. En plein dans la faille de San Andreas...

La faille de San Andreas...

Elle explique la Californie. Elle fournit la clé géologique de la mer de Cortez. Il s'agit d'un des endroits les plus actifs, les plus remuants, les plus instables de l'écorce terrestre. Lors du séisme de 1906, elle devint visible — directement, spectaculairement observable. Une rupture du sol — un décrochement — se produisit sur une distance de quatre cent soixante kilomètres, entre San Juan Bautista et Point Arena, dans le nord de la

La faille de San Andreas... D'avion, on distingue clairement le réseau de fissures qu'elle dessine au nord de San Francisco. Lors de certains séismes, le rejet dû au coulissage des plaques a atteint dix mètres !... Ici, la croûte terrestre craque. (Ph. F. Gohier.)

Californie américaine (là où la faille entre dans l'océan Pacifique). Un autre décrochement se forma plus au nord, à Shelter Cove, dans le comté de Humboldt: la différence de niveau entre les deux lèvres de la fissure y dépassa deux mètres. Dans le secteur de Point Arena, on constata que le séisme s'était traduit par un coulissage latéral de l'ordre de sept mètres.

Continents à la dérive

C'est en étudiant la catastrophe de San Francisco que le géologue américain Harry Fielding Reid expliqua pour la première fois de façon convaincante le mécanisme de déclenchement des séismes. Il démontra qu'ils sont dus au fait que des quantités fantastiques d'énergie s'accumulent dans le sol, durant de longs processus souterrains de distorsion. Lorsque l'énergie potentielle emmagasinée dans la roche dépasse la limite de résistance élastique des matériaux, la rupture se produit, brutale, imprévisible... Une fracture apparaît. Une faille s'ouvre: les lèvres se séparent, soit dans le plan vertical, soit dans le plan horizontal; ou bien encore, elles coulissent l'une contre l'autre, en sens inverse. L'énergie mécanique libérée en quelques secondes est colossale. Elle rayonne dans toutes les directions sous forme de trains d'ondes élastiques (les unes superficielles, les autres profondes), qui traversent la planète, et que les sismographes enregistrent.

Aujourd'hui, les hypothèses de H. F. Reid — sa « théorie du rebond élastique » — ont été avérées et complétées. Le schéma général d'explication dans lequel on les englobe porte un nom: c'est la théorie de la tectonique des plaques. D'après celle-ci, la croûte de la Terre se trouve partagée en plusieurs unités, en « plaques » indépendantes et mobiles. Ces vastes « radeaux » (en partie continentaux, en partie constitués par le plancher basaltique des océans) « flottent » sur le manteau en fusion de notre globe. Les plaques tectoniques prennent naissance, puis s'écartent les unes des autres, dans des zones de remontées du magma profond, dans des régions privilégiées de la planète où les matériaux incandescents du manteau parviennent en surface. Notamment dans les fossés (*rifts*) de l'immense dorsale médio-océanique.

C'est de cette manière — poussés par le basalte extrudé des profondeurs de la Terre — que les continents dérivent, que l'Amérique du Nord s'éloigne de l'Eurasie, que l'Amérique du Sud s'éloigne de l'Afrique, etc. La surface de la Terre étant constante, si elles se séparent d'un côté, les plaques tectoniques se rapprochent nécessairement de l'autre. Lorsque deux d'entre elles se trouvent « nez à nez », elles entrent en conflit. Le choc est d'une violence inouïe, quoiqu'il dure des millions d'années. Il en résulte

Le 18 avril 1906, vers cinq heures du matin, la ville de San Francisco fut détruite par un tremblement de terre d'une puissance colossale. Périodiquement, la Californie se trouve secouée par des séismes de moindre magnitude. La menace demeure... (Ph. Roger-Viollet.)

de puissantes chaînes de montagnes: c'est ainsi que l'Himalaya a surgi et s'élève encore. Le plus impressionnant relief de notre planète résulte de la collision entre la plaque Indienne et la plaque Eurasiatique.

Lorsque deux plaques tectoniques se rencontrent, elles peuvent aussi se chevaucher: l'une d'entre elles passe au-dessus de l'autre. Celle qui se trouve au-dessous s'enfonce. Elle ne cesse de descendre vers le cœur de la planète. Elle se désagrège. Elle va perdre sa substance dans le manteau ardent de la Terre. A l'endroit où elle amorce ce mouvement (dit de subduction), le recreusement de la croûte planétaire donne naissance à une fosse océanique (les plus profondes dépassent dix mille mètres). Dans la zone de contact des deux plaques antagonistes, les matériaux s'échauffent par frottement. Ils fondent. Une partie de ce magma néo-formé remonte par des fissures. Telle est l'origine des volcans dits d'arcs insulaires. Ces derniers sont différents de ceux qui jalonnent la dorsale médio-océanique. Ils crachent des laves plus visqueuses. Ils sont beaucoup plus dangereux, car leurs éruptions donnent lieu à des processus explosifs cataclysmiques.

Les tremblements de terre résultent des réajustements qui se produisent aux endroits où les plaques se séparent ou se télescopent. A leurs frontières, les unités tectoniques subissent des tensions prodigieuses, qu'elles amortissent jusqu'à ce que leur propre point de résistance élastique soit dépassé. Le décrochement — brutal — aboutit aux catastrophes qu'on sait... Tout se passe, expliquent de façon imagée les géologues, comme si les plaques étaient liées, en certains points de l'écorce du globe, par des « verrous » où les forces se concentrent. Quand le verrou saute, le séisme se déclenche. Plus ou moins destructeur, selon sa magnitude absolue, sa profondeur et la localisation de son épicentre...

La faille de San Andreas (la *San Andreas Fault* des auteurs anglo-saxons) se situe dans le prolongement direct de la dorsale médio-Pacifique. Celle-ci partage inégalement le Grand Océan et aboutit à la mer de Cortez. La faille de San Andreas — au sens large, car il s'agit en réalité d'un complexe de fractures — commence aux bouches du Colorado. Elle court vers le nord-ouest. Elle passe à l'est de Los Angeles, traverse San Francisco et plonge dans la mer au nord de cette ville. C'est ce que les géologues appellent une faille transformante.

Les forces engendrées en Californie par les tensions de plaques sont complexes — si complexes et parfois si contradictoires qu'en dépit des efforts des géologues, elles sont loin d'avoir été décrites dans le détail. Depuis l'ère Secondaire, la plaque Nord-Américaine dérive vers l'ouest (l'océan Atlantique s'élargit). Elle a rencontré, dans sa migration, la petite plaque Farallon, qui était poussée vers l'est par les matériaux jaillis des fissures de la dorsale médio-Pacifique. Cet affrontement a déterminé, pendant les deux premiers tiers de l'ère Tertiaire, la naissance des montagnes Rocheuses.

Depuis environ vingt-cinq millions d'années, la plaque Farallon a tendance à disparaître, car la dorsale médio-Pacifique se déplace vers l'est. L'ouverture de la mer de Cortez correspond à ce phénomène. Désormais, l'énorme plaque Nord-Américaine et la non moins gigantesque plaque Pacifique se touchent et glissent l'une contre l'autre — avec, de temps à autre, de grands craquements catastrophiques... La faille de San Andreas naît du coulissage de ces immenses morceaux de croûte terrestre qui se jouxtent et se bousculent en dérivant en sens inverse. Le jeu tectonique local se trouve compliqué par le fait qu'il existe, de part et d'autre de l'Amérique centrale, deux petites plaques très actives, celle des Antilles à l'est et celle des Cocos à l'ouest. Et que, près de l'île canadienne de Vancouver, passe une divergence de la dorsale médio-Pacifique qu'on appelle la dorsale de Juan de La Fuca...

La mer de Cortez, parce qu'elle inclut l'extrémité nord-orientale de la dorsale médio-Pacifique, s'ouvre de façon continue. Depuis vingt-cinq

L'instabilité de la Californie s'explique par le jeu de la faille de San Andreas, qui ouvre la mer de Cortez et tend à séparer la région du reste de l'Amérique du Nord. Ce cliché, pris par le satellite Spot *en 1987, fait voir les bouches du Colorado. (Ph. Spot Images, C.N.E.S.)*

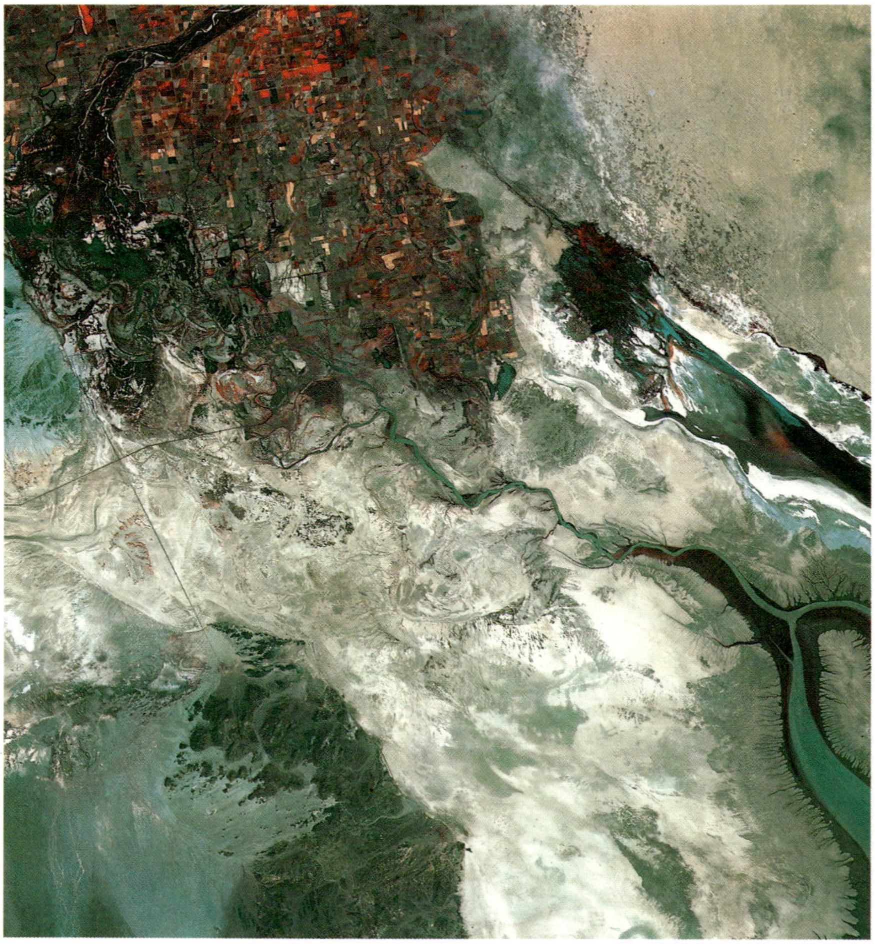

millions d'années qu'elle a commencé de s'écarter du Mexique, la Basse-Californie a parcouru plus de sept cents kilomètres. Le mouvement n'est pas achevé. L'ensemble de la Californie mexicaine et la partie de la Californie américaine qui est située à l'ouest de la faille de San Andreas, tendent à s'éloigner du reste de l'Amérique du Nord. Elles migrent vers le large à la vitesse d'environ un pouce (deux centimètres et demi) par an. Dans un avenir géologiquement proche (mais humainement éloigné: environ cinq millions d'années), cette Californie-là sera devenue une île. Et les Californiens seront des insulaires. S'il reste des Californiens, et en général des hommes...

La lagune des Volcans

L'équipe de terre de l'*Alcyone* roule sous le soleil impitoyable du désert. La camionnette et la voiture tout terrain sont des fours de tôle, dans lesquels Jean-Michel Cousteau et ses compagnons cuisent avec un grand sens de la nécessité de leur sacrifice.

Les voitures de la mission terrestre ont redémarré de San Felipe après que les équipiers ont achevé d'étudier le problème de la raréfaction du totoaba. Elles avancent vers le nord. Le but de cette nouvelle mission est un ensemble spectaculaire de fissures fumantes, de geysers, de mares bulleuses, de bouches sulfureuses et de petits cônes éruptifs qui témoignent de l'histoire géologique agitée de la contrée.

« Nous filons sur la route de Mexicali, raconte Jean-Paul Cornu. Nous repassons par Camporo El Mayor. Nous longeons le rio Hardy vers l'amont. Mais au lieu de continuer vers la capitale de l'État de Baja California, nous obliquons vers l'est. Nous nous dirigeons vers une étendue du delta du rio Colorado qui porte le nom évocateur de Laguna de los Volcanes. La lagune des Volcans. »

Le paysage est superbe. C'est toujours le désert, bien sûr. Mais par endroits, sans qu'on sache pourquoi, croissent des îlots de végétation qui détonnent et étonnent. De l'eau doit remonter du sous-sol et imprégner ces terrains que les herbes rèches, les buissons bas et les cactus peignent d'un vert tendre ou d'un bizarre bleu turquoise. Peut-être s'agit-il d'une eau d'origine volcanique car, petit à petit, la couleur du sol se modifie. Les portions de désert grises, ocre et blanches, les dunes beiges ou bleutées, sont interrompues par des stries, des lignes, des dessins, des sortes de hiéroglyphes noirs ou rouge sombre, des cercles qu'on jurerait magiques, bref des signes cabalistiques composés d'oxydes aux couleurs de l'Enfer. Ce sont, à l'évidence, des affleurements de roches plutoniennes.

A l'horizon, Jean-Michel Cousteau et ses compagnons distinguent un cône minéral gris sombre, avec des traînées rousses et bleuâtres, des ravines luisantes et des inclusions soufrées. L'édifice est austère, mais superbe. C'est le Cerro Prieto, la montagne Noire. Cette éminence s'élève à deux cent trente mètres au-dessus des étendues du delta. C'est un ancien volcan. Il est éteint — mais pas depuis longtemps.

Dominique Sumian veut qu'on s'arrête. Il escalade cette sorte de terril naturel. Il est fasciné par les volcans. Il en aime les pierres. Il leur voue une sorte de passion. Il se met à en ramasser — autant qu'il peut en porter — sur les pentes du Cerro Prieto. Il choisit les plus noires, les plus rouges, les

Dans la lagune des Volcans, non loin des bouches du Colorado, les hommes de l'équipe Cousteau visitent un fascinant ensemble de cratères de toutes les tailles, qui vomissent le soufre, l'acide, les boues chaudes et la vapeur d'eau. (Ph. R. Murphy/ Fondation Cousteau.)

plus jaunes, les plus étranges, les plus contournées, bref les plus curieuses et les plus infernales. Il n'est pas géologue : il est chef plongeur. Mais faut-il nécessairement posséder un diplôme de géologie pour apprécier la subtilité, l'harmonie, la perfection des arrangements minéraux ?

Les voitures frappées de la nymphe et du dauphin verts poursuivent leur itinéraire vers l'est. Plus elles avancent, plus le paysage est bizarre. Les parties plates du sol sont blanchies par des dépôts de sel. De l'eau stagne dans les dépressions : elle forme des mares, des lagunes peu profondes, qui prennent toutes les nuances possibles de la palette du peintre — depuis les bleu pâle et les gris perle jusqu'aux mauves et aux verts légers, en passant par les roses, les ocres et les orange.

Les replats et les étangs salés sont séparés par des levées de sédiments noirâtres ou bruns et par des monticules plus ou moins coniques, dont beaucoup sont fumants. L'odeur des gaz sulfureux assaille le visiteur. L'âcreté des fumerolles irrite la gorge. Çà et là, Jean-Michel Cousteau et ses amis longent des amas de boues noires et luisantes, qui ont coulé de cratères cernés de dépôts de soufre d'un jaune verdâtre. Aucun doute : la voilà, la lagune des Volcans...

Richard Murphy, fasciné par ces émanations, ces sécrétions, ces bourdonnements, ces hoquets de la Terre, veut à son tour s'arrêter. Il empoigne ses appareils de photographie. Il fixe sur la pellicule, ici un petit cratère qui souffle des gaz sulfureux comme une baleine son panache ; là, une mare de fange épaisse qui bouillonne, et à la surface de laquelle crèvent des bulles larges comme des soucoupes... Respiration brûlante des terres animées par les convections du magma souterrain !... Des geysers crachent à intervalles réguliers leur eau chaude. Des fissures ouvertes dans le sédiment noir sifflent comme des locomotives. Partout, sur ces Champs Phlégréens du Nouveau Monde, flottent des fumerolles. Des glougloutements et des borborygmes montent de lits de fange. Des roches suintent. Des crevasses vomissent des produits obscurs, qui ont la consistance et l'aspect de la graisse pour essieux.

La nature minérale fait preuve d'autant d'esprit d'invention et de fantaisie que son émanation vivante. Elle n'est arrêtée par aucun préjugé esthétique. Mais si baroques, si bizarres, si hallucinées que paraissent ses productions, elle ne commet aucune faute de goût.

Les Mexicains sont convaincus que les boues chaudes et sulfureuses de la lagune des Volcans possèdent des vertus médicinales. Ils s'y plongent. Ils s'y baignent. Ils y pataugent avec délices. Ils s'en enduisent le corps ou s'en font des cataplasmes pour soigner des maladies aussi variées que les rhumatismes articulaires, les troubles hépatiques et les affections chroniques de la peau.

Mais surtout, ils exploitent la richesse énergétique que leur offre le ventre chaud de la Terre. Comme les Italiens au Larderello (en Toscane), comme les Néo-Zélandais à Weirakei (dans l'île du Nord), comme les Islandais en plusieurs points de leur pays... Ils ont édifié, au beau milieu de la lagune des Volcans, des installations destinées à la production d'électricité géothermique. Ils fabriquent déjà suffisamment de courant pour alimenter la partie nord-est de l'État.

La géothermie est ici « à haute température ». Elle utilise les vapeurs d'eau mêlées de gaz composites (sulfures, chlorures, etc.) qui jaillissent des fissures du sol à deux cent cinquante ou trois cents degrés centigrades. Un peu partout, des tuyauteries enfoncées dans la terre captent ces fumerolles brûlantes. Tels des serpents de métal luisant, ces « vapoducs » rampent, sinuent, grimpent les collines et convergent vers les unités de production électrique. Le paysage ressemble à un décor de film de science-fiction. Les courants de vapeur venus des entrailles du globe sont envoyés sur les pales de turbines d'alternateurs. Ces générateurs font leur office. Ils transforment l'énergie calorifique et mécanique en énergie électrique. Ils alimentent des câbles qui répartissent le courant vers les habitations et les ateliers des hommes.

Qu'elle soit haute ou basse température (comme lorsqu'on se contente de forer des puits pour pomper l'eau profonde des bassins sédimentaires, qui est à moins de cent degrés centigrades), la géothermie constitue une source d'énergie d'avenir. Hélas! Elle reste négligée... En la méprisant, nous commettons une erreur. Elle a des qualités. Elle présente même de substantiels avantages. Elle est largement (et assez équitablement) distribuée sur le globe. Sa matière première est gratuite. Elle est renouvelable. Elle ne risque pas de manquer — puisque le cœur de notre planète n'est pas près de s'éteindre.

Jean-Michel Cousteau et ses amis visitent les installations géothermiques de la lagune des Volcans... Ils s'entendent confirmer par les responsables mexicains que de telles centrales pourraient équiper de nombreux pays, riches ou pauvres.

En sortant de la salle de contrôle de la centrale, Jean-Michel Cousteau s'assoit un instant devant une marmite naturelle où bouillonne un ragoût minéral noir, roux et jaune. Le spectacle est magique. Les bulles crèvent avec des bruits mous, comme d'énormes chewing-gums trop gonflés. Les particules de terre imprégnées d'eau et d'acides ne cessent de tourbillonner lentement dans le chaudron, avant d'être reprises par la gueule éruptive, puis de nouveau crachées dans un hoquet. Jean-Michel Cousteau se dit qu'il y a dans ce spectacle un double symbole: celui du caractère inéluctable des événements géophysiques; et celui de leur splendeur inhumaine.

Mais surtout, près de cette *Bouche d'ombre* devant laquelle Victor Hugo eût aimé méditer, près de ce nouvel antre de la Pythie, comment ne pas songer au futur de cette contrée — à l'avenir de la Californie?

Double page suivante: Ce pélican brun, surpris à la tombée du jour dans l'eau littorale du nord de la mer de Cortez, incarne les splendeurs d'un bassin maritime riche, longtemps oublié des hommes — mais désormais menacé par la pêche excessive et le tourisme. (Ph. D. Noirot.)

La faille infernale

La faille de San Andreas est une faille infernale. Elle a causé des catastrophes. Elle en engendrera d'autres. On pose souvent aux géologues la question de savoir si San Fransisco ou Los Angeles seront détruites; et surtout quand... Les spécialistes répondent que oui, il existe un risque de voir l'une ou l'autre de ces mégalopoles sérieusement endommagées par un séisme; et dans un avenir proche... Mais l'état balbutiant de nos connaissances géophysiques ne nous permet pas de dire où séviront exactement les secousses; ni si les destructions seront graves; ni dans combien de jours, de mois ou de lustres elles se produiront.

Le Mexique exploite les ressources énergétiques de la lagune des Volcans. L'installation géothermique fonctionne: les vapeurs chaudes, captées dans le sol, sont envoyées par des tuyaux jusque sur des pales des alternateurs électriques. (Ph. R. Murphy/ Fondation Cousteau.)

Cette canalisation qui crache — un symbole !... Les mers du monde voient leur richesse biologique décliner, à cause de nos saccages et de nos pollutions. Quand comprendrons-nous que la sauvegarde de l'eau est une condition de notre propre survie ? (Ph. R. Murphy/ Fondation Cousteau.)

En 1972, dans un programme de télévision resté célèbre, un journaliste de la B.B.C. avait présenté San Francisco comme « la ville qui s'attend à mourir ». C'est une formule médiatique. C'est aussi une façon de regarder la réalité en face.

La faille de San Andreas constitue la pièce maîtresse d'un système de fractures le long desquelles deux des plus grandes plaques tectoniques de la Terre s'affrontent et coulissent avec une violence inouïe. Il y a des blocages. Les tensions s'accumulent dans les « verrous ». Quand céderont-ils? Le seul moyen dont nous pourrions rêver, pour éloigner le spectre de ces drames, serait de lubrifier le plan de faille, afin de convertir le mouvement saccadé des lèvres en un harmonieux et lent glissement... Inutile de préciser que jamais nous ne réaliserons ce graissage de science-fiction!...

Les conséquences d'une catastrophe de cet ordre, si elle se produisait aujourd'hui (statistiquement, elle a autant de chances de survenir dans dix minutes que dans un siècle), ont été étudiées par divers organismes américains, privés ou publics.

En prenant pour base de référence le tremblement de terre de 1906 à San Francisco, c'est-à-dire une série de secousses de magnitude égale ou supérieure à huit sur l'échelle de Richter, on a calculé que le nombre des morts serait compris entre cinq mille et quinze mille, et que celui des blessés dépasserait cinquante mille. Immédiatement. Dans les secondes qui suivraient les convulsions terrestres... Sans parler des risques d'épidémies, des suicides, des crimes résultant du désordre. Ce sont des chiffres bruts. Ils donnent à réfléchir. Mais ils ne surprennent pas: la Californie n'est elle pas l'État le plus peuplé des États-Unis?

Les morts et les blessés ne seraient pas les seules victimes de la catastrophe, loin s'en faut. Les effets du drame se feraient sentir au-delà des frontières de la contrée, dans le monde entier. Le séisme enverrait notamment des ondes de choc dévastatrices... dans l'ensemble du système bancaire international, ainsi que dans le dispositif de défense des États-Unis et du camp occidental.

Chacun sait que la Californie est une puissance financière et militaire. Cinq des plus grandes banques américaines y ont leur quartier général. Les ruptures de réseaux, les pannes d'alimentation en énergie, les destructions de magasins de données d'ordinateurs, les interruptions dans les transmissions d'ordres, sèmeraient la perturbation dans le tissu bancaire américain et international. « Pour nous, le problème serait critique: il nous faudrait dix ans pour nous en remettre », disait à ce sujet, dans une entrevue, l'un des vice-présidents de la *Bank of America*. L'affaire est si sérieuse que la *Federal Reserve Bank* a déjà planifié plusieurs mesures d'urgence: elle a par exemple décidé, en cas de malheur, d'affréter des avions pour parachuter des billets de banque destinés aux survivants du séisme... Les largages de nourriture et de médicaments passeraient en premier, bien sûr. Mais la Banque fédérale viendrait ensuite dans l'ordre des priorités!

Les experts estiment que l'arrêt des opérations bancaires troublerait gravement l'économie de la Californie s'il durait trois jours; qu'il mettrait les États-Unis en difficulté s'il en durait cinq; qu'il aurait d'inquiétantes répercussions dans le monde s'il se prolongeait pendant une semaine...

Mais ceux qui redoutent le plus un séisme majeur en Californie, ce sont les militaires — les responsables de la défense américaine. Dans un épisode de James Bond, le génie malfaisant de service (qui connaît sa géologie) projette de détruire les unités de production électronique et informatique de Silicon Valley en déclenchant des tremblements de terre le long de la faille de San Andreas. L'agent 007, toujours perspicace et percutant, déjoue l'horrible machination. Il en faudrait davantage pour rassurer les experts du Pentagone.

La Californie constitue un État clé pour l'armée des États-Unis. Elle abrite plus de cent installations militaires majeures (deux fois plus que la Floride). Elle loge environ quinze pour cent des employés du Pentagone. Elle fabrique la moitié des missiles et des lanceurs de satellites du pays, quarante pour cent des semi-conducteurs et les trois quarts des puces électroniques. La plupart des laboratoires privés ou universitaires y travaillent sur le projet de « guerre des étoiles » ou sur d'autres programmes militaires avancés — lasers de combat, avions invisibles, guerre chimique et biologique, etc. C'est en Californie que se trouve la plus grande base navale U.S. (à San Diego). C'est là qu'est aménagée la base aérienne d'Edwards, où volent les avions expérimentaux et où atterrissent certaines navettes spatiales. C'est là qu'on trouve quelques-unes des usines les plus « sensibles » du fameux « complexe militaro-industriel » (*General Dynamics* à Pomona, *Lockheed* à Burbank, etc.).

Risque naturel, risque humain...

Assis dans l'attitude du *Penseur* de Rodin au bord de sa mare de boue bulleuse et sulfureuse, au milieu de cette faille de San Andreas d'où pourrait un jour venir le désastre, Jean-Michel Cousteau ne peut pas ne pas réfléchir à ces deux menaces. Risque naturel. Risque humain...

Le risque naturel existe, bien sûr. Les hommes de l'*Alcyone* l'ont rencontré en mer de Cortez. Il y a les avalanches sous-marines; les méduses urticantes ; les requins (quand les hommes ne les ont pas exterminés)... Dans le désert de Basse-Californie vivent le serpent à sonnettes, le scorpion, la veuve noire et le puma (mais ils sont moins dangereux que la soif). Dans les bouches du Colorado, il faut prendre garde à au mascaret. Et il y a les soubresauts de la Terre...

Mais le risque humain est plus grave. Il est dans la mer. C'est la surpêche, qui fait baisser dramatiquement les effectifs des espèces. C'est la chasse abusive. C'est le saccage des côtes pour les besoins de l'urbanisation, de l'industrie et du tourisme. C'est la pollution chronique ou aiguë. Ces destructions de l'environnement, ces pillages, ces empoisonnements des écosystèmes indispensables à notre survie, ne laissent pas d'être préoccupants. Ils alarment l'écologiste, et de plus en plus le citoyen.

Le risque écologique ne vient pourtant pas au premier rang dans la hiérarchie des dangers qui guettent l'humanité. Le manque d'instruction et le défaut d'éducation sont plus graves. La pauvreté, la malnutrition dans les contrées du tiers monde, pèsent davantage. Et par-dessus tout, il y a cette obsédante menace de guerre totale — mondiale, planétaire -, nucléaire, chimique ou biologique... La voilà, l'horreur absolue!

Ici, en Californie, risque naturel et risque humain sont palpables. Le pis, c'est qu'en cas de malheur, leurs effets ne s'additionnent pas: ils se

La mer abandonne sur les galets des couronnes d'algues mortes; celles-ci fécondent la terre. (Ph. R. Murphy/ Fondation Cousteau.)

Page de droite : Un nudibranche jaune et bleu de Cortez... (Ph. R. Murphy/ Fondation Cousteau.)

multiplient. On redoute d'autant plus le séisme qu'on en imagine les « retombées » économiques et stratégiques. Et si, à cause de ces dernières, le cataclysme de force huit qu'on attend dans cette région du monde n'allait pas faire « seulement » quelques milliers de morts et de blessés, mais devenir le détonateur de l'holocauste final?

On n'a pas beaucoup de raisons d'être optimiste quand on observe les hommes. Qui pourrait se bercer d'illusions, sachant que chaque individu de notre espèce peut en théorie recevoir sur la tête — dans un quart d'heure, si les choses tournent mal — l'équivalent atomique de quatre tonnes de T.N.T. (trinitrotoluène)?... Qui parierait sur l'avenir à long terme du genre humain, sachant que des cohortes de scientifiques et d'ingénieurs dépensent des milliards de dollars pour mettre au point le meilleur moyen d'exterminer leurs semblables, tandis que des dizaines de millions d'*Homo sapiens* ne mangent pas à leur faim ?

La dénonciation de cette sorte de périls a été faite. Apparemment, elle n'a pas été suivie de grands effets. Mais à force de répéter, peut-être?

BIBLIOGRAPHIE INDICATIVE

Axelrod, Herbert R., et Emmens, Cliff W., *Poissons exotiques d'eau de mer*, T.F.H., Liège, 1975.

Booth, Basil, et Fitch, Frank, *La Terre en colère, Les cataclysmes naturels*, Seuil, Paris, 1979.

Brusca, Richard C., et Thomson, Donald A., *Pulmo Reef: The only Coral Reef in the Gulf of California*, oct. 1975.

Burton, Robert, *Vies d'oiseaux*, La Maison rustique, Flammarion, Paris, 1987.

Cousteau, Jacques-Yves, et Diolé, Philippe, *Nos amies les baleines*, Flammarion, Paris, 1972.

Cousteau, Jacques-Yves, et Paccalet, Yves, *Les Surprises de la mer*, Flammarion, Paris, 1980.

Cousteau, Jacques-Yves, et Paccalet, Yves, *La Planète des baleines*, Robert Laffont, Paris, 1986.

De Graaf, Frank, *Encyclopédie des poissons d'aquarium marin*, Bordas Nature, Paris, 1981.

Delaprée, Catherine, *Californie: la faille infernale*, Le Point, n° 761, avril 1987.

F.A.O. Species Catalogue, vol. 2, *Scombrids of the World*, F.A.O. Fisheries Synopsis, n° 125, vol. 2.

F.A.O. Species Catalogue, vol. 4, part 1 & 2, *Sharks of the World*, F.A.O. Fisheries Synopsis, n° 125, vol. 4.

F.A.O. Species Catalogue, vol. 5, *Billfishes of the World*, F.A.O. Fisheries Synopsis, n° 125, vol. 5.

Flanagan, Christine A., et Hendrickson, John R., *Observations on the Commercial Fishery and Reproductive Biology of the Totoaba, Cynoscion Macdonaldi, in the Northern Gulf of California*, Fishery Bulletin, vol. 74, n° 3, 1978.

George, J. David et Jennifer J., *La Vie marine, Encyclopédie illustrée des Invertébrés marins*, Maloine S.A., Paris, 1980.

Gotshall, Daniel W., *Marine Animals of Baja California*, Sea Challengers, Los Osos, California, 1982.

Harrison Matthews, L., *La Vie des mammifères*, Éditions Bordas, Paris, 1972.

Hendrickson, John R., *Totoaba, Sacrifice in the Gulf of California*, Oceans, n° 5, 1979.

Johnson, R.H., *Requins des mers tropicales et tempérées*, Delachaux et Niestlé, Neuchâtel/Paris, 1987.

Johnson, William Weber, *La Basse-Californie, Les Grandes étendues sauvages*, Éditions Time-Life, Amsterdam, 1977.

Klimley, Peter A., *Grouping Behavior in the Scalloped Hammerhead*, Oceanus, vol. 24, n° 4, Winter 1981-1982.

Larry, Benjamin, *Colorado, l'empreinte d'un géant*, Terre Sauvage n° 9, juillet-août 1987.

Le Bœuf, Burney J., et all., *Size and Distribution of the California Sea Lion Population in Mexico*, Proceedings of the California Academy of Sciences, vol. 43, n° 7, July 1983.

Lorenz, Konrad, *L'Agression, Une histoire naturelle du mal*, trad. par Vilma Fritsch, Flammarion, Paris, 1969.

Marshall, N.B., *La Vie des poissons*, tomes 1 et 2, Éditions Bordas, Paris, 1971.

Martin, Richard, *Les Mammifères marins*, Elsevier Sequoia, Bruxelles/Paris, 1978.

Mexican Sportfishing News, Third Quarter, vol. 1, n° 1,

Oliver, A.P.H., *Les Coquillages marins du monde*, nouvelle édition remise à jour par G. Richard, Bordas, Paris, 1986.

Pakiser, Louis C., et Healy, John H., *Prédiction et contrôle des tremblements de terre*, La Recherche, n° 15, septembre 1971.

Roessler, C., *Récifs et coraux*, Nathan, Paris, 1986.

Saunders, D., *Les Oiseaux de mer*, Larousse, Paris, 1971.

Steinbeck, John, *La Mer de Cortez*, traduit par Rosine Fitzgerald, Éditions Maritimes et d'Outre-Mer, Paris, 1979.

Thomson, Donald A., Findley, Lloyd T. et Kerstitch, Alex N. *Reef Fishes of the Sea of Cortez*, John Wiley & Sons, New York/Chichester, 1979.

Tuck, Gerald, et Heinzel, Hermann, *Guide des oiseaux de mer*, Delachaux et Niestlé, Neuchâtel/Paris, 1985.

Uyeda, Seiya, *Dérive des continents et tectonique des plaques*, La Recherche, n° 25, juillet-août 1972.

Watson, Lyall, *Sea Guide to Whales of the World*, Hutchinson & Co, London/Melbourne, 1981.

INDEX

Maquette: Michèle GAIGNÉ-LE REUN
Achevé d'imprimer le 25 mars 1988
Sur les presses de l'imprimerie Maury, 45330 Malesherbes
Reliure par Ginoux à Chevilly-Larue

Dépôt légal: avril 1988
N° d'édition: 1897 - N° d'impression: B88/23074
Imprimé en France